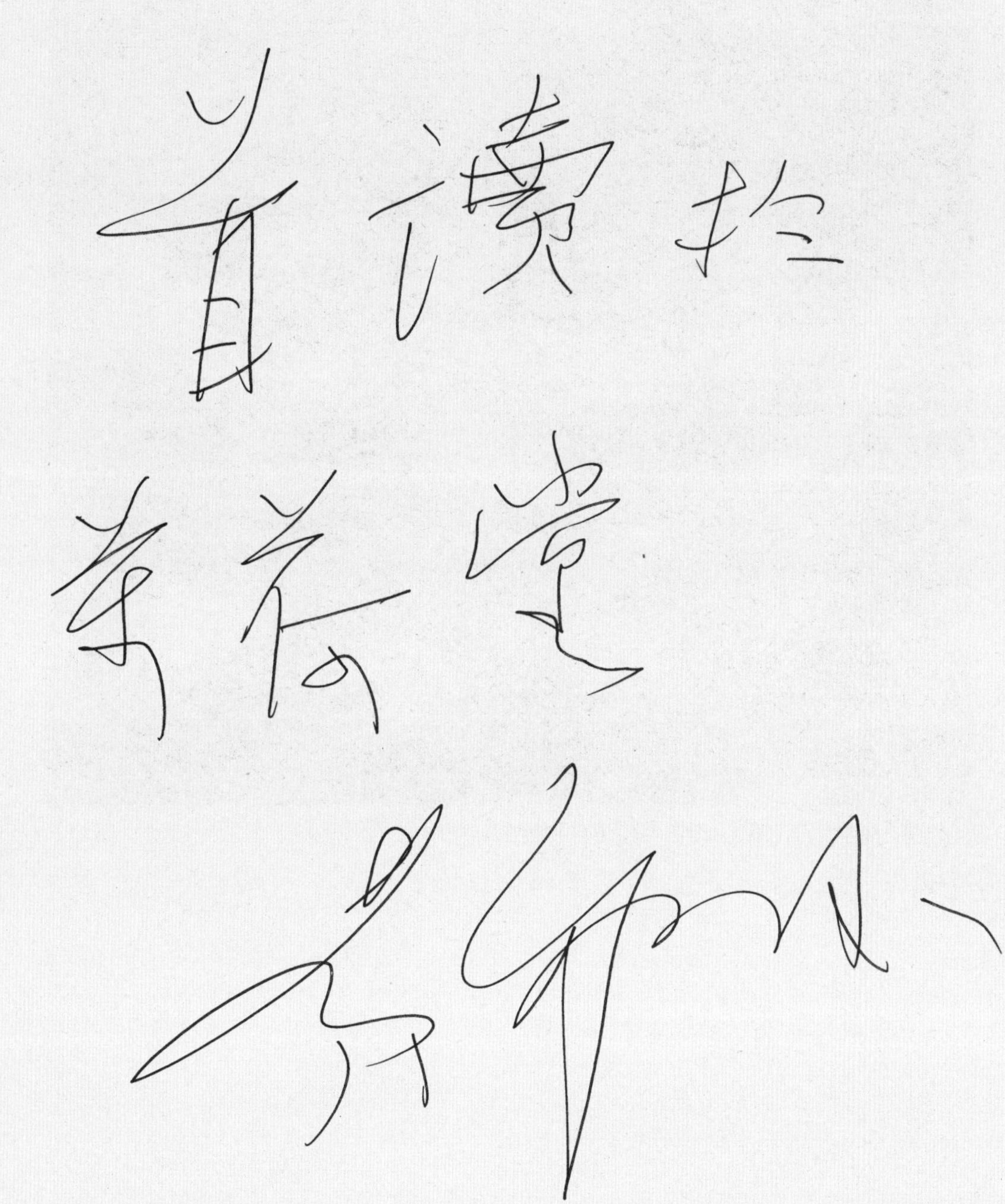

黄永玉先生 2013 年 7 月 3 日于万荷堂为首读此书而签名

2013 年 7 月 3 日下午，黄永玉先生首读《黄永玉和我们》

黄永玉和我们

——《黄永玉全集》编辑出版前前后后

编　撰：左汉中
摄　影：卓　雅等

cns | 湖南美术出版社

目录

【序】

我们与黄永玉共一方土地。

半个世纪以来，我们始终与他的传奇艺术人生有着丝丝缕缕的牵挂。我们始终对这位耄耋文化老人怀着深深的敬佩与仰慕之情。

在湖湘这块土地上，不知还有谁，出生在这座景色如画、人文如诗的美丽小城，童年追忆如小城故事一样缠绵幽远？

不知还有谁，揣着迷茫与憧憬，少小离家，弱冠远行，开始着艰辛苦涩的漂泊，“一文不名而胸怀万金，以饱览大千为乐”？

不知还有谁，经历战争的炮火硝烟，于山河破碎、家园离乱中，以木刻为投枪，迎来解放的黎明与曙光？

不知还有谁，心怀报国志，回到祖国的首都，成为新中国高等美术学府最年轻的讲师，在版画创作中展露惊人才华？

不知还有谁，经历着“十年浩劫”的苦难和“黑画风波”的诬陷，“情绪交糅于白云苍狗”，幽默谐谑中寓凄怆与正义？

不知还有谁，年近九旬，仍然精神矍铄，谈笑依旧，健步如初，艺术创造力似春潮奔涌，佳作迭出，令人屡新耳目。

这，的确是一条湘西边陲“无愁河”畔走出的“浪荡汉子”留下的一道道鲜明而结实的足迹，一个中国文化老人的非凡经历，一位卓越艺术大师的旷世传奇。

他的丹青妙笔，他的锦绣文章，他的人生际遇，他的精神世界，就像一杯醇酒，散发着令人沉醉的魅力；而他更像一个谜，蕴藏着引人入胜的玄机与奥秘。

作为黄永玉家乡的出版人，深感有责任为先生记录下他一生艺术创造的里程和履迹。

早在上个世纪80年代初，我们曾尝试着为先生出画册，一本薄薄的《画家黄永玉湘西写生》（1982年），记下了先生对彩墨风景画的大胆探索和对家乡故土的眷恋之情。

不久，我们联合外文出版社出版了大型画集《黄永玉》（1988年）；还先后出版了《永不回来的风景》（1990年）和《黄永玉的柒柒捌捌》（2004年），后者是在“黄永玉八十艺展”之际，向黄老八十大寿献上的一份礼物。此时，先生的成就早已经饮誉海内外，成为名满天下的艺术大师。

在黄老八十大寿之后，我们就一直在准备着编辑出版《黄永玉全集》；经多方运筹，直到2010年8月5日，我们在北京万荷堂接过黄老亲笔签署的《黄永玉全集》出版委托书，这一计划方才尘埃落定。

两年多来，我们曾北上首都，会谒荣宝斋、融德画廊、麦豪斯酒店、国家博物馆；南下广州、珠海，寻访石磨坊雕塑工场和卓雅工作室；我们曾五赴凤凰，十进万荷堂，为黄老拍摄作品与整理资料，聆听先生幽默风趣又不乏深刻的谈话，深为先生的人格魅力所感染。

先生歉逊地表示：

“……我画画没有根底，一边画一边后悔遗憾，觉得不好，直到今天。

别人喜欢我的画，大概是因为我活得长，怜悯老人的同情心所致。如今老头儿死得快，今天死一个，过几天又死一个，剩下的老头儿不多，‘物以稀为贵’，所以选上了我，给我出个集子。”

当然不是这样，给黄老出集子，是半个世纪以来我们伴随先生同行的必然结果，是出于我们对先生的仰慕与敬重，出于先生家乡出版人的文化责任感。每当我们走入凤凰，或是离开万荷堂，都会油然而生一种会心的愉悦、振奋与满足。人们方才明白，作为一个艺术家的生活，也可以如此自在而意气，如此充实而丰盈，如此多姿多彩而又光华烁人。

今天，当我们捧出新出版的《黄永玉全集》美术编 8 卷本和文学编 6 卷本时，心中会涌起阵阵波澜，这其中，既有遭遇难题时山重水复似的困惑，也有解决问题后柳暗花明般的欣喜。

同时，我们还会有一种发自内心的忐忑，不知我们所做的一切，能否对得起黄老一生的辛勤劳动？

2013 年 3 月 20 日

我们所知道的黄永玉

Women Suo Zhidao de Huang Yongyu

1

“少小离家老大回，乡音无改鬓毛衰。”

（唐）贺知章 诗句

“一个士兵要不战死沙场，便是回到故乡。”

——黄永玉为表叔沈从文墓碑题词

中国人的传统观念里，大凡有出息的人，常常是少小离别故乡，云游漂泊，仗剑天下，历经磨难，到后来功成名就，衣锦还乡。这与中国传统伦理文化中的“大团圆”心理相关联。

本书的主人公与他的表叔沈从文就有着一段“少小离家”的故事，这段故事又与湘西边陲美丽的古城——凤凰联系在一起，构成了一部委婉而悲催的传奇。

黄永玉在《太阳下的风景》一文结尾这样写道：

我们那个小小山城不知由于什么原因，常常令孩子们产生奔赴他乡献身的幻想。从历史角度看来，这既不协调且充满悲凉，以致表叔（沈从文）和我都是在十二三岁时背着小小包袱，顺着小河，穿过洞庭去翻阅一本大书的。

我们所知道的黄永玉，他的富有传奇色彩的人生话剧由此拉开序幕，往后的一幕又一幕，大抵都是在各种不同版本的书籍上看到的，当然，我们后来也有幸聆听到黄老亲口说到其中的某些片断。于是，我们将它扼要地记录下来。

和母亲在一起(1928年)

黄永玉自塑像(现立于万荷堂)

(一)

我们所知道的黄永玉，1924年农历七月初九生于湖南常德。数月后，由父母带回老家凤凰。1926年某日，黄永玉的祖父黄镜铭乍见长孙黄永玉，便说：“这孩子肿眼泡、扁鼻子、扇风耳、大嘴巴，近乎丑。”黄永玉的爸爸黄玉书解嘲说：“这孩子胖，所谓一胖遮百丑。”

数十年后，黄永玉给自己塑了一座雕像，依然是“肿眼泡，扁鼻子，扇风耳，大嘴巴”。可见，他并不忌讳祖父对他相貌的评价，而是以他艺术家特有的审美情趣来塑造自己的形象。

黄永玉的父亲黄玉书毕业于常德师范美术科，在家中排行第四。师范毕业后，曾随父亲往天津、北京等地谋职。后来回到湖南，还和表弟沈从文在常德结识了贺龙的把兄弟向

5 岁时的黄永玉，夹着一本厚厚的书，和父亲在照相馆照了一张相（1929 年）

英生，通过向的介绍，在时任湘西巡访军剿匪游击第二支队长的贺龙安排下，谋到了职位。正在此时，他们在桃源结识了一位女同乡——凤凰得胜营（今吉信）的杨光蕙。杨光蕙的父亲曾为浙江宁波知府，杨本人毕业于湖南省立女子第二师范学校，学的是音乐、美术，当时出任桃源某女子学校教务主任，该校的校长就是后来的著名女作家丁玲的母亲。

黄玉书和杨光蕙由相识到相知，据说，沈从文还为黄玉书代写过情书。一年后，有情人终成眷属。黄玉书与杨光蕙的结合，在当年的凤凰还是第一对自由恋爱结婚的夫妻，又是第一对共同从事教育工作的夫妻，而且志同道合。黄永玉的母亲是第一个穿短袖衬衫和短裙，第一个剪发、第一个织毛线的新女性，她的种种新潮行为，着实让老实巴交的乡下人惊诧不已。

黄永玉的父母也曾热心于革命，在 1925 ~ 1927 年大革命期间，他们都是同一个县的中国共产党组织的要员。后来国民党清党，局势突变，他们与上级也失去了联系，从此才告别政治，专心从事教育工作。

黄永玉 6 岁那年，就读于凤凰傅公祠实验小学。此时，他已经有兴趣半懂不懂地看起《时代漫画》、《上海漫画》来了，这对他以后走上美术这条道起到了重要影响。有一次，他在家中木板墙上，用毛笔画了些脸谱，随即又“题”上了这样的句子：“我们在家里，大家有事做。”

黄永玉儿童时代，就半懂不懂地看起了漫画杂志

直到今天，家乡白羊岭“古椿书屋”的木板墙上，这两行“童体字”仍历历在目。有意思的是，黄老提议将他6岁时的“作品”，放入《黄永玉全集》美术编的书法卷图版的第一幅。黄老还十分风趣地说：“我当时没想到会收到集子里去，早知道就把字写好一点啦！”

黄永玉小时候就有着倔犟而叛逆的个性。他和同学面对实验小学校长左唯一体罚、打骂学生的嗜好，消极对抗，采取了逃学的办法，最后落得了一个难堪的诨名：“黄逃学”。平时逃学，他有时会到东门至南门沿城墙那条“边街”去看木匠师傅们雕菩萨，他醉心于这些手艺，这无疑为他后来擅长做雕塑作品打下了底子。他有时会划一个脚盆，钻进池塘里，在亭亭如盖的荷叶里穿行……到后来，青年收藏家刘庆刚在万荷堂拍摄到一段荷塘的荷叶透过阳光缝闪着光斑的镜头，黄老看到这一

6岁那年，在“古椿书屋”木板墙上留下的墨迹

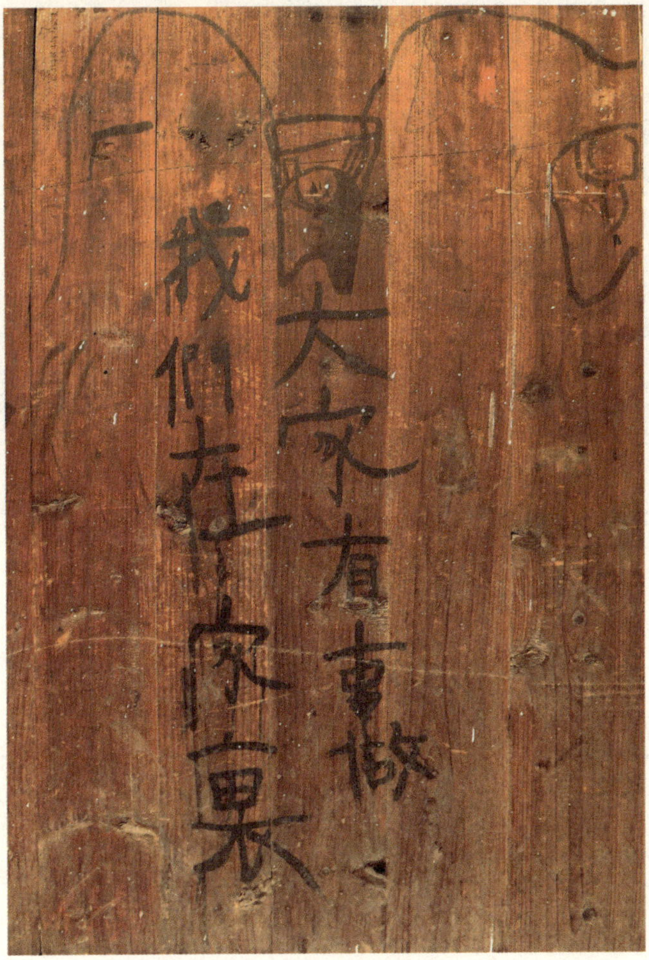

1931 年左右，在火灾后的古椿书屋前合影。左起：二弟黄永厚、黄永玉、四弟黄永光、堂妹黄永端

情景，竟然勾起了早年记忆中荷花的影子，这种丰实的童年印象是难以磨灭的。

有时，他还会逃学到老西门的“赤塘坪”去看“砍脑壳”，一筐一筐的人头，一串一串的耳朵，往往令他惊奇不已。儿时就经历了这样的场面，以至于日后的黄永玉有了十足的胆气，见到什么惊心动魄的情形，也都会习以为常、处变不惊。

（二）

我们所知道的黄永玉，13 岁那年（1937 年）9 月，随堂二叔黄敏熙前往厦门，入集美学校初中一年级。集美学校由著名爱国华侨陈嘉庚先生兴办，它实行新式教育，学生主要从福建及其他名省招考，但也有不少华侨子弟。该校设备先进、藏书丰富、师资力量雄厚，当时确乎堪称国内第一。刚开学，黄永玉穿上了崭新的校服，他高兴地照一张相，寄给老家的妈妈和弟弟们。在照片背后，他写了一行字："手里有水不要摸，不然坏了。"直到现在，黄老还在和我们谈话中提及这幅照片，照片背后的那行字也能脱口念出来。

抗日烽烟燃及福建沿海，集美学校遂迁往内地安溪。不久，原校舍即毁于战火。黄永玉继续在安溪读书，纪律散漫，被记过，成绩欠佳，被多次留级。但他却痴迷于美术，学校延聘的一批优秀的美术老师：郭应麟、朱成淦、黄羲、许其骏、施游艺、吴廷标等各有所长，对少年黄永玉艺术启蒙产生了深刻的影响。

黄永玉成绩不好，但酷爱看课外书籍。"一开学，我便把领来的新书卖了，换钱买袜子、肥皂。一头扎进图书馆去，懂的也看，不懂的也看。"（黄永玉《示朴琐记》）他许多时间是在图书馆度过的。"我锻炼出一

1937 年在厦门集美学校

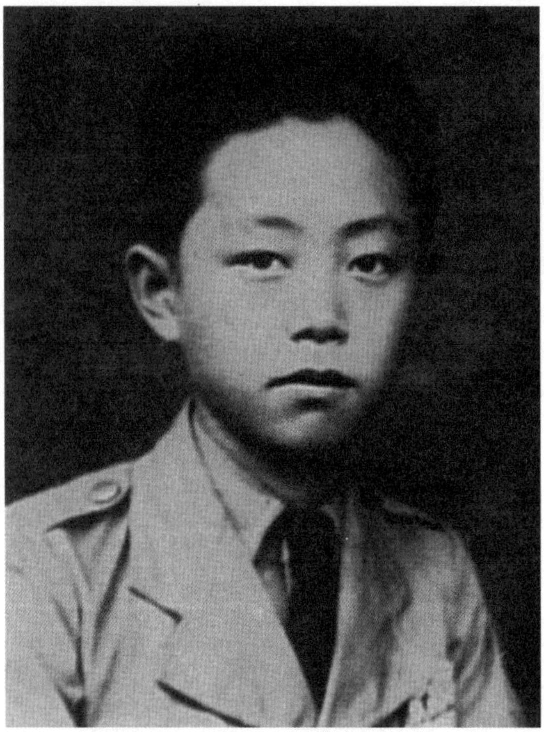

少年黄永玉

种在书架旁边站着看书的本领，一看几个钟头。图书馆中午关门把我锁在里头吃不成饭，索性就躺在过道的棕地毯上读起来。我贪婪地读着这些书，就越发觉得课堂那几本书的可怜而无聊。”（黄永玉《南沙沟札记》）

当然，他最钟爱的还是美术类书刊：“《西风》、《刀与笔》、《耕耘》、《宇宙风》、《人世间》、《抗战木刻》、《大众木刻》……记不住、说不完的那么多。”（黄永玉《我少年、青年、中年、暮年心中的张乐平》）漫画家中，张乐平仍然是他的偶像，晚年他曾这样说：“张乐平和其他漫画家不同，别的漫画家难得见到速写功夫，张乐平时不时露几手速写。准确、生动，要害部分——比如眼神、手和手指连接的‘蹼’的变化，全身扭动时的节奏，像京戏法里那种全身心的呼应。我既能从他的作品得到欣赏艺术的快乐，又能按他的作品的指引去进一步观察周围的生活……”（黄永玉《我少年、青年、中年、暮年心中的张乐平》）张乐平的人物漫画在黄永玉的心中扎下了根，在他后来的国画写意人物刻画和笔墨上随处可见到其影子。

15 岁那年，处女作木刻《下场》在福建永安宋秉恒先生主持的《大众木刻》月刊上发表，得到有生以来的第一次稿费。

同年，黄永玉因与高中同学一起打了当地警察而受到“留校察看”处分。他本来就不喜欢读死书，糟糕的成绩，加上这个“仅留一口气的处分”，再呆在学校确实“意思不大了”，于是，他产生了离校出走、闯荡世界的念头。“人已经十五六岁，走吧！就这么走了。”——从此，黄永玉与家庭失去联系，开始了他浪迹天涯的漂泊生活，踏上了他充满传奇的人生之旅。岁月悠悠，前路漫漫；血雨腥风，萍踪蓬影；穷困、抗争、刀笔、书卷、友谊、爱情、故国、家山、书墨、丹青、美酒、鲜花，交织成了一曲动人心魄的壮丽乐章。（王焕林《黄永玉年谱》）

（三）

我们所知道的黄永玉，16岁那年流浪到福建德化，在一家瓷器作坊做小工，一边打工糊口，一边潜心研习版画。他随身携带一个寒碜的小包袱，里面装着木刻刀、木刻板，也装着高尔基、鲁迅和沈从文。

他流浪泉州，那年未满18岁。在泉州开元寺，与弘一法师李叔同结下一段奇缘。在他的长篇散文《蜜泪》中，有过精彩的回忆。在开元寺的院落内，初生牛犊般的黄永玉爬到玉兰树上去摘玉兰花，遇到一位“头顶秃了几十年”、“还留着稀疏胡子”的老和尚，问他：“喂！你摘花干什么呀？”他回答：“老子高兴，要摘就摘！”“你瞧，它在树上长得好好的……”“老子摘下来也是长得好好的！”“你已经来了两次了。”“是的，老子还要来第三次。”老和尚不动声色，招呼他到房间里坐坐，后来，他看到房间的桌子上摆有丰子恺、夏丏尊的信件，方才知道遇到了高人，丰子恺是老和尚的学生，夏丏尊也是他的熟人……相处时间不长，弘一法师跟黄永玉谈过一些美术知识，拉斐尔、达·芬奇、米开朗基罗……圆寂前四天，弘一法师还给黄永玉写过一张条幅：

“不为自己求安乐，但愿世人得离苦。”

在弘一法师面前称“老子”这种事，

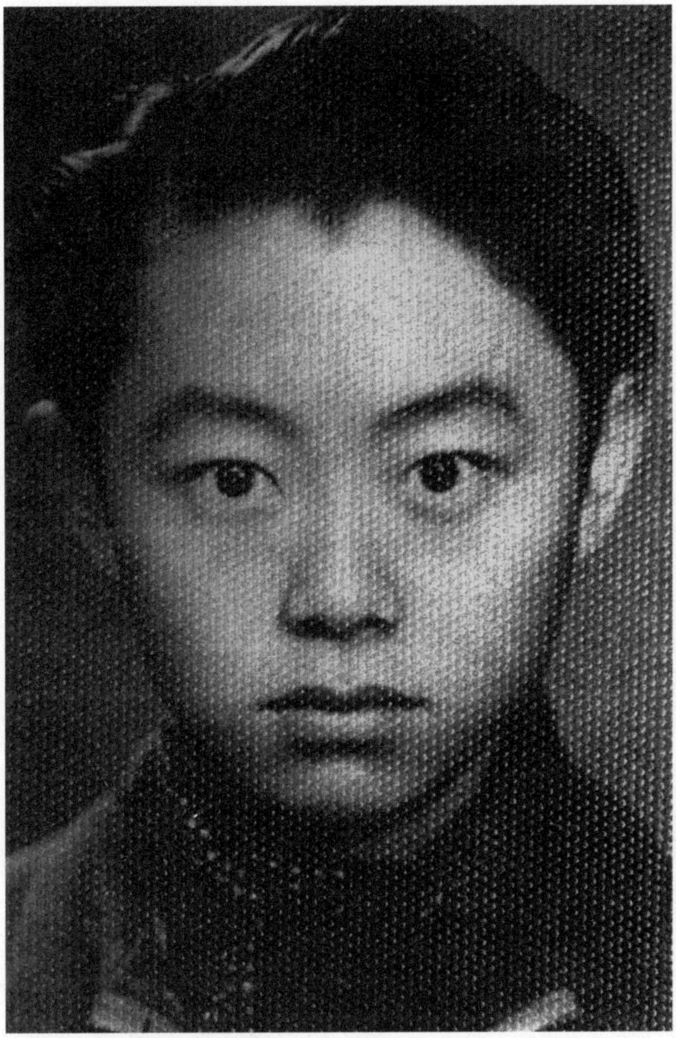

20岁的漂泊少年，两眼炯炯有神（1944年）

黄永玉恐怕一辈子也不会忘记。上个世纪90年代末在北京通州修建万荷堂，内主厅就称“老子居”，还曾请吕正操将军题写过牌匾。对于“老子居”的含义，许多人都没有去细究它。

流浪福建期间，曾在泉州加入“战地服务团”，担任美工。在团长王淮支持下，黄永玉第一本专集个人木刻《闽江烽火》问世。后执教于福建长乐中学，从事业余木刻创作，自印木刻集《三八那天》发表

辗转于江西期间，为作家贺宜《野旋的童话》作木刻插图（1942 年）

于仙游县《闽中日报》。

1944 年，刚进入 20 岁的黄永玉从福建来到江西，在赣州加入了“教育部戏剧教育二队”。在这里他不仅结识了陆志痒、殷家振，并首次见到了慕名已久的张乐平夫妇。“第一次见张乐平兄嫂的心情，我已在慌乱中遗失了。好像我前辈子就认识他们；我心底暗暗问他们：我找了你们好多年，你们知道不知道？他们两位的样子完全就是我想象中的那个样子。在这个家中，我满脑、满胸的融洽。”（黄永玉《我少年、青年、中年、暮年心中的张乐平》）

辗转于江西信丰期间，曾为诗人野曼、彭燕郊、黎焚薰的诗歌刻插图；为儿童文学作家贺宜《野旋的童话》作木刻插图；作《失落园》、《拜伦像》、《自刻像》、《马雅可夫斯基像》。在寻邬县举办个人风景画展。在上犹县刻《饥饿的银河》、《东北啊！》、《小草》等作品。

在江西信丰，黄永玉幸福地获得了爱情。在民众教育馆，他结识了广东姑娘张梅溪，开始了他的初恋。当时，大眼睛、褐皮肤的张梅溪有两个追求者：一个是能画画、会吹号的黄永玉；一个是爱骑马、好表现的航空兵。小号胜骏马一筹，张梅溪选择了黄永玉！

黄永玉的爱情并不顺利，出身于大户人家的张梅溪从小酷爱文艺，天真纯朴而聪明伶俐。张

青年时代的黄永玉和张梅溪（1945 年）

家人多嘴杂，大都不看好这个漂泊异乡的穷青年。但是，张梅溪的心早已被他的勤奋、才情与真诚所征服。最后，张梅溪冲破家庭阻力，于抗战胜利后的 1946 年春天，在赣州的一家旅馆举行了一个简单却很有意思的婚礼。从此，这对经历战火离乱的伴侣，从南到北，从解放战争到“十年文革”，从国内到国外，从过去走到今天，苦难，却幸福。黄永玉后来这样写道：“我们的爱情，和我们的生活一样顽强。生活充实了爱情，爱情考验了生活的坚贞。”

（四）

我们所知道的黄永玉，婚后依然生活困顿而拮据，为谋生计夫妻俩四方奔走，各方谋职，广交朋友；先后辗转福建、上海、香港、台湾等地，当过小学、中学美术教师，报刊自由撰稿人，电影公司特邀编剧等；始终不变的是一直坚持以版画为主的美术创作，兼作油画、雕塑和漫画。他先后结识和会见了章西厓、野曼夫妇、林风眠、刘仑、黄新波、荒芜、阿湛、田青、臧克家、唐弢、楼适夷、野夫、李桦、陈烟桥、黄苗子、郁风、余所亚、刘开渠、朱金楼、张正宇、钱辛稻、黄裳、汪曾祺、单复、庞薰琹、陈秋草、丁聪、朱鸣冈、陈庭诗、荒烟、雷石榆、雷石华、杨逵、廖冰兄、张天翼、蒋牧良、邵荃麟、司马文森、蒋天佐、唐人、端木蕻良、余心清、方成、胡风、萧乾、聂绀弩等画家、作家等进步文化人士。

他加入过左派美术团体——“中国木刻研究会”（后改称“中华全国木刻协会”）、“上海美术作家协会”，从事革命版画创作，参加过上海“反饥饿、反内战大游行”。他先后三次在香港举办个人画展，他还为长城电影公司创作过《海上故事》、《儿女经》等电影剧本，并投入了拍摄。为了迎接新中国的到来，他还创作了小长卷木刻《劳军图》，参加“港九美术界慰劳解放军美术义展”，为此，他还亲自从香港来到深圳（当时只是一个小渔村），寻找解放军写生。

经历了抗战的炮火、内战的烽烟，黄永玉接受了磨难与洗礼，由一个顽皮、稚气而又倔犟的乡村少年历练成一个坚忍、执着而又成熟的艺术青年了。

1946 年在香港渔村写生

1951 年在香港个人画展上

25 岁那年，以木刻《劳军图》迎接祖国的解放，后据黄老说，这幅三米长的版画是用一整块船板刻成的

1953 年，从香港经澳门回国，友人们在码头送行

（五）

我们所知道的黄永玉，这世上能让他心悦诚服的人不多，在这为数不多的几个人中，表叔沈从文无疑排在首位。

黄永玉从香港回到北京，就是在表叔沈从文召唤下成行的。1952 年，黄永玉还沉浸在长子黑蛮出生的喜悦中，不久，他收到表叔从北京寄来的信，信中写道：“你应速回，排除一切干扰杂念速回，参加这一人类历史上从未有过又值得为之献身的工作。”这让 28 岁的黄永玉激动不已：“啊！北京，我要来征服你了！”黄永玉豪情万丈，从此，他远游漂泊的生活将告一段落，归心似箭地投入祖国的怀抱。

1953 年 2 月，黄永玉携家眷来到北京，供职于中央美术学院版画系，当时，黄永玉是该校最年轻的讲师，月薪 90 元。回到北京后，黄永玉发现，沈从文的处境并不好，但他能够排除个人的痛苦而鼓励黄永玉努力为社会贡献己之所长。

张梅溪和大雅宝胡同甲 2 号的孩子们（1953 年）

1953 年回到祖国后的生活片段

和齐白石先生在一起（1953 年李可染摄）

给齐白石先生刻的木刻像（1953 年）

不久，黄永玉一家迁入了大雅宝胡同甲 2 号，与李可染、李苦禅、董希文、张仃、彦涵、柳维和、程尚仁等教师为邻，此后，他们结下了深厚的友谊。

同年秋天，经李可染引荐，他数次拜访齐白石，得齐允诺，作套色木刻《齐白石像》。

受中央美院党委书记江丰委派，黄永玉到荣宝斋学习传统木版水印。1955 年，赴云南采风，在路南县额勺依地区，以彝族撒尼少女为原型，酝酿创作版画《阿诗玛》。1956 年 10 月，黄永玉以水印套色木刻《阿诗玛插图》参加“第二届全国版画展”，获得了极大成功。《阿诗玛插图》在中国版画史上留下了光辉的一页，它也奠定了黄永玉在美术界的地位。

在此期间，黄永玉的版画创作进入旺盛时期，他先后为《雪峰寓言》（冯雪峰）、《叶圣陶童话选》和《在森林中》（张梅溪）作木刻插图；创作《森林建设》组画邮寄四枚；还为郭沫若诗歌《百花齐放》作木刻花卉插图数十件。

接着，黄永玉的木刻《春潮》（1961 年）和《葫芦信》（1962 年）将黄氏版画推向高峰。前者运用婉转灵动的刻线，使他的优越技法得到了酣畅的演绎，作品刀刀到位，处处生情，而“拳刀”的妙用，尤

1956 年创作的水印套色木刻
撒尼人叙事长诗《阿诗玛插图》

1955 年，在云南路南县额勺依村采风，
找到了“阿诗玛”的原型——普支委

60 年代初的黄永玉一家，常常靠他去郊外打点野味补充生活（杨先让摄）

堪称绝。后者则以静穆的直线为主，它们工而不板、细而不弱，与绵密充实、干净利落的构图相配合，作者以抒情诗一般的笔调淋漓尽致地表现了傣家生活的独有风情。

1963 年，中央美院成立“黄永玉版画工作室”，与其并列的另外三个版画工作室的导师分别为版画界赫赫有名的大师级人物——古元、王琦和李桦，可见黄永玉在版画系还是拥有声誉的。

只是好景不长，“社会主义教育运动”开始，黄永玉首当其冲成为版画系斗争的“活靶子”。业务上，他被扣上了资产阶级教学方式的帽子，而养狗、打猎、听唱片等个人爱好则被视为“资产阶级生活方式”。

1964 年，40 岁的黄永玉下放到河北邢台某生产队参加“四清”，无聊烦闷之余，开始写“动物短句”打发日子。“动物短句”是一种以动物为题材的警句式的寓言，幽默、辛辣又不失哲理，形式与纪伯伦、泰戈尔的诗歌相仿，黄永玉一共写了八十多条“动物短句”，“四清”工作队的同事看了之后，都忍俊不禁。

由于政治气候转变，无法从事正常的专业教学，同时也失去创作自由，共八年之久。

（六）

我们所知道的黄永玉，他在国人皆知的北京饭店的“黑画事件”中因为画猫头鹰饱受批判。“文化大革命”开始后，黄永玉遭人告发，八十多条“动物短句”被勒令交出，并受到错误的批判。1967 年 6 月，木刻《劳军图》、油画《鱼》“入选”“首都红卫兵革命造反展览会”，放置于“横扫社会主义牛鬼蛇神”部分。

1968 年，中央美院的一批教授被红卫军押上了批斗车

1968 年 8 月 9 日，中央美院红卫兵举行大规模批斗会。这一天正是黄永玉 44 岁生日，他与版画家彦涵一起遭到了批斗，打手们先勒令黄永玉下跪，接着用带有铜头的皮带狠抽他的背脊，他新穿的衬衣被打得稀烂，背后血肉模糊。他一面数着鞭数，一面告诫自己，老子叫一声痛，便是狗娘养的！——他一辈子也不会忘记这 242 鞭！事后，有人问他为何一声不吭，他说："我不能让打手们得到满足。"在《永玉六记》中，他借用一位邻居的话写道："折磨黄永玉的身体是办不到的，要摧毁他的意志。"

"文革"期间，在农场锻炼的黄永玉

1970年入冬，新诗《老婆呀，不要哭》完稿，计两百余行。黄永玉说：“这首诗是夜间弓在被窝里照着电筒写的。怪不得同志们惊讶我每星期换两节电池，或许真以为我每晚都去偷鸡摸狗。那时候家人心情懊恼，日子太长了，展望前途如雾里观河，空得澎湃。启用几十年前尘封的爱情回忆来作点鼓舞和慰藉，虽明知排场，心胸太小，却祈望它真是能济事的。”诗中写道：“我们有过悲伤/但是我们蔑视悲伤/它只是偶尔轻轻飘在我们发尖上的游丝/不经意地又随风飘去/我们有太多的欢笑/我们有太多的为中年的欢笑而设想的旅程/在我们每一颗劳动的汗珠里/都充满笑容……”

1973年10月，受周总理指示，黄永玉负责北京饭店装修的整体美术规划工作。与吴冠中、袁运甫、祝大年结伴由上海出发，到苏州、南京、重庆及黄山、三峡等地搜集创作素材。

1974年1月，北京开始风传“北京饭店黑画事件”。2月，黄永玉从外地回京，便与其他几位“黑画家”一起被押运到中国美术馆“黑画展览”现场。黄永玉的《猫头鹰》在这批“黑画”中，由排行第七升级到排行第一。江青、王曼恬诬陷：《猫头鹰》画成睁一只眼、闭一只眼，“恶毒攻击社会主义”。其实，《猫头鹰》一画本来与北京饭店这批画没什么关系，是通过许麟庐给南京宋文治画的，结果被美术界某告密者传到江青手上，方酿成这桩“奇冤”。黄永玉后来在《云深不知处》一文中提到：“上头为宋文治题的那些字用一张小纸条盖起来。这真是又好笑、又好气、又卑鄙、又可怕的诬陷行业。……我真怜悯那些兴高采烈批判我的人。那种蒙昧劲，不

爱画猫头鹰的黄永玉，因为一幅《猫头鹰》而引来横祸

1947 年创作的工笔彩墨《白玉兰》

“文革”的空隙中，带着儿子黑蛮到郊外油画写生

免令我为那个时代深深惋惜。”

后来，毛主席对“批黑画”活动讲了话。——从此，“原本热热闹闹的一场运动，就这样冷下来。结果，意图讨好江青的告密者不免失望，丢掉了立功的机会”（黄永玉《云深不知处》）。

在这段时间里，黄永玉开始了国画创作的尝试，彩墨花鸟《荷花即兴》、《红荷白鹭》、《白玉兰》、《腊梅图》先后问世。

1976 年 1 月，周恩来总理逝世。黄永玉创作两件《周恩来》木刻像，寄托哀思。并将手印第一张作品寄给了远在厦门的老朋友。事后，他在信中告诉朋友：“这件作品是我冒

1976 年，“四五”运动时的天安门广场

着生命危险在深夜刻成的，第一幅送给你，是表示着生命相托。”

4 月 1 日到 4 日，黄永玉几乎每天都去天安门广场参加群众集会。清明临近，他看到人民英雄纪念碑前摆满了首都各界人士敬献的花圈，人们在散发传单、朗诵诗歌，悼念敬爱的周总理，痛斥罪恶的“四人帮”。4 日那天，黄永玉和漫画家沈培及朋友苏烈一道来到天安门广场，在广场木围板上，贴上了这样一件“作品”：图中一个大的“等”字，再画上一只红色的小瓶（小平），寓等待邓小平上台之意，此举引起了不小的轰动，并产生了广泛的影响。

同年 10 月，“四人帮”覆灭，黄永玉作《阳秋三绝》记之。题云：“秋菊醇醪老蟹，三味通人呼其为秋性命，亦其宜哉。四害伏法，都门肆上蟹货正旺，里巷通衢多插秋菊啖蟹呼酒为庆。笑传是时，好事售货员每将蟹四头一捆发配顾客，且均作会心欢笑……”

曾经贴在天安门广场木围板上的
《等小平》漫画（2011 年 4 月复制）

（七）

我们所知道的黄永玉，在经历“十年文革”磨难之后，进入文化艺术的“新时期”，他焕发出极大的创作热情，美术创作亦开始了一个丰收季节。

1977 年，黄永玉以袁运甫、秦龙、李传赞、刘秉江为助手，奉命为毛主席纪念堂画巨幅山水《祖国大地》。此作长 29 米，高 9 米，完成后，在烟台织成壁毯，张挂于毛主席坐像背后。黄永玉说：“做完这个工作后，很多人对我感到有兴趣了，认为这是件了不起的事……”（黄永玉《我画水浒》）

1979 年元月于三里河“玉溪山馆”完成彩墨人物画《天问》，好友黄苗子题屈原《天问》

1977 年，黄永玉与几位助手一道创作毛主席纪念堂巨幅山水《祖国大地》，在烟台织成壁毯后，在壁毯前留影

走红国内邮票市场的生肖“猴票”（1980年）

全篇于其上，又请诗人聂绀弩为画作题诗。

同年3月，在中国美术馆举办“黄永玉美术作品展”。

1980年农历除夕，由黄永玉创作设计的中国第一张生肖邮票——“猴票”发行。这版面值八分的物件邮票，共发行4,431,600枚，当时，集邮热还没有升温，市场流通价一枚仅为一元左右，没想到的是，二十年后，“猴票”从每枚八分涨到两千多元，升幅达三万多倍，全张（80枚）邮票从每版六元升到了二十余万元。这不但在中国邮票史上绝无仅有，而且在世界邮票史上也很罕见。

1982年5月，陪同沈从文、张兆和夫妇回到故乡凤凰。同行的还有故交黄苗子、郁风夫妇及著名记者萧离。6月，散文《乡梦不曾休》完稿于凤凰。文中，黄永玉深情地说：“我有时不免奇怪，一个人怎么会把故乡忘了呢？凭什么把她忘了呢？你是放在天上的风筝，线的另一端就是牵系着心灵的故乡的一切影子。唯愿是因为风，而不是你自己把这根线割断了啊！”

同年，诗集《曾经有过那种时候》获中国作家协会第一届全国优秀新诗（诗集）一等奖。在中国美术馆举办大型个人画展，深得国内外艺术界好评。

1983年秋，黄永玉在德意志联邦共和国奥伯豪森举办个人画展，并巡回至波恩、斯图加特展出。同年12月，“‘永

沈从文表叔来罐斋做客

到郊外荷塘写生

愉快的一家人

黄永玉与张梅溪

1985 年回湖南，为蓉园宾馆作巨幅彩墨风景画《月是故乡明》

玉三记’插图展”在三联书店香港分店展出。散文集《太阳下的风景》由香港三联书店出版。

1985 年，散文《蜜泪》完稿于故乡凤凰。它是黄氏散文代表作之一，文字记叙 1953 年以前的生活经历，相当于一部自传。

5 月，赴济南参加中国美术家协会第四次代表大会。本次会议选择吴作人担任主席，黄永玉与王朝闻、叶浅予、古元、关山月等 11 人当选为副主席。

入夏，客居长沙，作彩墨风景《月是故乡明》等。

由意大利外交部部长代表总统授予他共和国总司令勋章。

1986 年 6 月，偕夫人梅溪飞赴罗马，参加罗马国家美术学院、意大利国家劳动银行联会举办的“黄永玉画展”。赴威尼斯、米兰、佛罗伦萨等地观光写生。

创作巨幅彩墨画《凤凰涅槃》，作为国礼赠送给日本广岛市。

1987 年 2 月，为吉首湘泉酒厂设计“酒鬼”酒瓶。

以卖画所得，在香港购置房产，取名“山之半居”。

1988 年农历中秋节，完成写意彩墨《水浒人物》于香港，共创作品 142 件。

1989 年 3 月，杂文集《吴世茫论坛》由香港晚报出版社出版。

在香港美丽华酒店举办个人画展。

在香港三联书店举办“水浒人物画展”。

在意大利驻华使馆，接受了意大利外交部长詹尼米切里代表意大利总统颁发的“圣十字总司令勋章”。

彩墨画《水浒人物》之一（1988 年）

《我心中的圣烛》　布面丙烯（1990 年作于意大利）

《从巴第亚桥上山》　布面丙烯（1990 年作于意大利）

1990 年，在香港创作人物长卷《野茶客》及巨幅彩墨花鸟《一枕万响图》等国家作品。寓居意大利佛罗伦萨，创作了《大教堂》、《达·芬奇故居》、《罗马最早的黄昏》等一批油画风景作品。

1991 年夏，作《鸱言赚钱》，题跋颇让人深思："我告诉你，自从用钱买得到一切的那一天起，所谓的道德文化和情感，就不是原来的味道了。所以，

在意大利佛罗伦萨芬奇镇的住宅——“无数山楼”

你既不要认真，也不要烦恼，好好过你的日子就是。……我只是奉劝各位，包括世上的一切好人和坏人，都不要灰心，努力赚钱就是。有了钱，不单道德文化情感，连真理都是您家的。”

同年，荣获中国美术家协会、中国版画家协会颁发的“新兴版画杰出贡献奖”。

1992年6月，自香港赴巴黎观光。7月，自巴黎赴意大利佛罗伦萨，租住莱颇里，计划以半年时间完成一批油画、雕塑作品。这是黄永玉首次尝试正式的雕塑创作。结果，完成油画40幅、雕塑8件、写生一批。

1993年春，巨幅工笔重彩画《山鬼》完成。此画长5米，高2米，堪称黄氏生平呕心沥血的精品之一。

同年，画册《黄永玉》、诗集《老婆呀，不要哭》、散文集《这些忧郁的碎屑》由香港古椿书屋出版社出版。

1994年2月，在佛罗伦萨购房一所，名之“无数山楼”，此地为意大利杰出艺术家里奥纳多·达·芬奇的故乡。

7月，在香港举办“黄永玉七十美展”。

1995年春，凤凰沱江边“夺翠楼”兴工，黄永玉作《沁园春》一阕为记：

“老鹤归来，灰褪残红，越遍激湍，幸旧巢仍在，桐花历历，古椿如昔，孺子翩翩，

在沱江边（背后是 1995 年兴建的“夺翠楼”。）

芳草黏天，新蕾惹瓦，何处深山不杜鹃。长亭外，有苗炊冉冉，细雨川前。楚些才到唇边，且收拾断肠背人看，纵倏忽凿窍，涝淘心音，土龟曳尾，粗得平安，崖上蜗居，嗟来回旋，一笑窗开赏晴妍，小道场，这人间路窄，乡酒杯宽。”

同年，《水浒人物》由香港晚报出版社出版。

1996 年夏，与夫人共同具名为表叔沈从文墓地立碑，手书碑文“一个士兵要不战死沙场，便是回到故乡”16 字。

9 月，自传体长篇小说《无愁河的浪荡汉子》开始在《芙蓉》杂志连载。次年第三期后，因故中断。

接受中央电视台记者采访，拍摄《东方之子——黄永玉》。

1997 年 5 月，北京通州区“万荷堂”正式动工兴建，占地约 10 亩，全部由黄永玉自行设计，是一座大型中式院落。因几亩荷塘中遍植国内名贵荷花，故名“万荷堂”。

文图集《永玉六记》和诗集《老婆呀，不要哭》由北京三联书店出版。

1998 年，散文集《太阳下的风景》、杂文集《吴世茫论坛》、散文集《这些忧郁的碎屑》先后由北京三联书店出版。

《黄永玉画集》由黑龙江美术出版社出版，共分“版画”、“人物”、“花卉”、“风

在万荷堂的荷塘边（1997 年建成的万荷堂）

1999 年 3 月，接受香港电视台杨澜女士采访

景”四册。

同年 9 月，在“沈从文国际学术研讨会”开幕式上作专题发言。他评价沈从文“从来没有在伟大荣耀的概念里生活过一秒钟，……如果硬要在他头上加一个‘非常’的形容词的话，他是非常非常的‘平常’。他的人格、生活、情感、欲望、工作和与人相处的方式，都在平常的状态运行。老子曰‘上善若水’，他就像水那么平

1999 年 11 月，应邀到长沙岳麓书院作题为《文化漫步》的讲学

常。永远向下、向人民流动，滋养生灵，长年累月生发出水磨石穿的力量”。

1999 年 3 月，寓北京万荷堂，接受香港电视台杨澜女士的采访，由“杨澜工作室”制作成专题《讲述画家黄永玉的七彩人生》在凤凰卫视播出。访谈中，杨澜不揣冒昧提出一个“敏感”问题：“有人认为中国画的一个精髓在于水墨山水，……但是您的画大多数是浓墨重彩，所以也曾经有人说，您的国画不正宗，您对这个问题怎么看？”黄永玉爽朗地答道：“有的人很气愤，跑来先告诉我：‘某某人说你的画不是国画。’我也开玩笑，我说：‘你转告他，他再说我的画是国画，我就告他！’”

5 月，在中国美术馆举办个人画展。本次展览，黄永玉破例请来一位普通老花农为画展剪彩。这位花农名叫李复友，他是黄永玉被打成“反革命”时所结交的朋友。

11 月 14 日，应邀到长沙岳麓书院讲学，题为《文化漫步》，湖南经济电视台作现场直播。演讲先谈绘画，次谈文学。总结了一生的艺术实践后，他说：“文学在我的生活里是排第一的，第二是雕塑，第三是木刻，第四才是绘画。……为什么我喜欢文学，喜欢雕塑，而绘画摆在最后呢？因为绘画可以养活前面三样行当！”

岳麓书院是遐迩闻名的文化圣殿。黄永玉未敢懈怠，平生第一次使用了讲稿。来长沙

1999 年末，在广州与青年雕塑家合作雕塑作品《亚当》、《夏娃》

前，在上海，“把大张宣纸一裁两半，他用毛笔，中号行书，整整写了四天，一张一张拼接起来，竟然有八张，差不多 15 米长”。

在广州结识青年雕塑家、“石磨坊”坊主许鸿飞，并合作完成了雕塑《亚当》和《夏娃》。

旅欧游记《沿着塞纳河到翡冷翠》由北京三联书店出版。

2000 年 6 月 1 日，“黄永玉：跨世纪艺术展”在广东美术馆举行，黄永玉携夫人梅溪、儿子黑蛮、孙子黄香出席了开幕式酒会。

本次展览规模宏大，三百多件作品占用了四个展厅。巨幅水墨《万荷深处》覆盖了四号展厅整整一个墙面。此外，国画《沱江两岸》、《难随诗意上青天》、《十万狂花入梦寐》、《忆江南》、《天问》、《大家张伯驹》、《白描水仙》等，版画《阿诗玛》、《春潮》、《周恩来》等，油画《吾家小池》、《大教堂》、《芬奇邻居》等，雕塑《二十一世纪告别忧郁》、《吃饱了还要咬人》、《早晨，你好》等参加了展出。

9 月，在湖南省博物馆举办个人画展，共展出水墨、版画、油画、雕塑作品百数十件，携夫人梅溪、儿子黑蛮、女儿黑妮出席了开幕式。这是黄永玉首次在故乡湖南开画展。

2001 年 2 月，为夺翠楼所邻“准提庵”题“天心月圆”四字，并耗时半月为该庵创作《迷时师渡，悟时自渡》等壁画 10 幅。

6 月，撰碑文《华彩世家》于万荷堂。此文记录了著名史学家陈寅恪祖父陈宝箴、父亲陈三立、长兄陈衡恪与凤凰的历史渊源。未几，此文由黄永玉亲笔书丹，刊石立碑于县政府大门左侧。

2001 年 10 月，回母校——凤凰文昌阁小学，和一群可爱的孩子合影

2001 年在凤凰喜鹊坡营建又一处私人住宅“玉氏山房”

10月18日，母校文昌阁小学百年校庆，黄永玉个人捐资100万，用于校舍修缮。同日，独资捐建的文昌阁小学礼堂竣工，题“礼堂”二字，署“一九三六年毕业学生黄永玉”。

同年，选址沱江岸边的喜鹊坡，营建“玉氏山房”。这是继香港山之半居、意大利无数山楼、凤凰夺翠楼、北京万荷堂之后又一处私人住宅。

2002年1月，自意大利飞赴广州，约见陈寅恪先生长女流球、次女延美，商量寅恪先生遗骨归葬江西庐山事宜。许诺为陈寅恪先生塑铜像一尊，并手书寅恪先生名言“独立之思想，自由之精神”以为碑文。

8月18日，《黄永玉大画水浒》首发式暨生日酒会在北京和平艺苑举行。本书由老友

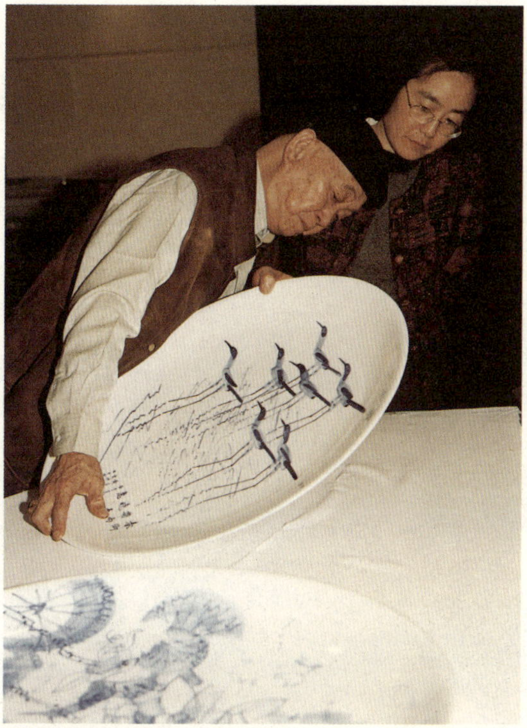

客居长沙，在省委九所画瓷（后立者为省委招待处负责人罗海艳，2003年）

黄苗子题名，收水浒人物画142幅。

10月19日，应中国现代文学馆之邀，作《我画水浒》学术讲演。

2003年5月，创作《我的祖国，我的人民》参加“众志成城，战胜非典”美术家捐赠活动。彦涵、华君武、靳尚谊等千余名美术家参加了捐赠。

5月，客居长沙，下榻省委九所宾馆，以人物、花鸟、游鱼三种题材手绘釉下蓝彩青花挂盘38件，送醴陵某瓷厂烧制。

7月13日，与力群、曾竹韶、廖冰兄、艾中信、王琦、吴冠中同获第二届“中国美术金彩奖、成就奖”。

散文集《比我老的老头》由作家出版社

在深圳美术馆举办“黄永玉八十艺展之特展”（2004年1月）

2004 年 4 月 1 日，“黄永玉八十艺术展”在国家博物馆隆重举行

出版。

8 月 6 日（农历七月初九），黄永玉八十华诞庆典在玉氏山房隆重举行。

11 月 18 日，成为中央电视台“感动中国 2003 年度人物评选”50 名候选人。

11 月 26 日，荣膺《光明日报》“2003 年度杰出文化人物”。

2004 年 1 月 12 日，“黄永玉八十艺展之特展——黄永玉的翡冷翠”在深圳美术馆隆重开幕。

4 月 1 日，“黄永玉八十艺术展”在国家博物馆举行，共展出画 92 件，瓷器 10 件，雕塑 8 件。大多数作品为首次公开，其中包括《湘夫人》、《松下问童子》、《风入松》、

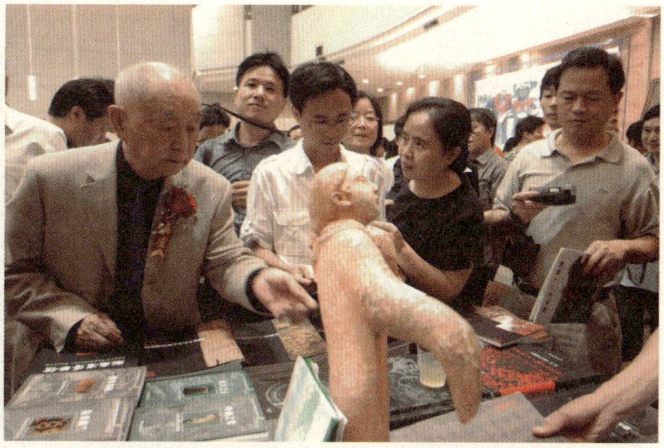

2004 年 8 月 24 日，“黄永玉八十艺展”在湖南省博物馆举行

《三月天》等最新力作。

4 月 22 日，《德国旅游手册》获《人民日报》“枫泾杯”全国漫画评选一等奖。

8 月 23 日，客长沙，出席湖南美术出版社《黄永玉的柒柒捌捌》首发式。当晚，假座白鹤泉白沙源茶馆举行烛光晚会，与家人及来自省内外各界的朋友共同赏月话旧。

“黄永玉八十艺展”于 2004 年 12 月 24 日在香港艺馆开幕

8月24日，“黄永玉八十艺展”在湖南省博物馆举行，共展出1999年以来的新作两百余件，展期二十天，全部免费。黄自撰前言，仅仅十字：“近年的画，请乡亲们指教。”

10月23日，“黄永玉八十艺展”在广东美术馆开幕。专业界人士评价：黄氏“作品表现出了创造精神和生命激情”，黄氏绘画以“独特的幽默方式为当代中国绘画注入了人文精神”，他“用文学与绘画相结合的当代表现手法传达了中国绘画审美特色”。

12月24日，“黄永玉八十艺展”在香港艺馆开幕，展期三个月。本次展览的参观人次超过了24万，打破了香港艺术馆的参观纪录。特首董建华夫人董赵洪娉、律政司司长梁爱诗亦结伴到现场观赏了展品。黄永玉耐心地向她们介绍了创作心得。当欣赏到数十米高的金笺《红梅》和《白梅》时，董太说，新年临近，它们带来了一份特殊的喜庆。

“黄永玉八十艺展”在湖南和香港展览时的盛况（右边两图为香港）

2004 年 8 月 23 日，黄永玉出席湖南美术出版社和湖南经视台联合举办的《黄永玉的柒柒捌捌》首发式

8

我们所知道的黄永玉，80 后仍然壮心不已，笔耕不辍，焕发着旺盛的生命力和无穷的创造力。

2005 年暮春，先后于万荷堂作彩墨画《松风海涛》和《护净》。接着创作《樱桃・吾家西门坡》，追忆童年旧物。

在广州石磨坊作《斗鸡・最高指示，不斗行吗？》

后于玉氏山房作《瑞荷图》，题款怀念上海唐大郎。

11 月，于玉氏山房作《出恭十二景》，将十二幅不同出恭画面复制后悬于万荷堂老子居洗手间内，如厕者见后无不会心一笑。

2006 年正月初一作《春长好》，题跋记述北京旧时掏空萝卜中养水仙旧俗。

3 月 14 日，意大利大使代表总统授予他团结星骑士勋章（骑士团团长为总统）。

3 月至 4 月，于万荷堂作《世界涌大千》、《猫说》，前者题跋谐谑大千世界里的不

2006年3月14日，意大利大使代表总统授予他团结星骑士勋章（万荷堂）

左图　2006 年 10 月 1 日，吉首大学黄永玉艺术博物馆隆重开馆
右上　黄永玉为开馆仪式剪彩
右下　黄永玉为吉首大学绘制巨幅彩墨作品

同待遇及世事纷纭，后者题跋记夏衍与猫的悲惨往事。

夏于吉首大学作《采芰荷以为裳》。

于吉首大学黄永玉美术馆绘制《关关图》。

10 月 1 日，吉首大学黄永玉艺术博物馆隆重开馆。黄永玉艺术博物馆占地面积 4200 平方米，展厅面积 2600 平方米，分序厅、艺术人生、书画天地、收藏世界等。

于玉氏山房创作狗年挂历，共谐趣小品 12 幅。

为凤凰南华山国家森林公园打造神凤文化景区，黄永玉全程指导规划、设计、建设，并题写大量牌匾、对联及作碑文、雕塑等。

2007 年正月初七，于万荷堂作《幽塘赏荷图》，题跋论作画之难在心手并用处。

春寒料峭，作《四十余年前》，画昔日常见老人们晒太阳图。

重阳后三日于玉氏山房作《睇山有胆》。

2007 年秋，于玉氏山房《朝发辰阳夕宿苍梧》。

2007 年春，于万荷堂作《水仙图》。

于玉氏山房作《猪年挂历》，有 12 幅谐趣小品。

于广州石磨坊画《大野猪精神》。

发小刘一友出版回忆黄永玉散文集《文星街大哥》，为文集作插图。

2008 年春日创作热情高涨，在万荷堂先后作巨幅彩墨画《孔盖兮翠旌》、《十万狂花入梦寐》、《孔雀图》等。

在玉氏山房作《柘枝舞》，这是幅高 295 厘米、长 55 厘米的彩墨人物巨制，反映了古代妇女与儿童赏春生活场景。

12 月回万荷堂再到玉氏山房，作《鼠年挂历》十二幅，其中有“耗子给猫当三陪，要钱不要命”等幅，针砭时弊。

2009 年元旦后于万荷堂作《牛年挂历》。

沱江“风、雪、雨、雾”四桥设计图（2010 年）

春赴广州石磨坊作《蜀中无白莲》等。并作《蜗牛搞法》，题跋讽刺房价飞涨的世情。

5 月 20 日，画 15 组谐趣动物画，随后与意大利威尼斯工匠合作，烧制成玻璃艺术品。

岁尾于万荷堂画《老干部钓鱼图》，题款曰：“非是泽畔吊屈魂，秋波渺渺只一人，廉颇老去无鱼雁，独没蒿莱数旧尘。”其意颇耐人寻味。

2010 年春，于玉氏山房作《虎王镇宅》。

后于万荷堂作《今宵月色》，题跋从苏东坡的《水调歌头》不守规矩来论艺术以感人最为重要。

7 月，于万荷堂设计凤凰沱江四座桥，分别命名为“风、雪、雨、雾”。

仲夏，于万荷堂作《荷·吾生也贱》。

7 月 30 日，参加《中国国家形象宣传片》的拍摄。

秋日，于玉氏山房作《旧时河山旧日家河》。

8 月 31 日，中国国家画院七个专业院在北京正式成立，黄永玉先生被聘为版画院院长。

2011 年春于玉氏山房作《兔年挂历》，并作《兔年大吉》、《狡兔五窟》单幅画多件。

人日（正月初七），于万荷堂画《湖上秋光》，题跋论荷大鹭小得湖面开阔境界的艺

2011 年春，为中宣部建党九十周年画展创作巨幅彩墨画《九荷之祝》

2012 年夏秋之交，在万荷堂登上升降机作高 500 厘米、宽 385 厘米的彩墨巨制《春江花月夜》

术手段。

3 月于万荷堂画《九荷之祝》，参加中宣部建党九十周年画展。此画高 284 厘米，宽 356 厘米，画面有九枝迎风挺立盛开的荷花，作品寓意十分深刻。

于万荷堂画《金色秋天》。

5 月 4 日，“T.46 庚申年邮票（猴）”在中邮快购网上拍出 8501 元人民币天价。

于玉氏山房作《水仙荷花》，题款“传而不奇”，讨论历史和现实那些滑稽的插曲。

5 月 12 日，出席了南华山国家森林公园开园仪式。

9 月中旬，为吉首峒河设计、选址并捐建的“肥”“爱”“花”“醉”四桥动工兴建。

2012 年春初于万荷堂作壬辰龙年挂历，谐趣小品 12 幅。

2010 年自传体小说《无愁河的浪荡汉子》在《收获》杂志连载，并作插图。

7 月 4 日上午，黄永玉大师率众一行到吉首峒河视察其设计、捐建的“醉、花、爱、肥”

2012 年 8 月 25 日，黄永玉八十八米寿庆典在万荷堂隆重举行

黄老八十八寿辰的主要节目——著名钢琴家陈洁演奏世界名曲

艺术四桥。

7月5日，参加陈渠珍归葬凤凰仪式，为陈渠珍墓地撰写碑文和创作西原夫人雕像同时落成。

夏秋之交，在万荷堂作高500厘米、宽385厘米彩墨巨制《春江花月夜》，意境取唐人张若虚《春江花月夜》诗意。

8月25日（农历七月初九），在万荷堂举行八十八寿诞庆典，前来庆寿的有首都各界有关领导、艺术家和朋友，湘西自治州、凤凰县地方领导及家乡父老，港、澳、台及海外友人，黄家亲属共三百余人。庆典前，黄老作简短讲话，接着是国际级著名女钢琴家陈洁作钢琴名曲演奏，黄老还设盛宴款待了各路嘉宾。近十二时，参加庆典的人们才陆续离去。

黄永玉和我们（一）

Huang Yongyu he Women

——曾与黄永玉合作出书的情谊

2

黄永玉的故事，有时仿佛离我们很遥远。古城的逃学少年，集美的叛逆学子，抗日烽火中的漂泊者，祖国黎明前的文化战士，新中国高等美院的青年讲师……这些充满着传奇色彩的故事早已蒙上了一层历史的烟尘，但是，通过有关黄永玉的书籍、画册和报刊篇章，这些故事又一次次清晰地浮现在我们面前……

黄永玉的故事，有时又离我们很近。因为他与我们共一方土地，在他的故乡凤凰，沱江两岸，我们甚至可以寻找到他走过的每一片足迹。特别是近三十年来，我们有幸和他一同前行，仿佛能听到他强劲的呼吸声；有幸能一次次获得他令人喜悦的消息，我们为之振奋；有幸欣赏到他一幅幅精美画作和一篇篇锦绣文章，我们赏心悦目；更有幸与他晤面，聆听他开启心灵、幽默、智慧而又不乏深刻的妙语，让我们深受裨益。

湖南美术出版社正式成立于 1980 年，原先，它只是湖南人民出版社隶属下的一个美术组。美术组只有六位编辑，从营盘路迁至人民路，美术组只有一部板车的家当。可以说是白手起家，从无到有，由小到大，一步一步艰难跋涉，才有了今天的湖南美术出版社。

较早接触黄永玉先生的是我社老美术编辑童曼之，他调来美术出版社之前，曾在韶山陈列馆担任美工，70 年代中期黄永玉先生在毛主席故居前作风景写生，他有幸一直在旁边作陪，并留下了一些珍贵的黑白照片，被我们收入到《黄永玉全集》中。

1982 年，从湘潭调来的美术编辑周济祥，独具慧眼，将目光投向了湘籍画家黄永玉，那一年黄永玉 58 岁。

周济祥为他编辑了一本 24 开方形小画册《画家黄永玉湘西写生》，全书 1 个印张，收录画家 1978 年回凤凰所作的彩墨风景、人物、花卉等作品 22 件。这本当时只标价 1.5 元的彩色小画册，自然受到美术读者的欢迎。

从此，黄永玉先生也与我们建立了友好关系。

1984 年冬天，在长沙参加全国美协会议的黄永玉先生带着他的朋友、漫画家丁聪来到湖南美术出版社，参加了社里组织的艺术家、编辑出版工作者联欢晚会。

70 年代中期，我社编辑童曼之在韶山拍摄到黄永玉先生在毛主席故居前写生

1987 年，时任湖南美术出版社社长的郑小娟女士与画册室主任萧沛苍连手策划编辑一本 8 开本大型画册《黄永玉》。

那一年，黄永玉先生回故乡途经长沙，郑小娟与萧沛苍特地去先生下榻的蓉园宾馆拜访了他，商议《黄永玉》画册编辑事宜。

对编辑这本画册，我是记忆犹新的。其时，我正好在北京中央美院民间美术系进修，郑小娟社长来北京组稿，曾领我去城西三里河马路北侧南沙沟黄永玉先生寓所，也让我有幸第一次见到了先生。后来，小娟社长将部分组稿任务交给了我。我特地邀请了我的朋友、《时装》杂志摄影记者夏大统，带着颇为精良的相机和反转片，一同到南沙沟拍先生的作品。当时，先生正在一间小房子里画，那幅 180 厘米 ×180 厘米大小的油画《群鱼》，由于颜色堆得厚，部分色彩下坠，先生用注射针头灌上胶水注入松动的颜料中，让我很觉新奇。

1982 年，湖南美术出版社编辑出版的第一本黄永玉先生的画册——《画家黄永玉湘西写生》

先生还说："我在训练自己在小屋子里画大画。"客厅的桌上摆着为吉首湘泉酒厂设计的"酒鬼"酒瓶，真没想到这就是日后叱咤全国市场的名酒酒瓶啊！

在先生家里拍了一些国画、油画和一件雕塑（意大利艺术家莫塔特·维吉尼奥为先生创作的造像），还爬到靠近屋顶的旮旯找出了几件纸本彩笔作品。到了吃饭的时候，在中央美院雕塑系进修的黄毅（小七，黄老侄儿）拎来一大兜方便面，记得我们吃了好几顿黄老夫人张梅溪做的肉丸盖方便面。

拍摄工作完成后，我还抱着先生家养的宠物猫（傻妹）与先生合了一次影，可惜被摄影师夏大统弄丢了。

那年寒假，我回到湖南，画册室主任萧沛苍邀我去湘西采风，带着一个重要的任务就是去凤凰白羊岭黄永玉先生旧居"古椿书屋"拍片，那次不仅见到了先生五弟黄永前，同时也拍到了旧居木板墙上黄老 6 岁时的涂鸦字迹。

1984 年冬天，黄永玉先生和漫画家丁聪参加湖南美术出版社的联欢晚会

1987 年，时任湖南美术出版社社长的郑小娟（中）与画册编辑室主任萧沛苍到蓉园宾馆看望黄永玉先生，商议出版《黄永玉》画册事宜

郑小娟女士观看黄永玉先生在蓉园宾馆简朴的案头作画

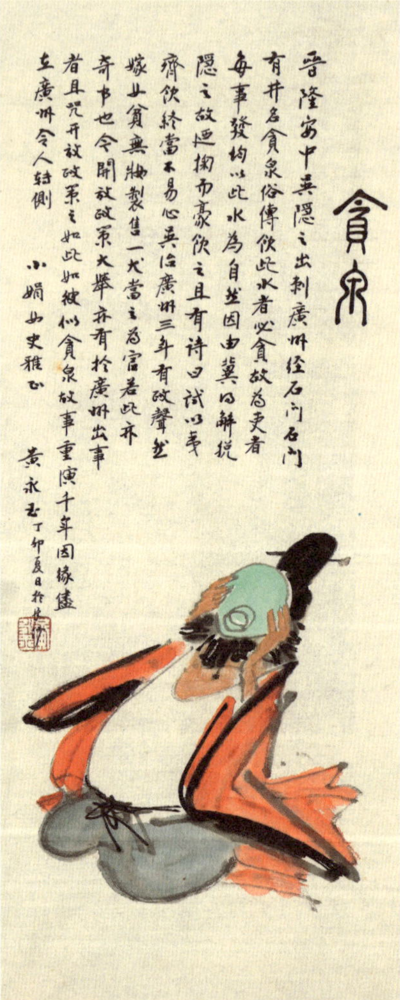

《贪泉》、《鱼戏新荷动》和《春消息》均为 1987 年赠送我社郑小娟和黎德林的画作

1988 年 8 月，8 开本画册《黄永玉》由湖南美术出版社出版

1988 年 8 月，8 开本大型画册《黄永玉》由湖南美术出版社出版。

1990 年，时任湖南美术出版社社长的萧沛苍与老编辑周济祥策划编辑了一本 24 开白描画册《永不回来的风景》，收录的 28 幅白描作品皆为画家对故乡凤凰六十年前景物的追忆。后面

1990 年湖南美术出版社编辑出版的白描画册《永不回来的风景》

《永不回来的风景》
2006 年的再版本

是黄永玉和他的一帮乡党撰写的应景文字，字里行间透溢着温馨乡情。

1995 年，湖南美术出版社连环画编辑室策划编辑一套名为《沈从文笔下的湘西》的图文丛书，丛书共分黔小景、神巫之爱、雪晴、边城、萧萧、新与旧、丈夫、贵生、湘西、长河、阿黑小史、从文自传等 12 册。

青年连环画编辑刘昕带领一批连环画家，沿着沈从文先生当年经过的沅水流域采风与写生，为沈从文先生的文章作插图收集素材。经过一年多的努力，丛书即将出版了。大家有一个共同的想法，希望黄永玉先生能为丛书题写书名。其时，黄先生寓居香港。老社长郑小娟去信约请黄老题字，不久，先生将需要题写的书名用楷书写于宣纸之上悉数寄来，编辑们高兴万分。社里还将黄老题写的书名印在 T 恤衫上，分发给大家。

黄永玉先生为《沈从文笔下的湘西》图文丛书题写的书名（1995 年湖南美术出版社）

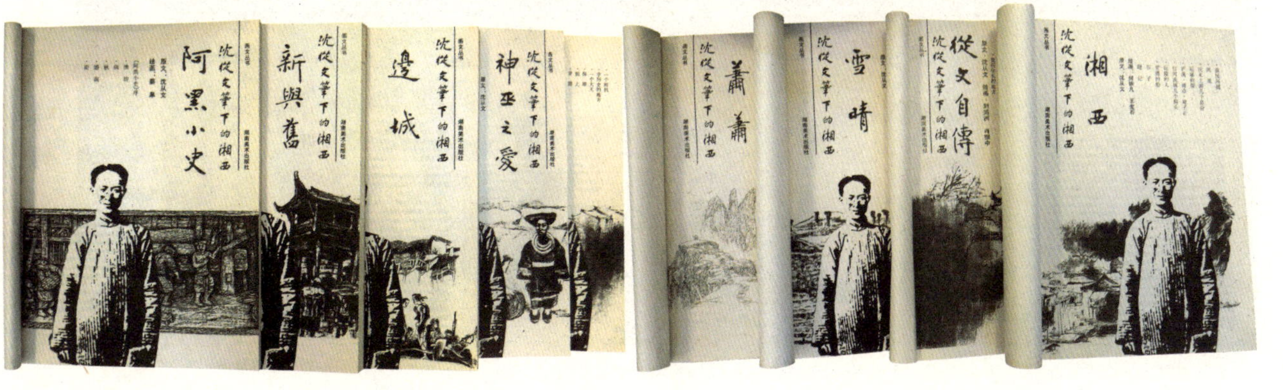

湖南美术出版社与湖南经视台 2004 年 8 月出版的图文书《黄永玉的柒柒捌捌》

2003 年夏天，时任湖南美术出版社副社长的邹建平、李小山与摄影家石磊，赴凤凰玉氏山房与黄永玉先生商议《黄永玉的柒柒捌捌》出版事宜

《沈从文笔下的湘西》出版后，曾获得全国第五届书籍装帧评奖中的银奖。这套书在很长一段时期置于沈从文故居书店，深受广大读者青睐。

2003 年，临近黄永玉先生八十寿展。湖南美术出版社两位中年副社长邹建平、李小山与湖南电视台著名策划人聂玫联袂合作一本《黄永玉的柒柒捌捌》。“柒柒捌捌”是湖南方言，即“日常琐事”之意，作为书名又与黄老年届“七老八十”相关。书名决定了这是一本较为别致与轻松的书。

聂玫女士与她的一拨写手妙笔生花，让该书文字十分出彩，又有凤凰籍青年摄影家石磊为本书拍片，使得该书一时畅销市场。当黄永玉先生在他的玉氏山房看到《黄永玉的柒柒捌捌》这本书的清样时，曾幽默而不失风趣地说：“这本书整个就是讲我如何在玩。”

2004 年 8 月 23 日，湖南美术出版社与湖南经视联合举行《黄永玉的柒柒捌捌》首发式，当晚，假座长沙古井白鹤泉白沙源茶馆举行了一个别开生面的烛光晚会，其时月光如水，烛影摇曳，高朋满座，人头攒动。黄老与家人及来自省内外各界的朋友共同赏月话旧，相聚嘉宾经久不散。

2004 年 8 月，湖南省会艺术界迎来了一个喜悦的时节，黄永玉八十艺展轰动了长沙。

《黄永玉的柒柒捌捌》一书首发式于 2004 年 8 月 23 日晚在长沙古井白鹤泉白沙源茶馆举行

白沙
说茶

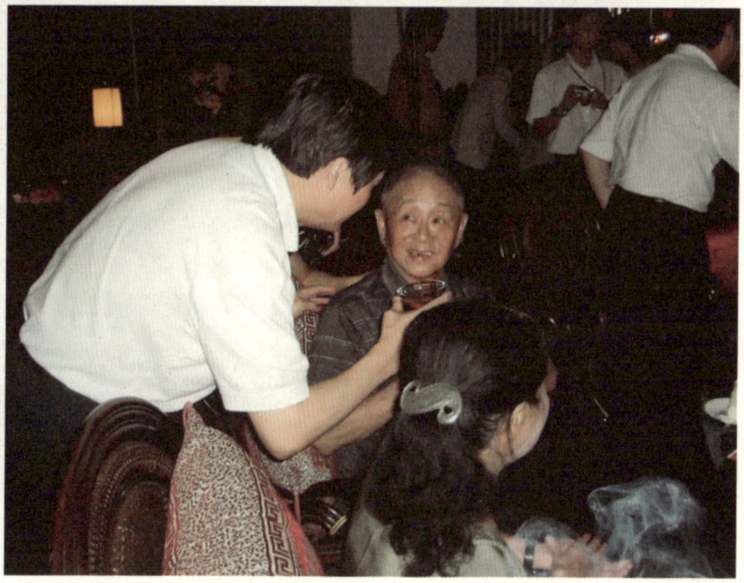

上图　《黄永玉的柒柒捌捌》总撰文聂玫在首发式上致词
下图　聂玫女士与著名电视主持人张丹丹向黄老敬酒

22 日，湖南省美协在省委九所举行了“湖南美术界祝贺黄永玉先生八十大寿”的庆祝活动，特意请来了古筝演奏师为黄老弹奏了几首古曲。湖南美术出版社也在九所设宴款待黄先生。

24 日，在湖南省博物馆举行了隆重的黄永玉八十展览，按照黄先生嘱咐，展览不举行开幕仪式，敞开大门让人们免费参观，这一举动感动了湖南家乡父老。

湖南电视台为黄先生录制了《传奇黄永玉》专题片，图为主持人张丹丹在凤凰采访黄永玉

湖南美术出版社原社长、画家郑小娟、姜坤夫妇到蓉园看望黄老

“湖南美术界祝贺黄永玉先生八十大寿”庆祝活动（左起：黄永玉、画家朱训德、莫立唐、邹建平、美术理论家陈履生）

黄老和湖南美术界的朋友合影

湖南文艺界为黄老八十艺展举行黄永玉艺术创作座谈会

2004 年 8 月 24 日，“黄永玉八十艺展”在湖南省博物馆隆重举行

黄永玉夫妇在『黄永玉八十艺展』开幕式上

黄永玉和我们（二）

Huang Yongyu he Women

——十进万荷堂和五下凤凰

3

《黄永玉的柒柒捌捌》出版后，湖南美术出版社一直有着为黄永玉先生出版全集的愿望。

2007年以来，我们曾通过多种途径与黄永玉先生联系，至2009年初，关于出全集的事情有了一些眉目，我社组织重点编辑开始起草《黄永玉全集》（以下或简称《全集》）编辑策划方案。同年11月，在常德柳叶湖宾湖召开的社年度选题会上，由项目牵头人左汉中宣读了“《黄永玉全集》编辑策划方案”，得到与会领导和编辑的一致赞同。

2010年7月31日 第一次进万荷堂

由湖南籍艺术批评家杨卫与北京企业家兼收藏家柳运宠联络，黄永玉先生开始答应出版全集的事。黄老曾经表示一直不想出全集的原因，一是觉得自己的作品还不够，二是认为出全集太麻烦。

上午10时左右，我社社长李小山、副社长邹建平、编审左汉中、编辑柳刚永一行在柳运宠先生的引荐下，来到北京通州区徐辛庄万荷堂，于“老子居”内会见了黄永玉先生长子黄黑蛮，李小山与黄黑蛮商议了编辑、出版《黄永玉全集》相关事宜。

此后，开始正式筹备全集编辑、出版诸项文件。

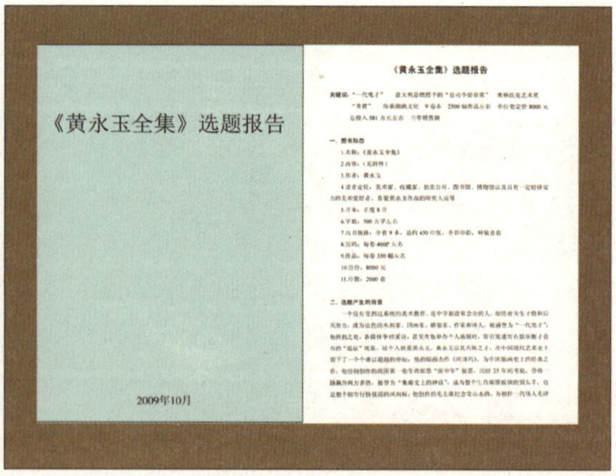
《黄永玉全集》选题报告

2009年10月

《黄永玉全集》选题报告

湖南美术出版社社长李小山在万荷堂“老子居”会见黄老长子黄黑蛮先生，商议出版《黄永玉全集》事宜（2010年7月31日）

拟定“《黄永玉全集》出版委托书”；
修订“《黄永玉全集》编辑出版方案”
确定《黄永玉全集》主编、执行主编、文学编主编、美术编各分卷主编及编委人选。

2010年8月5日 第二次进万荷堂

上午9时30分，我社副社长邹建平、编审左汉中、编辑柳刚永来到万荷堂，进入“老子居”，开始与黄黑蛮先生交谈我们近日来所做的准备工作。约10时许，黄永玉先生从内室出来与我们握手见面。黄老神情矍铄、兴致很高，坐定后，先认真看了《黄永玉全集》编辑出版方案，还在介绍黄老生平的段落作了几处批改。然后，在“《黄永玉全集》出版委托书”上签上了自己的名字。接着与我们亲切交谈了近一个小时（谈话主要内容节录如后）。

约11时，黄老兴致未减，领我们参观他的工作室，先在一楼看到了他为凤凰沱江设计的四座桥的草图。黄老向我们介绍说：

2010年8月5日，黄永玉先生在《黄永玉全集》出版委托书上签名

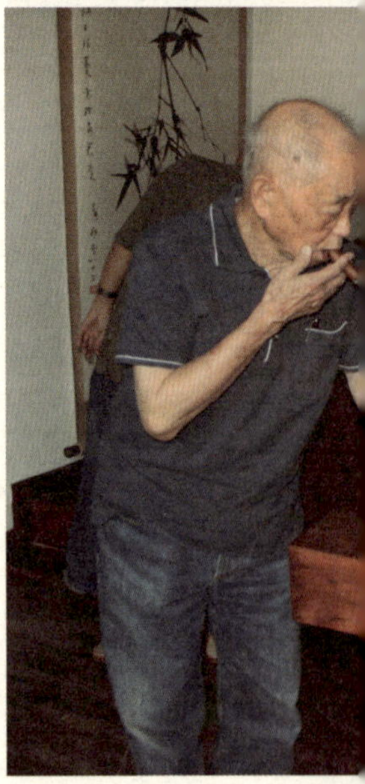

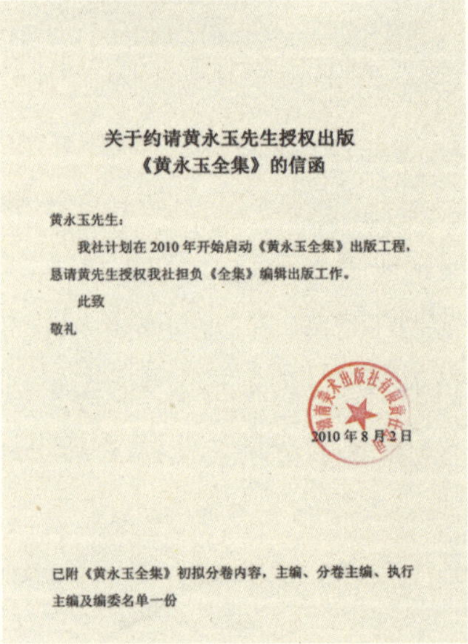

关于约请黄永玉先生授权出版
《黄永玉全集》的信函

黄永玉先生：

我社计划在2010年开始启动《黄永玉全集》出版工程，恳请黄先生授权我社担负《全集》编辑出版工作。

此致

敬礼

2010年8月2日

已附《黄永玉全集》初拟分卷内容，主编、分卷主编、执行主编及编委名单一份

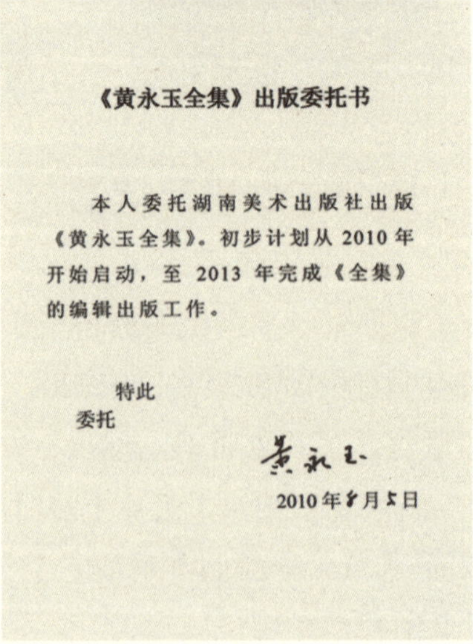

《黄永玉全集》出版委托书

本人委托湖南美术出版社出版《黄永玉全集》。初步计划从2010年开始启动，至2013年完成《全集》的编辑出版工作。

特此

委托

黄永玉

2010年8月5日

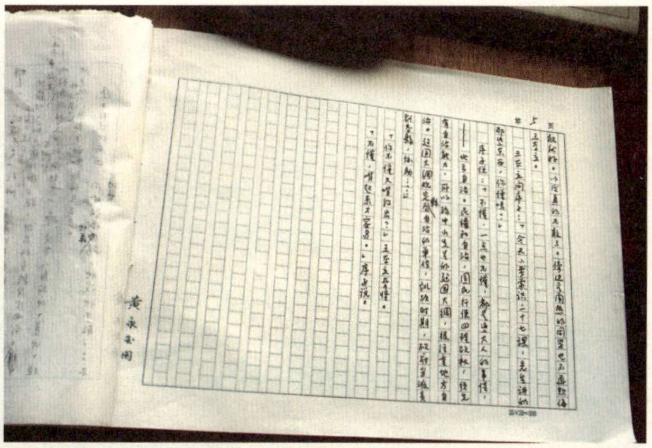

在黄老工作室，观看黄老为凤凰沱江设计的四座桥的草图

在万荷堂大厅前合影，左起：柳刚永、邹建平、黄老、左汉中、黄黑蛮

“四座桥分别是雪桥、雨桥、风桥、雾桥。”

“现在的草图是我设计的，将来变成工程图就不是这么画，大概按照这个意思画。”

“我们那里（指凤凰）的雾是最有名的，到了半夜，那个雾离水平线就那么一两米就上来了，每天都这样的。”

“四座桥，全都是人走的，过道都不让车走，两边都有台阶。”

“修好桥，凤凰会更漂亮点。每年来的游客很多，不够松散，挤在一块，把桥建好，让他们有地方跑。”

黄老破例领我们上楼：“看上面吧，看我的工作室，这是我干活的地方。”

二楼是黄老的写作工作室，靠窗口的书桌上摆放着正在写作的自传体小说，黄老介绍说：

“先写第一部明年年底出来，就写我在凤凰的十二年；第二部是写抗日战八年；第三部是写国内解放战争到‘文革’以后。现在才写到 7 岁，大概有 50 万字了，写到 100 万字。我相信你们也愿意看，很好笑。”

看完黄老的工作室，已近中午，我们说声告辞，黄老从院内一直把我们送到大门口，并说下次过来一定要留我们吃饭，我们依依不舍地道别。

一边欣赏新开的荷花，一边送我们到万荷堂大门

黄永玉谈话节录：

“你们知道吗？我这个画不成熟。你们搞个全集，我不太好意思，犯不上这么搞，我这是真话。我这一辈子干这点事不是很精彩，我一辈子肯干活是真的。现在，一些年轻的画家画得真是了不得。湖南也有很多画家，名字我是说不出来。我现在年纪大了，靠牌子，靠老。因为时代不同，我们没有时间去用功，没有机会了，你们为我出画册，我真的是不好意思。我是活干得多，真的干了不少，只是态度还不错吧。”

“1948 年，那个萧乾要给我开画展，然后找上了大学校长、一个美国人帮我搞画展，我就很害怕，我说不行，才二十几岁不敢开画展，开来开去弄得最后脸皮也厚了。实际上也是，到现在为止，每画一张画，画到后来就发现问题了……我每画一张就是遗憾，画完了就感觉有遗憾。其实可以画得再好一点。那么下一张画又是这样的问题，老有这样遗憾。”

“人家问我：‘你一辈子画了多少比较满意的？’我说：‘我天天画，要不是画就是写东西，来不及讲满意不满意。’”

我们提到他刻了那么多版画，说到很佩服他的力作《春潮》和《葫芦信》时，黄老说：

“当我走进展会，一个大房子挂满了自己的画，我自己都很佩服自己，刻了这么多。因为刻木刻跟画画不一样，要一刀刀刻。刻了这么多，就只是多。这一辈子我自己清楚，没什么太多好作品，的确是这样。”

“那是我开始刻得好的时候，一个《春潮》，一个《葫芦信》。后来却没有机会了，没有机会了……”

“1960 年，我准备了两百多块 32 开的木板，计划刻一套水浒人物。写提纲、读书笔记做了两千多张卡片，就准备刻了。搞‘文革’，整个毁了。后来在打扫房间的时候，在审案的地上，卡片满地都是。可惜了！那个时候可用功啦，可认真地做这事。那一两百张水浒人物能刻出来就好了。但是可惜了，所以最后画一点写意的东西。”

“李辉那个人啊，小学、初中、高中、大学到北京日报、到人民日报都是规规矩矩上来的。我写的东西啊，他都不太相信，在一个人身上会发生那么多事，都以为我是瞎编的。比如说，我上集美学校，初中念到二年级，留了五次级，他都不相信真有这样的事情呢。他真的到集美学校翻我的档案。有很多事情都是这样，比如说汪曾祺，是在 1946 年还是 1947 年，他写信给沈从文：‘我见到黄永玉了，现在要是有人给他投资啊，一定不会亏本。’我讲给他听，沈从文告诉我了有这么几句话，很有意思的。他也将信将疑。沈从文把信给了我，我又丢哪儿去了。等我找到给他看，他相信了。我说你这个人啊，是什么呢？我讲李辉啊，我们家乡那个苗族妇女赶集的时候，口袋里有一张人民币，一边走，一边照，看是真的假的，就怕它是假的。我这个人，你别看我随随便便讲，我的话不准备我不会讲的。有很多事，比如给炸弹炸到，挨了三次炸弹，他也不太相信。我说，八年挨三次炸弹一点也不奇怪，是不是啊？抗战八年挨三次炸弹这不奇怪啊。”

“1947 年在上海，我就跟木刻协会联系了，挂上钩了。唉，哪个时候呀，什么民族运动啊，反饥饿反内战啊。我后来画漫画，参加游行，淋得一身都是水。那个时候没有饭吃，党组织说要什么马上就去做。也没有说拿钱给材料费啊，给伙食费啊，没有的，就是做。有时候从同济大学到复旦大学走十几里路，找那里的集美的同学，还有凤凰的同学，吃一顿饭再回来，一双皮鞋也跑坏了。然后再干两三天，拿一点稿费，那就了不得了。交了房租，还有点钱，一天吃两三个烧饼，就这么干活的。前两天来客人，我就在讲，我是自费闹革命了，共产党是什么，

当时并不知道，像夏衍那些人啊，就是伯伯、叔叔、老大哥，听他们的话，你说了没错，那我们就做。所以那时候党的领导比较好。”

当我们提到他的表叔沈从文，黄老说：

“解放初，沈从文开始的处境并不好，要是处境好，他就完了。像老舍那样，还是他那种完全的知识分子的观点，这点他没有变。比如说反左的时候，要他鸣放，文汇报拿了一张名单，写什么吴晗、老舍……一个一个地访问，鼓励他鸣放。拿到沈从文那里，他看到他那个单子上面有一个小翠花，唱戏的，他排在小翠花后面，很生气；怎么把我同小翠花排在一起？不谈，坚决不谈！结果保护了自己。”

“现在有些人写不出文章就怪共产党，你写不出文章怪你自己啊，你怎么能怪共产党呢。解放以前，你写不出文章，你还没有怪国民党啊，你不会写，写得不好怎么能怪共产党呢？这种基本观点决定了他干不了大事。我也是这样，已经够好的嘛，我能够跑到美术学院当教授，这不容易了，也够满意的啦！”

2010 年 8 月 28 日 北京

下午 3 时，在北京凯宾斯基大酒店二楼杭州厅召开《黄永玉全集》第一次编委会。《黄永玉全集》主编、执行主编、文学编主编、美术编分卷主编共 17 人出席了会议。主编李小山首先致词，执行主编左汉中介绍了《黄永玉全集》美术编、文学编基本结构及编撰计划，并宣读了《全集》编辑委员会名单。在主编刘骁纯和执行主编黄黑蛮发言之后，各分卷主编相继发言，对《全集》的编撰提出了许多中肯的建议。从这一天起，《黄永玉全集》编撰工作正式开始启动。

《黄永玉全集》编委会第一次会议会场

湖南美术出版社社长向《黄永玉全集》主编刘骁纯、执行主编黄黑蛮、版画分卷主编广军颁发聘书

总策划

龚曙光，1959年4月出生，湖南澧县人。研究生学历。1976年参加工作，历任吉首大学教师、研究室主任，湖南省文联《理论与创作》杂志执行主编，湖南省文联办公室主任，湖南通程国际大酒店常务副总经理，湖南省报刊出版服务中心主任、社长、总编辑，现任湖南出版投资控股集团有限公司董事长，党委书记，中南出版传媒集团董事长。2011年获CCTV中国经济年度人物；2012年获全国五一劳动奖章；湖南省人民政府授予“湖南省劳动模范”光荣称号。2012年出版《宽度·深度·我的企业管理演讲》（商务印书馆）一书。

主编

刘骁纯：1941年3月生于河南洛阳，1985年在中国艺术研究院研究生部获美术学博士学位。已发表论著、论文三百余篇（部），代表作有：《致广大与尽精微——秦俑艺术略论》，收入《中国新文艺大系》；《从动物快感到人的美感》，收入《中国人文社会科学博士硕士文库》；《解体与重建——论中国当代美术》。曾任《中国美术报》主编，现为中国艺术研究院研究员。为我国美术研究和当代批评界的重量级人物。

李小山，1959年9月出生，河南开封人，1986年7月毕业于广州美术学院中国画系，历任西北纺织学院教师，湖南美术出版社编辑、总编室主任、副社长，现任湖南美术出版社有限责任公司执行董事、总经理、总编辑。2001年被评为第四届全国优秀中青年（图书）编辑称号，2007年被评为湖南省新闻出版系统业务领军人才，2012年获湖南出版政府奖优秀出版人物奖。

执行主编

黄黑蛮，1952年生于香港，湖南凤凰人。自幼习画，五次获得国际少年儿童画展金奖和第一奖。毕业于米兰工业设计学院（Monza）工业艺术设计系。后在意大利米兰内利获任公司计划设计部总经理助理，参与公司为意大利政府设计的“文艺复兴与文明”世界巡回展工作。1986年作品参加威尼斯国际双年展。职业画家。现为黄永玉艺术博物馆名誉馆长、香港警察书画学会名誉副会长。

左汉中，1947年生，湖南双峰人。湖南省文史研究馆馆员。1987年结业于中央美术学院民间美术系。2005年9月受聘为中国艺术研究院研究生院客座教授。现为湖南美术出版社编审。主编《湖南民间美术全集》8卷本。专著《中国民间美术造型》获首届中国民间文艺“山花奖”学术著作一等奖。曾获得“湖南省首届十佳中青年图书编辑”和“第五届全国百佳出版工作者”（2006年）等称号。现为中国美术家协会会员，中国工艺美术学会民间美术专业委员会副主任。

文学编主编

李辉，1956年出生于湖北随县（今随州市）。1982年毕业于上海复旦大学中文系；1987年11月在《人民日报》文艺部担任编辑、记者。以传记、随笔写作为主。主要作品《胡风集团冤案始末》、《沈从文与丁玲》、《巴金传》等。1998年，散文集《秋白茫茫》获中国作家协会举办的首届鲁迅文学奖。2007年在《收获》开设个人专栏“封面中国——美国《时代》周刊讲述的故事”，获第五届华语文学传媒大奖“2006年散文家”奖项。2010年，《传奇黄永玉》被“新浪读书”评为“2010年度文学十大好书”之一。

总体设计

郭天民：1940年出生于湖南长沙，湖南美术出版社编审。1965年毕业于湖北艺术学院油画专业，1965–1984工作于湖南省展览馆，1984年进入湖南美术出版社任副社长，主编有《中国高等美术院校作品全集》（获中国图书奖）、《齐白石全集》（获国家图书奖）、主持编辑《九年义务教育中小学美术教材》、出版个人设计作品集《文心雕虫》，2002年退休后参与《湖湘文库》编辑与出版。1992年，被评为“湖南省享受政府特殊津贴专家”；1995年，被评为“全国百家出版工作者”；1997年，被评为“全国新闻出版系统先进个人”。

版画卷主编

广军：1938年生，沈阳人。1959年由中央美术学院附中毕业并考入中央美术学院版画系。后入黄永玉木刻工作室直到毕业。1978年考入中央美术学院版画研究生班，1980年毕业并留校任教员至今。现为院教授、博士生导师。1963年在黄先生指导下创作的木刻《塞外归》于1979年参加全国第六届版画展，由中国美术馆收藏。1985年“半截子美展”版画《采莲图》等由中国美术馆收藏。1987年参加北京国际艺苑第二届油画展，1988年参加“中国油画人体大展”，2007年在中国美术馆举办个人油画展。历年版画作品还有辽宁省博物馆、上海美术馆等收藏。国外有法国木刻协会、大英博物馆等收藏。

油画雕塑卷主编

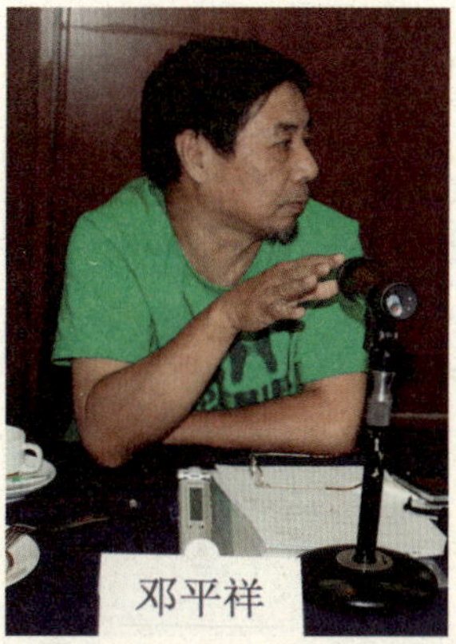

邓平祥：1947年出生，湖南省宁乡人。中国美术家协会会员，中国油画学会理事，湖南油画学会名誉主席。1981年在中央美术学院油画系结业。在各类刊物上发表《思考八题》、《论第三代画家》、《论陈丹青》等百余篇文章。《论第三代画家》1995年由江苏美术出版社结集出版。为“美术批评家年度提名展”提名批评家，世妇会“中华女画家邀请展”评委，“中国艺术大展”艺委会委员、艺委会常务副秘书长，《20世纪中国画丛书》编委，《世纪末书系》美术卷总编。应邀担任《美术文献》、《北方美术》、《水墨》等刊物栏目主持。

彩墨风景卷主编

殷双喜：江苏泰州人。西安美术学院硕士，中央美术学院博士。曾参与策划“中国现代艺术大展”（1989）、“20世纪中国美术作品展”等展览。曾任第11届全国美展评委（2009），第55届威尼斯双年展中国国家馆评委（2013）。出版专著《永恒的象征：人民英雄纪念碑研究》（2006）、《对话：殷双喜艺术研究文集》（2008）。主编有《吴冠中全集·第4卷》、《周韶华全集·第7卷》、《黄永玉全集·风景卷》、国家重点图书《新中国美术60年》（分卷副主编）等。现为中央美术学院教授、博士生导师，《美术研究》执行主编、中国美术家协会理事、国家近现代美术研究中心研究员。

小品插图卷主编

左汉中，1947年生，湖南双峰人。湖南省文史研究馆馆员。1987年结业于中央美术学院民间美术系。2005年9月受聘为中国艺术研究院研究生院客座教授。现为湖南美术出版社编审。主编《湖南民间美术全集》8卷本。专著《中国民间美术造型》获首届中国民间文艺“山花奖”学术著作一等奖。曾获得“湖南省首届十佳中青年图书编辑”和“第五届全国百佳出版工作者”（2006年）等称号。现为中国美术家协会会员，中国工艺美术学会民间美术专业委员会副主任。

彩墨花鸟卷主编

徐虹：（女）1957年生于上海，1985年毕业于上海师范大学艺术系油画专业，1985—2002年在上海美术馆学术部工作，从事馆刊编辑、理论研究、展览策划和绘画创作。2002年到北京中国美术馆工作，现为中国美术馆研究馆员，学术一部副主任。曾参与策划多次国内外艺术展览和学术研讨会，发表的论文和美术批评以当代中国绘画和女性主义美术批评为主。出版的专著有《潘天寿传》、《詹建俊》、《女性美术之思》、《女性艺术》等。

书法卷主编

李一：1957年生于山东曲阜，美术学博士，先后毕业于济宁学院、曲阜师范大学和中国艺术研究院。中国艺术研究院研究员，博士生导师，《美术观察》主编。曾任中国艺术研究院美术研究所古代研究室主任、书法研究室主任。兼任中国美术家协会理论委员会副主任、秘书长，中国书法家协会理事、学术委员会委员，中央文史馆书画院艺术委员会委员。

彩墨人物卷主编

秦龙：1939年生于四川成都。祖籍河北成安。少年时随父秦威（著名电影美工师）涉足电影，曾在影片《一江春水向东流》中饰演抗生一角。1960年毕业于中央美院附中，1966年毕业于中央工艺美术学院。1976年后历任人民出版社美术编辑；1986年后曾担任中国美协插图装帧艺术委员会副主任。中国美术家协会会员。长期从事书籍装帧和文学插图、连环画、招贴画、油画、国画创作。曾于1977年协助黄永玉先生创作毛主席纪念堂巨幅山水笔画《祖国大地》。是活跃于20世纪80年代的实力派画家。

设计卷主编

杨卫：祖籍山东泰安，1969年出生于湖南益阳市。1991年毕业于湖南工艺美术职业学院，2007年毕业于吉林艺术学院研究生部。1991年开始工作生活于北京，为较早一批流浪北京的职业艺术家。曾作为“艳俗艺术”的代表艺术家活跃在20世纪90年代，2000年后转入艺术批评与策划。2002年参与筹建北京犀锐文化艺术中心，担任该中心主持。2003年被中国艺术研究院特聘，参与创刊《艺术评论》杂志，担任首席编辑。现为宋庄艺术促进会艺术总监。

2010 年 10 月 20 日 第三次进万荷堂

在万荷堂黄老的工作室召开《黄永玉全集》第二次编委会。与主编和分卷主编签约。执行主编左汉中介绍了《黄永玉全集》启动以来的有关情况。众主编各抒己见，提出了需要进一步了解画册主人公及作品，为撰写论文创造必备条件。

《黄永玉全集》编委会第二次会议在万荷堂黄老工作室召开

李小山社长与主编刘骁纯先生签订工作合约

与执行主编黄黑蛮签订工作合约

设计分卷主编杨卫先生发言

主编刘骁纯先生发言

《黄永玉全集》编辑委员会名单

总策划：龚曙光

主编：刘骁纯 李小山

执行主编：黄黑蛮 左汉中

文学编主编：李 辉

编委：刘骁纯 黄黑蛮 李 辉 广 军 殷双喜 徐 虹 秦 龙 邓平祥 李 一 杨 卫 应 红 李小山 邹建平 左汉中 柳刚永 郭天民 彭 勇

执行主编左汉中先生总结归纳编委们的意见

2010 年 10 月 21 日 第四次进万荷堂

开始在万荷堂正厅黄老画室拍摄第一批作品，有油画、彩墨画、版画、书法等。黄黑蛮提供《黄永玉八十》画册电子文件，由北京彩之林图文制作有限公司陈军林先生协助存入资料盘。

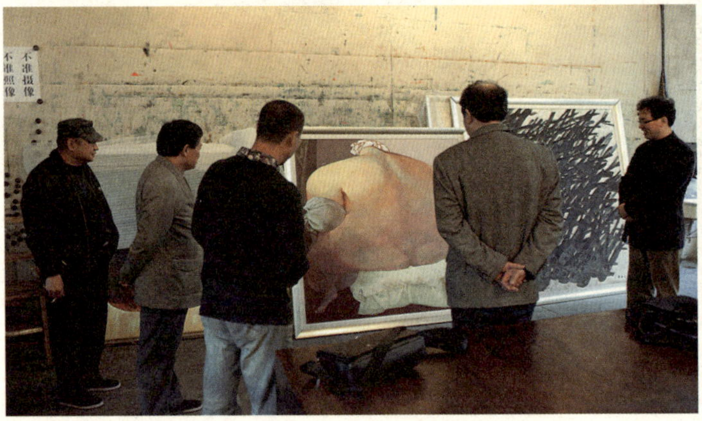

在万荷堂拍摄第一批作品时黄老的创新油画人体

2010 年 10 月 22 日—23 日 北京融德画廊

去琉璃厂融德画廊，会见画廊老总孙世平，该画廊是北京唯一一家专门经营黄永玉作品的机构，同时从事裱画、复制仿真及其他美术印刷品的制作。拍摄黄老近年来的国画、书画作品四十余件。

孙世平简介：

孙世平，祖籍河北武安县，1951 年 5 月 7 日生于北京。1986 年进入玻璃厂，担任北京清秘阁画廊第一任业务经理。现任北京融德画廊总经理，主要经营黄永玉先生作品，兼作中国画装裱、复制工作，黄永玉先生多幅巨型彩墨作品均由融德画廊装裱。

摄影师李国安拍摄融德画廊的藏画

2010 年 11 月 9 日 湖南宁乡灰汤

湖南美术出版社 2011 年年度选题会在宁乡灰汤紫龙湾酒店召开，执行主编左汉中汇报《黄永玉全集》启动以来的进展情况。

2010 年 12 月，黄永玉作品图片开始送深圳华新彩印制版有限公司进行先期制作。

2010 年 12 月 13 日—14 日 湘西吉首

赴吉首，到吉首大学黄永玉艺术博物馆约见副馆长黄毅（黄老侄儿，曾和我 1986 年在中央美院进修）等。黄永玉艺术博物馆于 2006 年秋落成，该馆呈依山傍水之势，由国际知名建筑设计师、北京大学建筑研究中心主任张永和设计，书画家黄苗子题写馆名。该馆

依山而建的吉首大学黄永玉艺术博物馆

2006 年夏天，黄永玉先生专门为吉首大学黄永玉艺术博物馆创作巨幅彩墨作品

陈列黄永玉收藏的由原始时期到明清的珍贵文物 200 余件，同时，还陈列了黄永玉彩墨画、油画、书法作品 100 余件，其中几幅巨型彩墨画作品，是黄永玉花了一个多月时间专门为博物馆“量身定制”的。

在博物馆拍摄彩墨画、油画、小品、书法作品数十件，部分悬置高墙的巨型彩墨作品拍摄颇有难度，靠人工搭梯，摄影师李国安登上高梯方能完成。

2010 年 12 月 15 日（雪）首赴凤凰

首赴凤凰，拍玉氏山房外景及院内雕塑。

天下起了鹅毛大雪，通过凤凰县委宣传部，县档案馆内拍摄黄永玉国画作品两件。

在文星街“刘大炮印染作坊”，拍摄黄老与刘大炮合作的浆染画四件，刘大炮藏黄老彩墨作品两件。黄老为支持刘大炮开染坊，曾赠一幅全张《老梅》彩墨画与刘大炮，又不慎被骗走，因其女婿在县刑侦大队任职，后来画被追回。

因气候骤变原因，拍摄人员即时返回长沙，暂放弃取道去怀化拍画的计划。

2010 年 12 月至 2011 年元月之间，约诸画家及书籍装帧设计家郭天民先生为《黄永玉

在刘大炮作坊拍摄黄老浆染画

黄老 1995 年为刘大炮造像

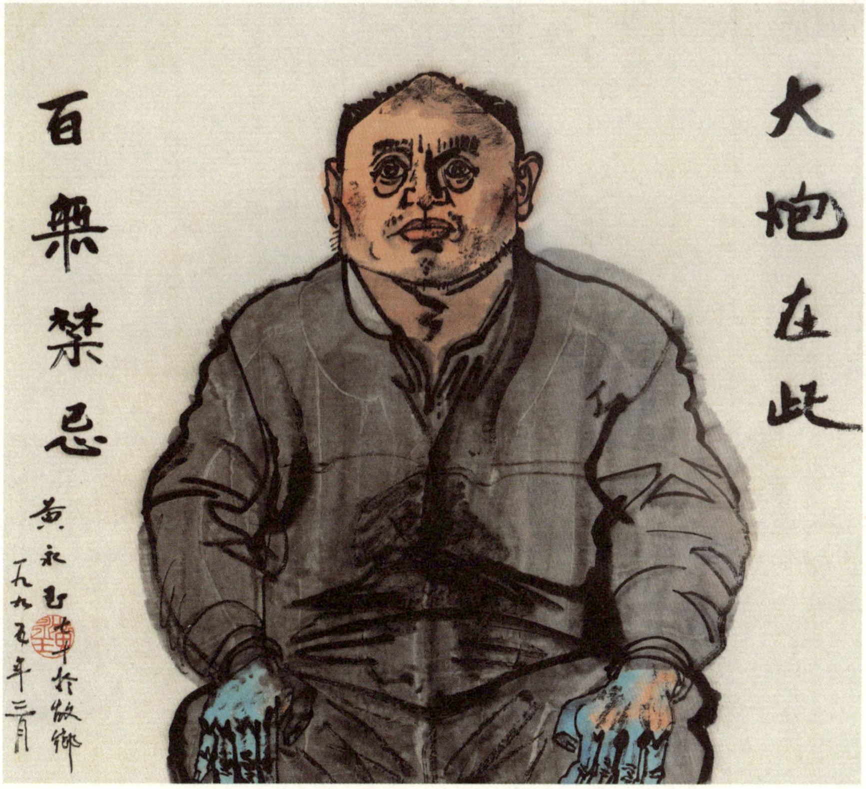

黄老赠给刘大炮的作品《老梅》

黄老创作的凤凰县城标——凤凰雕塑开始披上了大雪

我们的拍摄小组冒雪收兵

全集》设计初步方案。

通过各种途径，征集黄永玉先生有关的画册、书籍数十种，其中得到黑龙江美术出版社黄国楹、原守俭两先生的无私援助。

通过各种途径收集到的有关黄永玉先生的画册和图书资料

2011 年 1 月 7 日—9 日 第五次进万荷堂

第五次进万荷堂，在万荷堂会见黑蛮、黑妮，在正厅黄老画室拍摄黄老的油画、彩墨画和版画数十幅，其中有大幅的彩墨画作品，也有小幅的木刻作品。

2011 年 1 月 19 日 长沙

黄黑蛮先生趁来长沙参加湖南省政协会议的机会，抽空到湖南美术出版社做客，就《黄永玉全集》编辑情况与社长、主编李小山，执行主编左汉中进行了交流。

2011 年 1 月 19 日 长沙

深圳华新彩印制版有限公司董事长王知光与业务经理郑学文来长沙商谈《黄永玉全集》前期制作等问题。

华新彩印制版有限公司与湖南美术出版社有着长期合作的友好关系，曾承印过社重点图书《齐白石全集》、《海外藏中国历代名画》等。

2011 年 3 月 7 日—9 日 北京

赴北京，就《黄永玉全集》编撰有关问题，左汉中、柳刚永两人与主编刘骁纯先生、美术编书法分卷主编李一先生会面，听取他们对《全集》编辑工作的意见。

在人民日报会见文学编主编李辉，商议《黄永玉全集》文学编的启动事宜。

向主编刘骁纯汇报《全集》编辑情况

与书法卷主编李一先生商量论文的撰写

在人民日报社会见文学编主编李辉，商议《黄永玉全集》文学编的启动事宜

2011 年 3 月 9 日 第六次进万荷堂

在万荷堂老子居内，会晤黄老及黑蛮先生，向黄老汇报《黄永玉全集》近期进展情况。老子居内坐一干客人，其中有一年轻温州商人提出要买黄老的彩墨荷花，挂在自己的办公室内，此人据说是经营“鸟巢”和“水立方”的巨商，出口很大，对黄老取出的只有“一两朵荷花”的作品还不满意，黄老答应给他画一张大幅荷花，于是在万荷堂正厅一直画到天至黄昏，十米花梨木案上绘制《荷花图》。

黄永玉在万荷堂大厅当场绘制《荷花图》

2011 年 3 月 15—20 日 长沙、深圳

在主编李小山召集下，执行主编左汉中与总设计郭天民老师一齐商定美术编 8 卷的初步成形样本。到深圳华新彩印厂将作品较为完整的版画卷装印成样本，其他 7 卷打出初步彩样，准备面呈来长沙的黄老，请他过目验收。

李小山社长、郭天民老师和大家一起商议《黄永玉全集》设计方案

从日本寄来的封面用布很是及时

工厂开始了前期制作

深圳华新彩印公司的工作室与车间里，郭天民老师带头与大家日夜工作

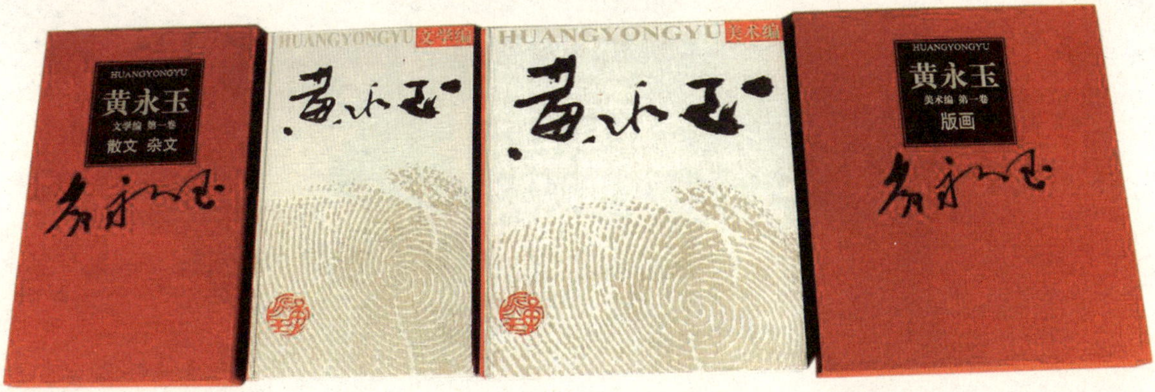

第一轮的《黄永玉全集》美术编、文学编设计样书制作出来了

2011 年 3 月 23 日 长沙喜来登酒店

下午 4 时，社长、主编李小山，副社长邹建平、黄啸，执行主编左汉中，总体设计郭天民，编辑柳刚永等一行 8 人，将《黄永玉全集》美术编和文学编设计书样和版画卷样书、其他卷彩样呈黄老过目。黄老对画册设计及内容给予了肯定，亦提出了一些改进意见。并约定 4 月初再度去凤凰拍有关资料。

中南出版传媒集团董事长、《黄永玉全集》总策划龚曙光来到酒店，会见黄老并亲切交谈。对黄老承诺尽最大努力做好《全集》，同时鼓励编辑们一定要保证《全集》的品质与质量。

双方一道在喜来登酒店三楼餐厅共进晚宴，作陪的还有湖南广电界名人聂玫、张丹丹等。席间，黄老谈笑风生，妙语连珠，气氛轻松融洽。

中南出版传媒集团董事长、《黄永玉全集》总策划龚曙光到喜来登酒店会见黄老

黄老仔细阅读美术编初样

一次愉快的聚会

版画卷较早编成，黄老格外关注

龚曙光先生与黄老亲切交谈

2011 年 4 月 7 日—9 日 二赴凤凰

主编李小山领队，带着采编人员一行 5 人赴凤凰，在玉氏山房拜会黄永玉先生，进一步汇报了《全集》的情况。为圆满完成封面设计，请黄老题下多条名字，按下多只指印。并请凤凰画家、黄老学生刘鸿洲将黄老在玉氏山房的常用印拓印下来，以充实书法卷内容。黄老又一次提到 1976 年 4 月在天安门广场贴的那张《等小平》漫画，为让我们看明白，黄老取来 一张宣纸，为我们复制一幅。当时在玉氏山房的还有黄老的女儿黑妮、朋友柳运宠和凤凰县领导人张永中等。

在准提庵拍壁画 10 幅。准提庵与夺翠楼门户相对，仅隔一条三四米宽的石板路。准提庵始建于何时已无考证，历年来为方圆数十里香客朝拜之地，整日梵音绕梁、香火不绝。黄永玉先生 2001 年 2 月为庵内禅房绘制《迷时师渡，悟时自渡》10 幅壁画，因房屋傍山，水迹浸染，画面已经开始损缺，幸亏及时拍了下来。由于壁画受玻璃保护，拍摄时出现反光，庵内住持释如缘抱来被单等物，四处遮挡杂光，方才顺利拍完。事后，我们将一套完整壁画光盘赠与准提庵释住持。准提庵壁画为先生的宗教题材人物画丰富了内容。

再去万寿宫补拍《九老图》等作品。

在沱江边拍摄为抢救三名落水少年而献出生命的青年英雄王湘冀雕像。

在玉氏山房拜会黄老，看到他的一批彩墨画新作

黄老为《黄永玉全集》题写名字、按手模和复制《等小平》漫画

听黄老谈话是一种享受

在回龙阁准提庵拍摄黄老 2001 年为庵内绘制的十幅宗教壁画

在沱江夺翠楼对面的“万寿宫”拍摄漫画《九老图》

在玉氏山房的庭院拍摄黄老的雕塑作品

拍沱江边上的“青年英雄王湘冀”雕塑像

2011 年 4 月 18 日—21 日 北京

拍摄小组赴北京，在麦豪斯酒店紫竹院分店约见收藏家柳运宠，拍摄黄老彩墨、书法作品三十余件。其中巨幅彩墨花鸟《孔盖兮翠旌》和彩墨人物《幽塘赏荷图》均为黄老精品力作。

位于紫竹院附近的麦豪斯酒店

柳运宠简介：

著名收藏家、企业家。1955 年 2 月出生，北京人，祖籍山东蓬莱。16 岁那年入北京饭店做服务员，1979 年中国美术家画廊成立时，曾做黄永玉先生作品销售。现为北京麦豪斯酒店总经理。

画后面四个人早已举累了，但还不能忘了量量作品的尺寸

在麦豪斯酒店餐厅拍巨幅彩墨画《孔盖兮翠旌》，左起：左汉中、柳运宠、刘庆刚、柳刚永

黄老的彩墨画常题长款，为便于编书时辨识，摄影师李国安拍下了巨幅彩墨画上的题款局部

2011 年 4 月 18 日—21 日 北京

约见国家博物馆副馆长、美术理论家陈履生，拍摄黄老 1959 年夏季为中国历史博物馆（现国家博物馆）创作大型沥金壁画《全国各族人民大团结》。据说，最初请的是著名画家王式廓和董希文，可是后来有关领导又找当时是中央美院版画系教师的黄永玉（时年 34 岁）担纲。这幅壁画高 9 米，宽 10 米，耗费黄金 20 两，系中国人民银行特别调用。黄永玉出色地完成了这一任务。应该说，当时请一位年轻的版画家来创作这幅重要的壁画，一定要看重他内在的能力，说明当时的主管领导独具慧眼。在天安门广场，毛主席纪念堂内正面毛泽东雕像后面，还有黄永玉先生为他的老乡创作的另一幅重要的壁画《祖国山河》。有意思的是，旁边不远的另一幅同尺寸的沥金壁画《世界人民大团结》亦是湖南平乡籍画家周令钊所作。正因为这幅壁画的缘故，黄永玉先生选定国家博物馆作为他八十和九十画展的场地。

由于画幅巨大，国家博物馆工作人员为我们提供了优越的条件，调来了升降机，拍摄

国家博物馆副馆长、美术理论家陈履生先生（左）曾写过多部关于黄老的著作

在高高的升降机上拍摄黄老 50 年代的壁画作品

黄永玉在 1959 年为当时的中国历史博物馆绘制的大型沥金壁画《全国各族人民大团结》

两幅大型沥金壁画均出自湖南籍画家之手（另一幅为周令钊创作的《世界人民大团结》）

壁画的任务完成得十分顺利。

再到融德画廊拍摄黄老作品二十余件。到琉璃厂荣宝斋，获得荣宝斋负责人赠予的大型彩墨作品《荷花》的电子文件，此画是2010年黄老特地为荣宝斋绘制的，高5米，宽6米，画为金红色调，池塘内荷花盛开，枝繁叶茂，右上方一轮太阳，呈现一派喜庆祥和。实为不可多得的彩墨巨制。

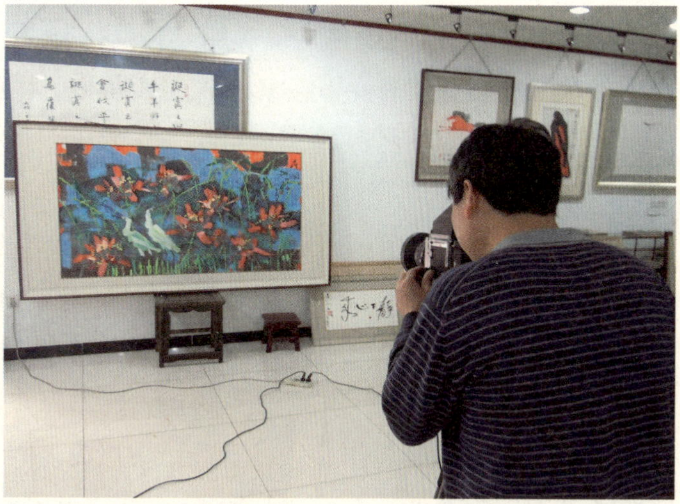
再到融德画廊拍摄黄老作品

荣宝斋向我们赠送了巨幅彩墨《荷花》的电子文件

2011 年 5 月 10 日—13 日 珠海、广州

赴珠海，会见湘籍女摄影家卓雅。卓雅女士早在上个世纪 90 年代中期曾为《湖南民间美术全集》拍摄过作品，近二十年来，先后出版过《沈从文和他的湘西》、《黄永玉和他的湘西》、《从万荷堂到玉氏山房》等大型画册，声名鹊起。卓雅为《黄永玉全集》提供了近千幅图片，供编辑画册时选择，其中不少优秀的肖像作品为画册选用。

赴广州会见广东省委接待处处长摄影家、篆刻家卢申，征集有关黄老图片近百幅，为《全集》增加了丰富的内容。

在广州石磨坊雕塑工作室会见坊主、雕塑家许鸿飞。从上个世纪末开始，许鸿飞就与黄永玉制作和合作雕塑作品。在石磨坊拍摄黄老雕塑作品十余件；同时，还拍摄了石磨坊收藏黄老的彩墨及书法作品三十余幅。

为了获得黄老的生活照，赴珠海访问湘籍女摄影家卓雅

卓雅镜头下的黄老神采各异

在石磨坊雕塑工作室拍下了不少黄老的雕塑作品，青年雕塑家许鸿飞是黄老的合作者和得力助手

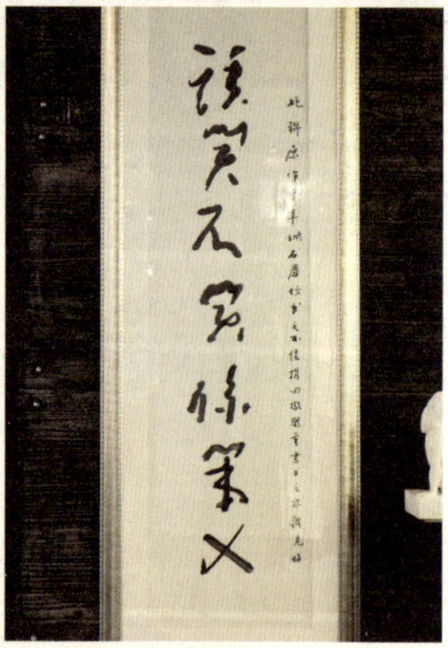

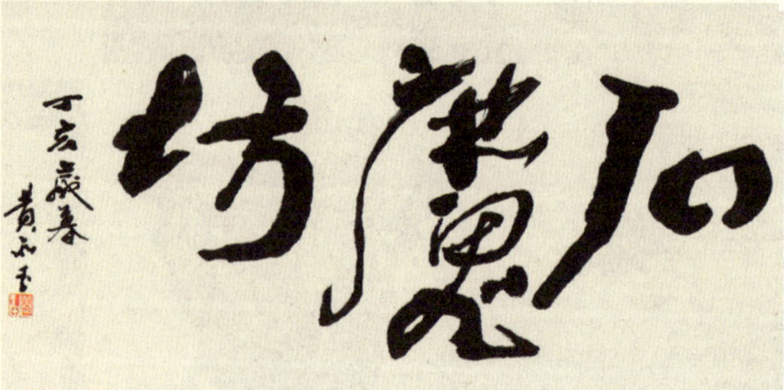

石磨坊收藏的黄老的彩墨画和书法作品十分精彩，尽管光线不好，也要一张不落地拍摄下来

2011 年 5 月 20 日—29 日 深圳

赴深圳华新彩印厂，将前段补拍的黄永玉作品汇集入册，《黄永玉全集》美术编 8 卷初步成型。

在深圳华新彩印厂的那间大会议室，成了《黄永玉全集》的编辑室，编辑们常常在这里“安营扎寨”

2011 年 6 月 10 日 长沙

湖南美术出版社召开《黄永玉全集》美术编 8 卷责任编辑会议，将各卷交责任编辑阅读、校正作品尺寸与年代，撰写作品题跋释文及辨识印章。

将美术编 8 卷本纸样寄往北京，请主编刘骁纯先生审读。

2011 年 9 月 13 日 汉寿县清水湖

在汉寿县清水湖度假村召开年度选题动员会，第二次汇报《黄永玉全集》进展情况。

2011 年 10 月 3 日 北京

左汉中、柳刚永二人赴北京通州东潞苑会见主编刘骁纯先生，听取他对《黄永玉全集》美术编的一些意见，研究各分卷撰写论文方面的问题。

与文学编主编李辉先生联系文学编启动的事宜。

主编刘骁纯在听取柳刚永的编辑工作汇报

2011 年 11 月 10 日 宁乡紫龙湾

在宁乡紫龙湾酒店召开全社 2012 年度选题论证会，执行主编左汉中以《黄永玉全集》编辑日志形式汇报编书进展情况。

2011 年 12 月 27 日 第七次进万荷堂

执行主编左汉中约请他的老师、原中央美术学院民间美术主任杨先让教授七进万荷堂。杨先让教授曾与黄永玉先生在中央美院版画系共事，在《比我老的老头》一书中，比黄永玉小六岁的杨先让破例以《天末怀先让》一文忝列该书篇末。首先将《黄永玉全集》美术编 8 卷彩样本呈黄老审阅（留在万荷堂），并与黄老正式提出文学编启动问题，黄老提出小说《无愁河的浪荡汉子》因早与作家出版社签订合同，暂不收入文学编。

黄老还及时对《全集》的装帧设计提出了改进意见。

黄老与杨先让教授又一次谈起了中央美院以往的趣事与逸事。

左汉中请来了他的老师、中央美院教授杨先让一同来到万荷堂

在《比我老的老头》一书里，丁聪为杨先让先生画的漫画像

黄老在观看老同事杨先让教授的新作品

2011 年 12 月 30 日 第八次进万荷堂

《黄永玉全集》的众编委中，除版画卷和彩墨人物卷主编广军和秦龙外，主编刘骁纯和其他分卷主编均较少与黄老交往。为进一步了解黄老，为分卷论文撰写准备较充实的材料，决定到万荷堂拜访黄老。主编刘骁纯、执行主编左汉中、分卷主编徐虹、秦龙、邓平祥、杨卫等在老子居与黄老进行亲切交谈，并就某些不够了解的情况向黄老提出咨询，黄老均一一作答，气氛十分融洽。

中午，黄老在万荷堂主厅与大家共进午餐。饭后，在万荷堂休息室一同欣赏音乐。

《黄永玉全集》的主编和分卷主编在万荷堂拜访黄老，为撰写各自的论文作准备

主编与分卷主编各自向黄老提出咨询，黄老一一作答

在黄老新作《雨·萧邦》前面，与黄老合一个影

黄永玉谈话节录：

我从小喜欢文学，年轻时就给诗人作插图，文学家、画家前辈当时都很喜欢我。

文学在我的生活中排在第一，第二是雕塑，第三是木刻，第四才是绘画。为什么我喜欢文学、喜欢雕塑，把绘画摆在后头呢？因为绘画可以养活前面三样行当。

我一生很大部分时间都在木刻上，我刻木刻，铲底子铲得很漂亮。为了木刻的细微，写生也很认真，比如画渔网，怎么画？就仔细观察，去琢磨它。

我没有正式学过美术，但我也有自己的想法。比如画画，我认为主要是材料的问题；比如雕塑，把它做出来就是嘛。我可惜没有受过专业训练，

也幸好没有受过专业训练。看学院画画，怎么那么没有想象力？

（当我们提到漫画、插图卷时，黄老提出了他的看法。）

我的很多人物画，不叫漫画，叫写意人物画。漫画，有专门的漫画，比如时事漫画，我也画过。我的“永玉三记”，应该叫写意画。

（为与国画写意人物有所区分，后来决定在《全集》中称小品。）

我的作品都是一个后悔的过程，说明我还想进步。

现在总提发展艺术，科学是发展，艺术只有繁荣。

18 世纪欧洲启蒙时代的作家，狄德罗、伏尔泰，流浪汉的心态，自由启蒙的思想，曾经对我产生过影响。但是，我不号召，我喜欢拿作品说话。

我有一个观点，不谴责，不痛恨。“文革”的时候，看到造反派打、砸、抢，我已习以为常。有人劝我，你要沉重一点，别太轻松。我说，从小看杀头，看枪毙人，看得太多；抗战时，死亡、炮火看得太多……不是伤痕文学，为什么要有伤痕呢？尼采先生说过：不要生气，生气是拿别人的错误谴责自己。

2012 年 1 月 9 日 长沙

黄黑蛮在出席湖南省政协会议期间，拨冗来到湖南美术出版社，就《全集》下阶段编辑工作交换意见。然后，参观了美仑美术馆举办的版画展览。

2012 年 2 月 7 日 长沙

应省委办公厅副主任罗海艳之约请，到省委九所和省委接待处，拍摄《芙蓉国里尽朝晖》、《月是故乡明》、《月下》、《人在堤在》、《好茶》等作品十余幅。

彩墨画《月下》，就是黄老看到九所院内那株梅树（上右图）有感而作的

2012 年 2 月 21 日 长沙

中南出版传媒集团召集的“十二区国家重点图书工程汇报会”在社 5 楼召开，我社就《黄永玉全集》编辑进展情况作汇报发言。

2012 年 2 月 24 日—26 日 三赴凤凰

在凤凰沱江镇万木斋饭店和向云芳银饰坊拍摄黄老作品。

万木斋饭店老板杨昌平，诨号“猪娘”，因长相敦厚又精明能干颇得人缘。2003 年黄老为他画了一幅四尺整张的《猪娘像》。为保存好原作，杨老板制作了一幅原大的喷绘图悬挂于店进门处，因十分招眼，不出多日便被小偷半夜入室盗走，有意思的是，猪娘的喷绘图竟连续被偷盗过三次之多。

黄老 2005 年为向云芳银饰店题写“真银子”三字，向云芳银饰店近年来生意兴隆，财源广进，向云芳本人由一位民间艺人荣升为凤凰县商会会长。

在万木斋饭店寻访小品《猪娘像》

在向云芳银饰店拍摄黄老“真银子”题词

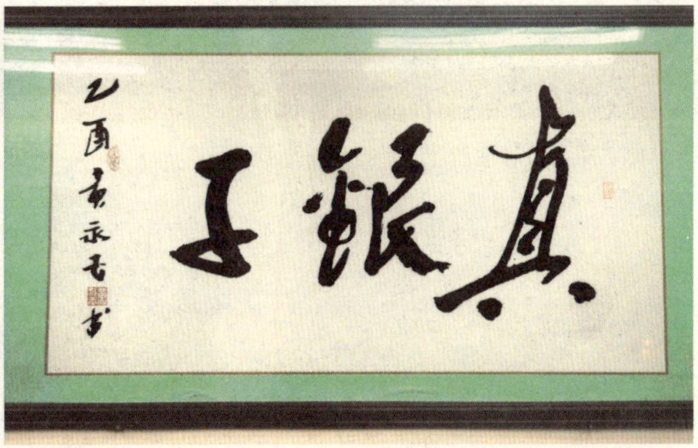

在玉氏山房拍摄《湘荷在水》

黄老五弟黄永前和他的儿子黄毅、黄立（从右到左）

《群鹤飞来》气势宏大

花团锦簇的《红梅》

在玉氏山房大厅内拍摄黄老五弟黄永前收藏作品近十幅，其中有《群鹤飞来》、《红梅》、《湘荷在水》等巨幅珍贵作品。

在“一勺居”拍摄凤凰画家刘鸿洲收藏黄老作品近十件。

登上南华山，一览凤凰县城全景，为南华山国家森林公园打造神凤文化景区，黄

在画家刘鸿洲的“一勺居”拍他的藏品

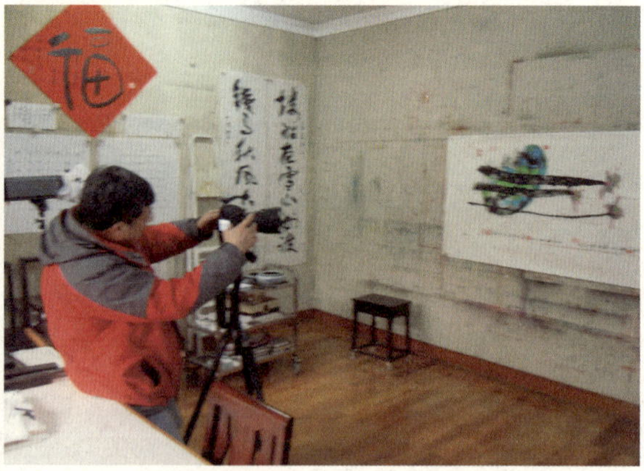

老全程指导规划、设计、建设。山上依山势蜿蜒起伏，多设楼台亭阁，牌匾大都与“凤凰”有关，一众牌匾对联及碑文均为黄老拟定和题写。

在三王庙拍“三王”彩色雕塑像，在黄老母校文昌阁小学拍黄老的牌匾及题词。

再去准提庵补拍图片，住持释如缘赠供果一兜。

登上南华山，拍摄黄老为森林公园题写的多处牌匾

黄老儿时母校文昌阁小学有不少牌匾

拍下《童年不再》雕塑

拍摄黄老题词的“兰泉古井”

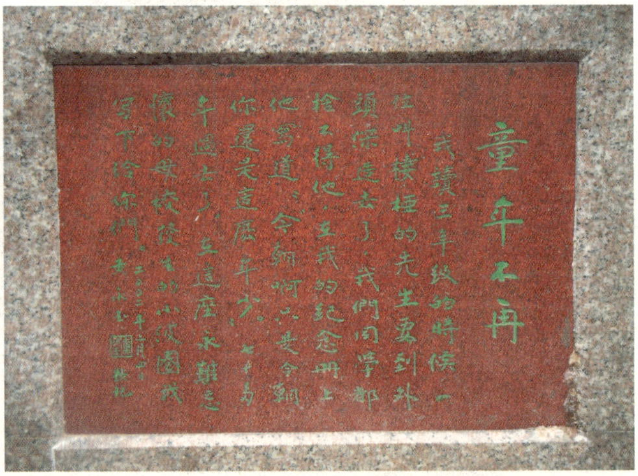

雕塑《童年不再》题款

黄老题词“兰泉新样”

“三王庙”的三王菩萨造型是黄老设计的

2012 年 3 月 6 日—8 日 北京

赴北京，再去麦豪斯酒店拍柳运宠先生第二批藏品——黄老作品三十余幅，其中包括《八仙》组画一套、彩墨巨制《瞬兮春来》及部分书法精品。

联系《美术》杂志执行主编尚辉先生，取得《九荷之祝》电子文件。

柳运宠最早收藏的一幅黄老的花鸟画

拍摄柳运宠的第二批藏品

到北郊回龙观杨先让教授家，拍黄老 1972 年画的彩墨作品《向日葵》、《农村小路》两幅，这是当年下放不家庄部队农场劳动锻炼，刚刚解禁时第一次画画。前幅题款：“说好三年中不准画画，忽然在三年末尾准了，但要与老乡相距五十米。”后幅则题款云：“七十年代黄永玉于地狱作。”据杨教授说，这两幅画是当时互相交换的。

黄老的同事原中央美术学院民间美术系主任杨先让收藏着黄永玉 1972 年“解禁后”画的两幅风景

再一次征求主编刘骁纯先生意见

到通州东潞苑小区刘骁纯主编家，汇报《黄永玉全集》编辑进度。

约请彩墨花鸟卷主编徐虹女士到麦豪斯酒店看黄永玉先生部分原作，如巨幅彩墨作品《孔盖兮翠旌》、《月是故乡明》、《菡萏溢金塘》、《幽塘赏荷图》和《松风海涛》等。

约请著名收藏家陈岩先生，见到他精心收藏的庚申年“猴票”设计稿。

陈岩在《往事丹青》中，对黄永玉“猴票”设计稿的收藏趣事有一段详细描述，特简述如下：

1979 年初，黄永玉先生打电话把我叫到他家去一趟，办完事后说托我到颐和园藻鉴堂送一

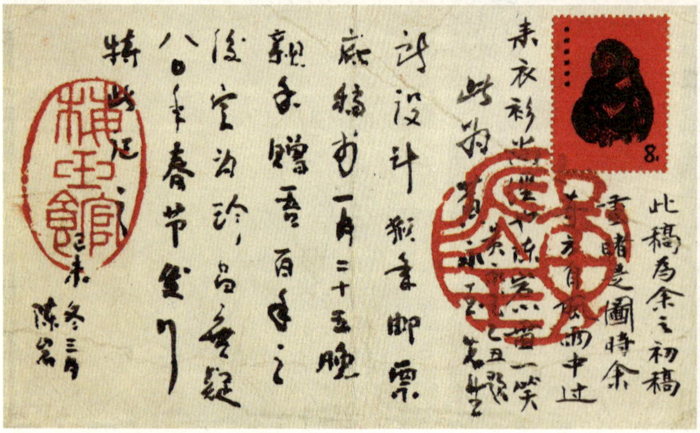

陈岩一直收藏的庚申“猴票”设计稿

陈岩简介：

陈岩，著名收藏家、艺术活动家，1942 年出生于河北省清苑县耿家桥村，自幼随父母到北京，在文物商店当学徒。1962 年正式从事文物工作，后担任北京宝古斋经理，是北京书画收藏界知名人物，著作有《往事丹青》。

黄老与“猴票”的原型猴子“伊喔”

在陈岩先生家的客厅里拍摄他收藏的各种黄老的作品

封信。并顺手从桌上取来一张明信片，反过来在上面画了一幅曲曲弯弯的路线图。我按路线图找到了藻鉴堂，将信送到了目的地。

转眼到了1980年，这年是猴年，因天气渐暖，在换洗冬衣时才发现黄永玉先生画在明信片上的路线图仍在兜里，翻过面一看，上面有一只非常可爱的小猴子，是画上去的。当时我已知道黄先生正在设计猴年邮票，这一定是猴票设计底稿。随即找来一支秃毛笔，在明信片正面写下文字：此为黄永玉先生所设计猴年邮票底稿，于一月二十五晚亲手赠吾，百年之后定为珍品无疑，八〇年春节发行，特此记之，己未冬三月，陈岩。

不曾想，发行的当年，猴票就轰动了！黄永玉先生的这只猴子完全不亚于当年的猫头鹰。

因为猴票是“文化大革命”后第一套生肖邮票的首张，有些试验性质，采用了雕版印制，用的是进口油墨，油墨用完后一时无法购进，故只印了五百万张。

猴票火了之后，生肖票印数逐年增加，到了发第一张牛票时，印量就上亿了。

1986年，邮票公司邵柏林找黄先生设计一套仙鹤邮票，当时我正在黄先生家，提到了猴票草稿在我这儿保存着，没想到黄先生对我说：“你把底稿拿来，我给你题点字。”过后，我把底稿给黄先生，他看了看，取来毛笔在小小明信片上题下如下文字：此稿为余之初稿，重睹此图时余等方从风雨中过来，衣衫尚湿也。陈岩、小雷一笑，黄永玉，乙丑年题。

题完之后，他又拿来“黄永玉”、“梅玉馆”两方大印重重地加盖上去。

为这张猴票草稿，菲律宾的陈淑蕃（收猴票大全张一千多张）找过我，让我提条件，还有美国的棉花大王周孝先也曾找过我，愿拿半个楼交换。可我念及与黄先生交往的情谊，更感怀于黄先生所题的那段文字，多少岁月的辛酸苦辣，全都在里面了，如何出让得了呢？

在陈岩先生家拍黄老作品四十余幅。中午吃陈夫人做的地道京味炸酱面。

2012 年 3 月 9 日 第九次进万荷堂

向黄老汇报《黄永玉全集》美术编 8 卷定稿会事宜。汇报后，黄老取出一套《十二生肖图》，建议加入“小品插图卷”，我们一看，竟有十三张，原来黄老在画十二生肖时，不知不觉多画了一只猫，出集子时，又舍不得扔下，便成了“十三生肖图”。

就《全集》文学编 6 卷在老子居与主编李辉签约。

从万荷堂取回美术编 8 卷彩样。

黄老听取了我们的汇报后，又取出了他自藏的一套《十二生肖图》，叫我们加入“小品插图卷”

与李辉先生商议“文学编”事宜并与之签约

编书中的疑难向黄老讨教解惑

2012 年 3 月 22 日—31 日 深圳

按照黄老的要求，美术编 8 卷、文学编 6 卷更换封面设计、开本样式及内页版式，增补。主编李小山来工厂确定封面新设计及版式的新设计。

黄黑蛮从香港到深圳华新工厂看《黄永玉全集》新的设计，看油画卷的色彩。

卓雅从珠海到工厂确定摄影作品的遴选。

将美术编 8 卷本打完黑白纸样带回出版社。

黄黑蛮先生来深圳印刷厂看《全集》新的设计

卓雅从上千幅照片中寻找最合适的一幅

黄黑蛮先生认真审阅每一幅作品

卓雅将确定的图片交郭天民老师排版

2012 年 4 月 6 日—15 日 长沙

召开《黄永玉全集》美术编 8 卷责任编辑会议，将画册黑白纸样交到各卷责任编辑手中。与以往的大型画册不同的是，黄永玉先生的彩墨风景、花鸟和人物画上题款较多，少则十余个字，多则上千余字，如彩墨人物《天问》便请好友黄苗子将屈原的《天问》全文抄录如上。这种释文的辨识给责任编辑增加大量的工作，有的字写在画上，有的字迹潦草，均有难以辨识之虞；还有的印章模糊，或见不到原作弄不清作品尺寸与年代等等，都给编辑带来了工作难度。负责彩墨画三卷的责编案头增加了高倍放大镜和计算尺。

美术编各分卷论文陆续交稿，并整理编排入画册。

分卷论文均交黄老和主编刘骁纯先生审阅。

李辉先生主编的文学编基本成型，并开始陆续交稿。

文学编 6 卷

第 1 卷：诗歌　　第 2 卷：人物　　第 3 卷：自述

第 4 卷：杂文 · 游记　　第 5 卷：文与画　　第 6 卷：杂集

美术编的责任编辑在案头工作（左起：吴海恩、莫宇红、范琳）

（左起：成琢、杜作波、张抱朴）

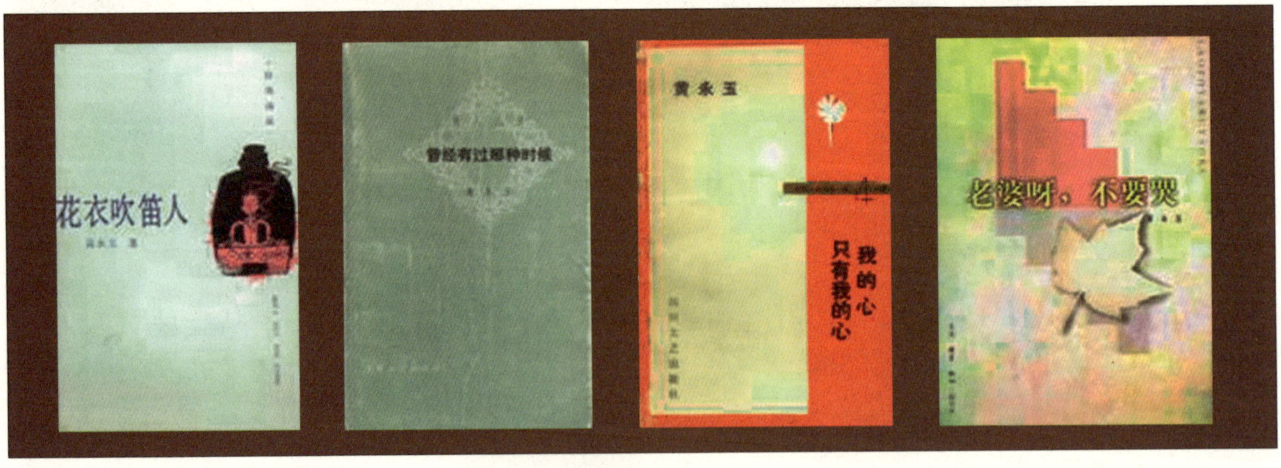

为做好文学编诗歌卷，李辉先生和我们共同寻找齐黄老出版过的诗集

2012 年 4 月 19 日—25 日 深圳

将经过责编整理、修订的《全集》美术编 8 卷黑白纸样带往深圳，在工厂开始制作 8 卷本彩色样书，为 4 月底在北京万荷堂举行《全集》定稿会作充分的准备。

文学编的“自述”卷和“文与画”卷亦同时做成样书。

阿香和阿芬是制版和录入车间最忙的主管

郭老师总是为设计费尽心思

经过黄老意见改进后的《全集》美术编、文学编设计样书

2012 年 4 月 28 日 第十次进万荷堂

上午 10 时，在北京万荷堂正厅举行《黄永玉全集》定稿会。出席定稿会的有黄老和他的儿子、执行主编黄黑蛮；主编刘骁纯、文学卷主编李辉和分卷主编广军、徐虹、秦龙、邓平祥、杨卫；主编、湖南美术出版社社长李小山，执行主编左汉中，总体设计郭天民，编委柳刚永、应红，摄影卓雅，收藏家柳运宠、孙世平，黄老的亲友黄毅、黄立、刘一友，《文汇报》记者周毅等。

黄老兴致勃勃地和大家一同翻阅了基本成型的《全集》美术编 8 卷和文学编 2 卷彩样本。一边看，一边给予肯定，也对其不足提出改进意见。

近 11 时定稿会正式开始，首先由执行主编左汉中向黄老和大家汇报《黄永玉全集》的编辑情况，主编李小山也作了简短讲话。

接着，黄老发表了热情的讲话。主编刘骁纯和分卷主编亦相继发言，对《全集》样本提出了中肯的意见。

12 时过后，黄老设盛宴招待了大家，大家边吃边聊，气氛热烈而融洽。宴会后，余意未尽，青年女记者周毅等人又将画册搬出大厅外，乘着和煦的阳光继续欣赏、品味，厅外院内，人们三五成群交谈，定稿会仿佛还在延续……

将做好的八卷美术编样本和两卷文学编样书送进万荷堂，请黄老过目审定

被新的作品吸引

众主编观看黄老新画的《猫》长卷

万荷塘的定稿会开得有声有色，黄老总是妙语连珠

黄老细看每一幅作品

黄老和他的老学生广军教授审读版画卷

《文汇报》女记者周毅、女作家卓今将画册搬出大厅外观看，引来黄老和大家的兴致

黄老新作迭出，众编委目不暇接

黄老设盛宴款待与会的众编委

黄永玉"定稿会"谈话节录：

我这个人没有基础，从小没有上过学，那么现在看到有这么多的作品出来，我感到劳动还可以，从这个质量上来讲，就画画来讲，这个不是谦虚，不搞这一套，我就觉得我每画一张画，画的过程就后悔，说下张就不这样了，留到下一张又后悔，那么整个一辈子的画，都是后悔的过程。现在，也弄出这么多玩意来，我自己也没想到。

问题在什么呢？劳动不等于艺术，我年轻的时候有个朋友，是柯灵先生的外甥，讲了这样一句话就人间蒸发了，就不见人了，一直到现在，没有人了，他说这个劳动怎么可能改造思想呢？要是劳动能改变思想，牛早就变成思想家了。我也是这么个问题，就是不只是你们宽宏大量，有这个想法的领导也是宽宏大量，让我的破文章啊、画啊能够出来，每一张都感到不足，真的是不足，不是讲假话什么的，我整个一辈子的过程就是这样，都是不成熟的作品，因为什么呢？没有基础，没有受过训练，但是受过训练，又没有我这么放肆了。人就是这么一个成长的过程，多谢你们大家，把这些不成器的东西，这么认真地，认真到我都想象不到，有这么多的东西，从心里面讲就是多谢，让我很感动，这都是真话，我讲的都是真话。

人家老要说，你的代表作是什么，我说那个母鸡下蛋，一年生一两百个鸡蛋，你问它有什么心得，那没有什么心得，生蛋的问题，这不是心得的问题，大概就是这样，朋友都对我好，从小就这么成长的，那么我也只能这么摸索，这么画，美术学院让我去教书，教书是一个鞭策，几十年，自己就用功，看杂志，基础没有，就是这样，到时候我写一段这样的吧，这样说的没有系统。

另外，我的这个思想也不是没有什么违抗性，我总是突破一些观念，比如说我们将来要研究这个中国文化历史，要突破我们后来几十年定下的框框，完整地、认真地研究历史，研究文化，你读一读范文澜写的那个历史，感觉受了某种框，整个的历史文化就不能认真地研究出来。

我的唯一的妙处就是从来突破那点框框，文学上也好，画画也好，但是我的胆子小，我一边画，一边突破框框，我不张扬，基础也没有，有什么基础，我这个老学生（指广军教授）知道这个事。

人家问我，你一辈子形成自己有什么样的经历呢？我就说，受苦嘛，从小到处跑，长了些见识，没有离开书本，喜欢聊天，聊天这个事情恐怕是对人的成长有很大的好处，那个印象派，19 世纪末形成的这个派别，除了画画，还有聊天，自己围在一起聊，一边聊一边形成自己的风格，有的时候，缺点也是风格，画画的一些缺点，短处也形成风格，你强调自己的短处，但是自信地把它画出来，凡·高就是这样，非常自信地搞出自己的一些特点。

我比较执着，朋友、老人家、同辈的年轻人也帮忙、鼓励。另外一点呢，荣宝斋（指荣宝斋小马）夸奖了我一句，我很开心，我感觉是对的，他说你能够看到的不管怎样的艺术作品，传统的也好，民间的也好，同辈的也好，年轻的也好，你都能看到他的好处，你也能从这个人身上学到东西，这个恐怕也是事实，不排斥东西，不忌口，所有的东西都是你的了，你培养了自己比较健全的胃口吧，那么对人也是这样，对人的态度，结果也包含在作品之中，影响作品，就是这样吧！

我们这个湖南的近代，由于有这个学问，真的很厚的，但也经常出现了不念书走出来的人，比如沈从文，我说他没毕业，他说他小学毕业了，实际上念了四年级。我们实际上，的的确确就是这样，这点才是真的，生活，受苦，多少年过去了，一个人爱读书，这点都还可以，有个美籍华人，叫李立，说，你不要以为黄永玉很谦虚啊，他一点都不谦虚，不过他实实在在，我觉得这点很对。

我有一张很长的字，“世界长大了，我他妈也老了”，我准备挂在美术馆的前面。

我给《湖南日报》画了一张牛，你们把它拍一张，收进来，代表湖南人的牛脾气。那是张春贤在的时候提出来的。

我写了副对联“大爷沿河开菜馆，妹崽满街扯姜糖”，对联我作了很多，我给一个古董老板写的上联：“上当上当，当当不一样。”后来人家给我写了下联：“吃亏吃亏，亏亏都是福。”

书法条幅对联很旧，用一些新的观点结合书法写出来，大家把思想解放了写信的看法不是很好嘛，都是用老的，有的用得很不高明。有一副对联写得很好，但不是我写的，“到此以穷千里目，谁知才上一层楼”。

所谓的风格，其实指的是缺点，把这种缺点放大了就会很自信。雕塑家90%的工作是工人做的，起个小稿子，然后最后修一修，画家可不简单，像达·芬奇的画从头到尾一个人搞的，要求完美。

我到西班牙看画，走近一看不怎么样，蓝颜色暗部没有解决。

我在香港装修房子的时候，有一个三四十岁的年轻人，骑摩托车从九龙每天来上班，木头、地板、拐弯的地方都非常地认真，一点一点地磨，非常仔细，我就问他，你怎么这么认真啊？他说：“我当然要认真啦，我以后要做老板的，我不认真，我以后怎么做老板啊？”他是很简单、很朴实的人。

我年轻的时候买了一杆枪，有一个福建仙游的人，以前是土匪，后来下了山，做马枪的时候，在火上烧了枪管，然后直接拿手捏过来捶，我说：“你怎么拿手捏呢？”他说：“你别说嘛！”我一说了，他就不用手捏了，就用钳子了，就是一种忘我的境界，整个非常协调地就用手去捏了。

有一次，我画了一张画：中国=MC2，然后有一个数学家看到了就骂我，说我侮辱了爱因斯坦的公式，让我赶快改正，改正好了要告诉他。

有一个东西摆在里面不太好，我在部队教战士画画的一个图，什么是营房，什么是步枪，没有什么艺术性，来了三四十个战士，我以为是军部里面挑出来的，很有礼貌，我问他们：“都喜欢画画吗？”他们说：“不喜欢。”我就说：“不喜欢你们来干吗？”他们说：“上级派我们来的。”然后我就教了一个多月，打格子放大，画的一个雷锋抱着一个小女孩，结果复原的时候，因为把格子打成长的了，结果就变成了一个大解放军抱着一个女人，而且头上还扎着花，团长后来看到了很生气地说：“这是干什么？”所以，我说，你看看，尺寸不对就要犯政治错误了。

（开始谈到版画）

刻出来要两三天，我算了一下这个时间，铲底子要25年，我一生的25年是在铲底子。这25年，是一个遗憾的过程，不是从正常的基础开始的，而是从时间流程中学到的，很牢靠，但是这个时间太漫长了，整个过程就是在摸索的过程中，也是一个遗憾的过程。

铲底子是整个创作过程的70%多，我的一生木刻时间，铲底子就要25年，搞运动、下放、带学生25年。总有人给我写报告，昨天我还不好意思用“嫉妒”这两个字，现在我觉得，就是嫉妒，因为我做人、工作上都没有问题，为什么，我对你们这么好，你们还要这样害我呢？昨天广军还说某某人写的报告很厚，关于我的，昨天偷偷跟我讲的。我从来没有想过害别人，我看到别人画的这么好，我真开心，画得像我一样的开心。画得不好我也找它好的地方看，我有时候就在想，为什么要因为嫉妒，就把我的身家性命都害掉？这简直太可怕了。不光是艺术，政治上也是这样的。

到了《春潮》、《葫芦信》这个阶段，我已经准备刻水浒人物了，用木刻，不是现在大话水浒的形式，而是另外一种形式，做了两千多张卡片，关于宋代、明代的东西，结果“文革”的时候，抄家，把它们全部都扔在了地上，最好笑的是，说我的《春潮》是抄的一本外国画册，而且这个画册他在我家里看见了，这个真是逃不掉。哈哈。湖南人都是这样，像齐白石都是自己摸索，没有经过正规学院的过程，像其他湖南的政治家，像曾国藩都是这样。

昨天晚上，写的一位老师教“党义”（少年时家乡小学的一门课程），他老婆喜欢化妆，就让我们学生给她拿着镜子，我们在凤凰从来没有见过在脸上用颜色画画的，我们这个教“党义”的老师也说，你们不要叫师母，叫她“黄女士”就可以了。我当时就想说，这个老师半夜三更面对这张花脸，他怎么不害怕呢？所以就说有的人怕这个，但是有的人又怕那个，有的人怕吃辣椒，有的人怕吃苦瓜。我就举了个例子，有两个人在山上走，一个人看见一条蛇，就蹦到另外一个人身上去，大叫有蛇，另外一个人就懒洋洋地说：“蛇有什么好怕的，又不是青蛙。”所以就说一个人怕一种。昨天晚上写到5点钟，改来改去，删来删去，那个钢笔字真是一塌糊涂。

（问到黄老有什么身体保健的秘诀）

有，我讲给你们听，晚睡觉，抽烟，很少吃水果，不大运动，这就是我长寿的秘诀。

像我们这种人，搞这么多书，这么多本这么厚，比起以前的老前辈的修养，那真是差远了。但是，眼前这个情况就是，你不给我出，你给谁出呢？

你看章士钊，活那么长，鲁迅都骂过。我从 12 岁从凤凰离开，就抗战，抗战胜利后就解放，没有搞出什么名堂。他们的领域是回顾以前的东西，我们是在做以后的东西。在岳麓书院讲话的那一次，就有一位先生说你为什么不搞电脑，你以后就可以用电脑画画。我就说 3 岁与 90 岁的人对电脑的知识掌握是平等的，我们只要会使用它，在工作的时候，充分利用就可以了，从来没有想过用电脑找知识，经常不会写字，我就查辞典辞海。最近给一个朋友写信，写滑稽这两个字，不会写。

（问黄老临过什么帖）

我最早是学颜体，写得没意思了，后来学了隶书，也不行，看的多，临的少，唐代的也写，我不是好学的人，东搞西搞，甚至是集大家之短！

我们那个时候听老师讲“党义”，他自己也不觉得有趣，我们也听不懂，他说不懂没关系，听就可以了，我就根据这个事情就写了一句话“水煮水不是汤”。

布什，毕业之后什么也不会，什么事情也做不了，他说他就只好去当总统了，后来，我就学布什的办法，我就说我们从来没有根底，也是什么也不会，那就只好去中央美院去当教授了。

有一次，我听说过有人这样评价一个人的书，他说你那个书写那么厚，就是纸好，印刷得好，用来擦屁股还差不多，这个出书的人就说，那你有朝一日你的屁股会比头脑聪明的。

其实做一个很好笑的笑话很难很难，不是简单的事。

“文革”前，我编了一本笑话，标准是没有讲过的，“文革”发生时，我就烧掉了。

我开画展一定是这样，不举行演讲，不剪彩，唯一一次剪彩，就是请那个最困难时候跟我打交道的那个花匠剪彩，也不搞酒会，也不搞座谈会。

我送了一幅画给我的母校，集美上面写了很多字，从小留了 5 次级，不喜欢数学，只喜欢代数之类的。结果学校开展览，把我的画挂在那里，专门派一个老师站在旁边来解释，他那个时候是这样，你们就不要这样啊。

（问黄老《无愁河的浪荡汉子》写到哪一年）

写到 1935 年，马上 1936 年就西安事变，1936 年毕业，1937 年我就走了，找我爸爸去了。

（问小学课文在哪里查的）

商务、开明、中华都有。民国教材比后来的好，我爸爸小时候的那个教材，那个教材真好，我们小学音乐、美术很重要，蔡元培就很强调美育，中学的童子军，还过野外生活，独立能力很强。我的短枪是我表叔教我的。

有一段故事将来写到北京生活里去，很有意思：有一个老话剧家，最早的话剧家，后来留在北京人民艺术剧院了，他很寂寞，每天都在传达室跟老人聊天，后来来了3个人，跟他了解某某人的历史，他就说我太了解了，把他们带到接待室，说你们要想了解他们必须先要了解我，就跟他们讲很多，你注意他就会有很多东西可以写。

我们在农村三年，有三个古老的粪坑，都没有用了，但是粪坑周围的泥很好，我们就跳到里面把周围的泥铲下来和水，揉面一样，然后再把它弄到地里再搓，搓完了之后再晒干，在每一个地里洒几个，我们做了两三天，做了很多丸子，有一天我们做完了就洗手，还是臭，拿肥皂、香水弄都不行，然后我们就说下午包饺子啊，我来揉面。你说你没有这个生活，你就没有这个乐趣。

我们有个教员，现在去世了，那个时候他胃出血，后来批黑画的时候，他批判我。我一个人拉着车送他去卫生所检查，十几里路，再拉回来。有一回，大家都下地了，留我和另外一个做服务工作的大嫂照看他。那个时候忽然下起雨来，这个人在炕上蒙着头睡觉。我就同这个管值日的大嫂说，中午我们领一点面，我们煮一锅面给这个病号吃，搞多一点，然后她就到粮铺里面批了三斤面，让厨师多加点肉末、葱花，味道很好的，然后做好了就叫那个人，问他："你能吃吗？"那个人说："我试试看吧。"那个时候也没有什么碗，他就靠着墙壁，把那一脸盆面放在膝盖上，我们就在窗户口看老报纸，哼哼歌，在那里等。回来一看，那一盆面没有了，太可怕了，我说胃出血怎么吃这么多，把我们的希望都完全吃掉了。后来，那个大嫂就拿着盆到小河里去洗，我就跟她说："你要想开一点哦。"这个病人后来"文革"的时候批黑画，批我。批完了，后来有一次碰见我，向我道歉说："我真是抱歉，来回二十里路都是你拉着我去卫生所。"后来他跟我道歉了。没有办法，那个时候得罪人是家常便饭，你来不及恨他。

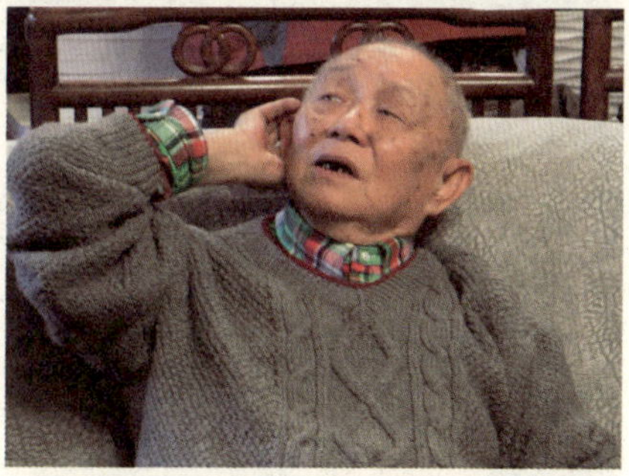

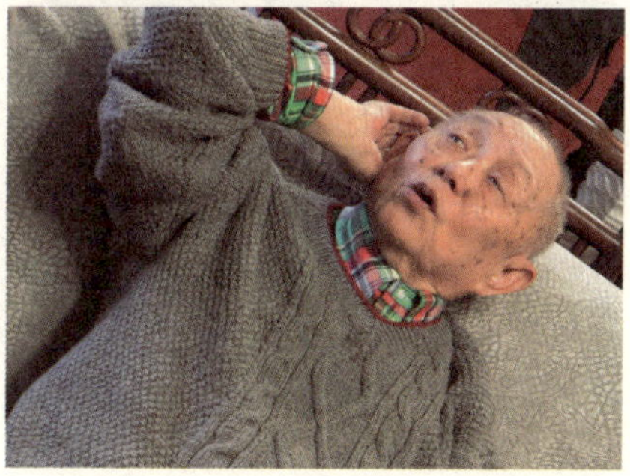

翻译家路旦俊（右）和英文编辑刘海珍

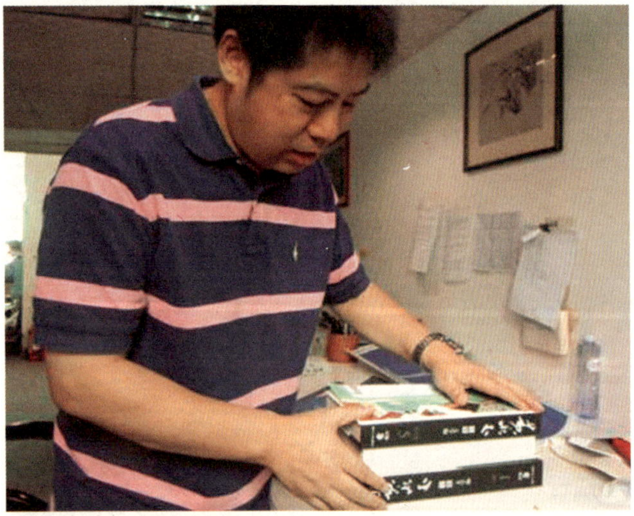

做事认真的郑学文（华新厂）

姑娘巧手装订精装本样书

2012 年 6 月 25 日 长沙

大部分论文由英文编辑刘海珍交专家路旦俊先生做英文翻译。

2012 年 7 月 28 日—8 月 2 日 深圳

赴深圳做《全集》文学编诗歌卷和杂文游记卷，其他各卷将陆续交稿。

2012 年 8 月 3 日 深圳、中山、广州

与友人李余生、彭沛城在中山县见面；彭沛城开车去广州，在石磨坊会见许鸿飞及罗强，联系以黄老雕塑《阳光》、《微笑含花》做《全集》特精装书立事宜。

2012 年 8 月 17 日—21 日 深圳

赴深圳华新厂，就《全集》文学编诗歌、人物、自述、杂文游记、文与画、杂集 6 卷一并做齐样书，作为向黄老八十八大寿献礼。

2012 年 8 月 25 日（农历七月初九）第十一次进万荷堂

今天是黄老八十八（米寿）庆典。下午3时，由李小山社长带队，我们带着新做的《黄永玉全集》文学编 6 卷样书和一枚寿山石印章来到万荷堂，为黄老祝寿。黄老看到文学编样书十分高兴，看完后叮嘱孙子黄香将书收好。接着祝寿的来宾越来越多，湖南省政府办公厅罗海燕主任送上了用安化黑茶压制的巨型寿字，作为黄老八十八寿礼。

约下午 4 时，黄永玉八十八寿诞庆典在万荷堂荷塘边隆重举行，此时荷塘荷花盛开，荷叶茂盛，宾客满座，气氛热烈和谐。前来庆寿的有首都各界有关领导、艺术家和朋友；湘西自治州、凤凰县地方父母官和家乡父老；港、澳、台及海外友人及黄家亲属共三百余人。生日庆典开始时，黄老作简短幽默的致词，接着，国际级著名女钢琴家陈洁作精彩钢琴曲演奏。黄老坐在一旁认真聆听，全场十分安静。钢琴曲后，在星海音乐学院就读的黄老的侄孙女黄心见为爷爷献上了一首意大利歌曲《假如你爱我》，亦得到了全场一片热烈掌声。

音乐欣赏结束后，有黄老一家其乐融融的切蛋糕仪式，随后，黄老设盛宴招待嘉宾，人们一面享用美食，一面互相交谈。中间两席嘉宾甚为引人注目，一席是中央美术学院老教授靳尚谊、詹建俊、杨先让夫妇和邵大

李小山社长给黄老送文学编六卷样本

黄老高兴地打开新书

黄老全家在生日蛋糕前

黄老与杨先让、张平良夫妇等朋友

为黄老八十八寿诞献上的钢琴曲在万荷堂的荷塘上空美妙地飘荡

箴、刘焕章夫妇等；另一席是时任国务委员的马凯夫妇、湘籍歌唱家宋祖英和国家博物馆副馆长陈履生、作家李辉等。

夜幕渐渐降临，华灯闪烁，人影与荷塘光影交错，一场别开生面的老艺术家的生日庆典让人恋恋不舍离去，直到近12时方曲终人散。

次日，李小山、卓雅和我们一行再入万荷堂，与黄黑蛮、李辉商议如何完善《黄永玉全集》美术编、文学编编辑问题。黄老再次出来与我们聊天。他还风趣地要求我们帮他一个忙，原来是生日留下了许多蛋糕，请大家帮忙吃掉一些，惹得大家一阵快乐。

2012年9月10日—11日 第十二次进万荷堂

黄黑蛮先生告诉我们，新近又找齐了一批黄老的作品，大致分为三个方面的内容：一是表达音乐意境的巨幅彩墨作品，如《静止的三重奏》、《贝多芬第五》和《雨·萧邦》等；彩墨作品分风景、花鸟、人物三大类，表现音乐的抽象作品归哪一类煞费苦心，花鸟卷主编徐虹说应归花鸟类，但花鸟卷作品本来就多，最后确定放入风景卷。二是以荷花为题的大长卷，如《荷花长卷》题跋为：荷花卷二十三米零一、荷花五十、鸟十五，耗时二日半作毕；《花路》高近一米，长过七米；《春花》则高近一米，长近二米。三是杂类，既有古典、现代人物，又有其他各种小品。

我与社里摄影师李国安在黑蛮先生和两位助手的配合下，顺利地将这批作品一一拍摄完毕。

中午，黄老与我们共进午餐，并就《全集》首发式等方面事宜进行了协商。

次日再到琉璃厂融德画廊会孙世平先生，拍摄新作近十幅，获赠巨幅彩墨作品《春江花月夜》电子文件。

拍摄彩墨花鸟长卷《花路》

将拍完的作品小心翼翼卷好

巨幅彩墨画《春江花月夜》是这样制作成的

2012 年 9 月 19 日—22 日 长沙、深圳

先后收到了黄老为《全集》美术编、文学编所写的自叙，用小楷毛笔在荣宝斋十行信笺上书写后经融德画廊孙世平先生仿真复制。

将黄老的美术编、文学编自叙和新增的近 80 件新作品带去深圳，增补入《全集》各卷。

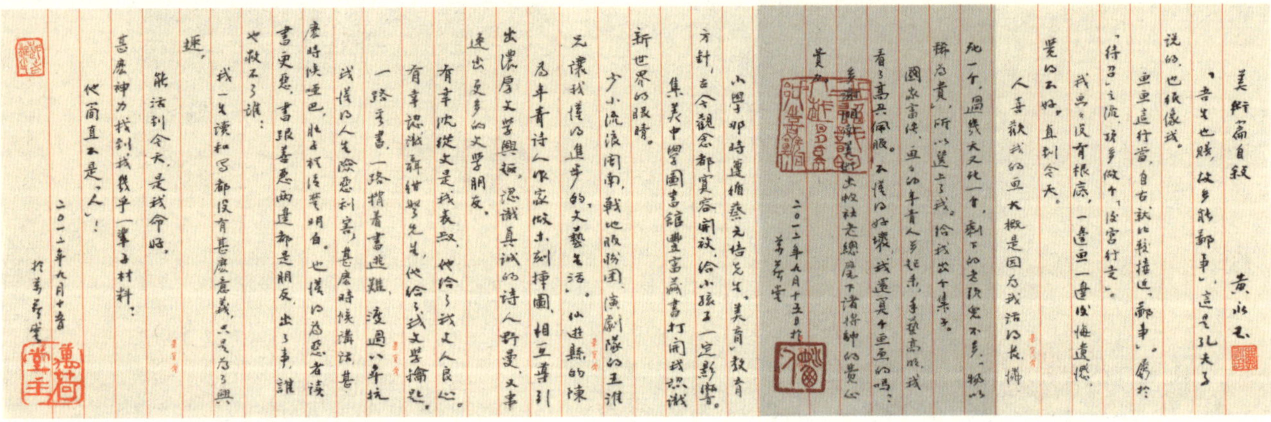

美術篇自敘　黃永玉

「吾少也賤，故多能鄙事」，這是孔夫子說的，也很像我。

畫畫這行當，自古就比較接近「鄙事」，屬於「待詔」之流，好多做了「役宮行走」。

我無師，沒有根底，一邊畫一邊後悔遺憾。覺得不好，直到今天。

人喜歡我的畫大概是因為我活得長，死一個，過幾天又死一個，剩下的老頭兒不多，物以稀為貴，所以選上了我。給我出个集子。

國家富強，畫畫的年青人多起來，手藝高明，我看了高興佩服。不懂的好壞，我還買了畫畫的嗎：

貴人多謝出版社老總麾下諸將帥的費心

二〇一二年九月十五日於萬荷堂

小學那時遇循蔡元培先生「美育」教育方針，古今觀念都寬容開放，給小孩子一定影響。

集美中學圖書館豐富藏書打開我認識新世界的眼睛。

少小流浪閩南，戰地服務團、演劇隊的王淮先懷我們進步的文藝生活。仙遊縣的陳為年青詩人作家做木刻插圖，相互尊引出濃厚文學興趣，認識真誠的詩人野曼、文史達出更多的文學朋友。

有幸沈從文是我表叔，他給了我文人良心。

有幸認識蕭乾先生，他給了我文學擒起。

一路看書，一路揹着書逃難，渡過八年抗戰。我懂的人生險惡利害，甚麼時候講話甚麼時候啞巴，非常清楚明白。也懂得為惡者讀書更惡，書跟善惡兩邊都是朋友。出了事，誰也救不了誰：

我一生讀和寫都沒有甚麼意義，只是為了興趣。

能活到今天，是我命好。

甚麼神力找到我成乎一輩子材料：

他簡直不是「人」！

二〇一二年九月十日於萬荷堂

黄老为《全集》美术编、文学编撰写的自叙手稿

2012 年 9 月 26 日 长沙

收藏家柳运宠和刘庆刚是黄老作品的收藏者和“超级粉丝”。为了对《全集》中收录的作品负责，他们特地赶来长沙核实每一幅入选作品，还补入部分作品。

在执行主编左汉中办公室，左起：左汉中、柳运宠、刘庆刚

刘庆刚简介：

刘庆刚，1971 年出生，辽宁鞍山人，收藏家。自小收藏邮票，第一件藏品即为黄永玉先生的 1980 版“猴票”。上世纪 90 年代转入艺术品收藏，曾收藏齐白石、傅抱石、李可染等艺术大师作品，后集中收藏黄永玉先生字画作品，并拍摄大量黄先生的宝贵影像资料。近年来开设“聚贤斋美术馆”，由黄老题写馆名。

凤凰沱江上的风桥（左）和雾桥（右）

2012年10月13日—15日 凤凰、吉首

左汉中、成琢、李国安和司机刘在峰一行四人五赴凤凰，先拍黄老为凤凰沱江设计的四座桥，黄老将四座桥分别取名为风、雪、雨、雾，分散于沱江四个景点，不仅方便了凤凰百姓和参观游客过江，同时也以不同的结构和意境形成四处优美而雅致的江面景观。

凑巧的是，在拍桥的过程中，先后遇上了曾在万荷堂服务，后来回凤凰县开出租车的司机小麻和中南出版传媒集团陪同上级来凤凰观光的张天明老总和丁双平老总一行。领导为我们鼓劲，小麻则充当了我们的向导，为顺利拍桥凑了一把力。

冒着蒙蒙细雨，顺着南华山陡峭的山路石级，一步步艰难攀登，拍到了陈渠珍先生墓碑和西原夫人雕像。

爬上向羊岭，寻找黄永玉旧居“古椿书屋”，再次会见了黄老五弟黄永前先生和他的老伴。在旧居侧厅木板墙上，拍到黄老6岁时的涂鸦字：我们在家里，大家有事做。

返程经过吉首，顶着毛毛细雨拍黄老为峒河设计的四座桥。黄老将峒河四桥分别命名为：花、爱、醉、肥桥。与沱江四桥不同的是，峒河四桥每座都有雕塑点缀主题，花桥上的采花女，爱桥上青年男女相吻，醉桥上四位文人醉汉，肥桥上半乳半肥臀母亲抱着胖娃娃，构成了人生的全过程。人们说：在花桥约会，在爱桥定情，在醉桥宴宝，在肥桥许愿……

我们一行四人竟也忘却了辛劳，在蒙蒙细雨中感悟着桥的意境。

乘薄雾沱江拍桥，感悟自然与建筑的完美结合

在沱江上巧遇中南传媒集团张天明（右三）、丁双平（左四）两位老总一行，他们为我们的拍摄鼓劲

冒雨登南华山，拍陈渠珍先生墓碑和西原夫人雕像

到新修葺的古椿书屋采访

2012 年 12 月 2 日—13 日 深圳

赴深圳华新彩印厂，确定特精装本并准备有关材料。《黄永玉九十》一书打出样本，美术编 8 卷、文学编 6 卷分别打出最后纸样，准备校对。卓雅、黄黑蛮先生先后来厂，卓雅对图片作最后调整，黄黑蛮先生审看全部样书校正色样。

黄黑蛮先生来工厂校正画册色样，与华新厂老总王知光先生交谈

再一次校正画册色样

2012 年 12 月 6 日 长沙

黄黑妮转来父亲黄老电话，提出做一本关于建筑（即夺翠楼、玉氏山房和万荷堂的室间营造）方面的书，并委托青年摄影师石磊拍摄图片，因这一方案赶不上《全集》，拟作下一步安排。

2013 年元月 11 日 第十三次进万荷堂

李小山社长与左汉中、郭天民、彭勇、成琢、李松、摄影家卓雅一行 7 人带着《黄永玉九十》样书及《黄永玉全集》特精装、普精装宣传海报到万荷堂看望黄老，黄老首先看了海报，十分满意，叫家人张贴在老子居的木屏风上。接着仔细翻阅了《黄永玉九十》样本，对画册封面、色彩提出了一些具体改进意见。同时，确定了特精装 200 套收藏证书签名及首发式在北京举行等事宜。

我们临走时，黄老取出他新出版的两套挂历，一套是癸巳蛇年挂历，一套是彩墨画《春江花月夜》挂历。一本本为我们签上名，还一本本为我们卷好套在盒子里面，分赠给每一个人，大家既高兴又感动。

向黄老汇报《全集》出版情况，这已经是第十二次进万荷堂了

看新增加的作品

《全集》海报引起黄老的兴趣

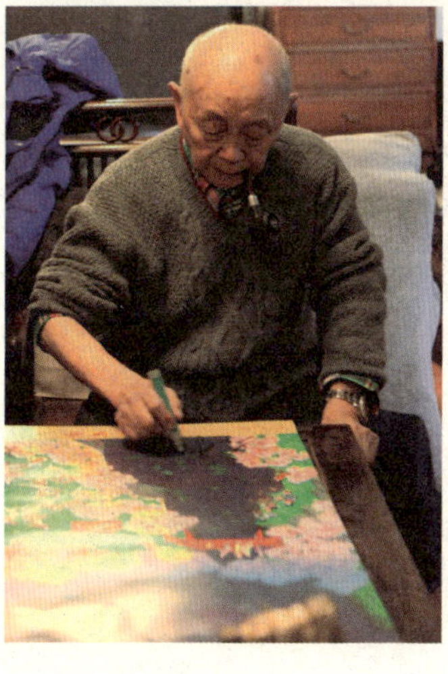

黄老在《春江花月夜》挂历上签名，并亲自将签完名的挂历卷入盒内

2013 年元月 14 日 长沙

为保证《黄永玉全集》的图文质量，特别是杜绝文字上的差错，社里召开《全集》的责任编辑和责任校对会议，商议以较长一段时间进行校对工作。

一章一句，细细查阅

博士彭勇和硕士李辉武在案头阅读书稿

校对科负责人李奇志（女）临阵把关

校对徐盾（右）和责编范琳

2013 年元月 28 日 长沙

到长沙参加湖南省政协会议的黄黑蛮先生第三次拨冗前来我社做客，同时审读由他主编的《黄永玉九十》样书，并提出了个别修改意见。

此外，黑蛮先生兴致勃勃地参观了美仑美术馆正在举行的“为了孩子”捐赠作品画展。

黄黑蛮第三次到社里，审读《黄永玉九十》样书书稿

参观美仑美术馆捐赠作品

2013 年 3 月 5 日—15 日 深圳

《黄永玉全集》美术编 8 卷在经过图片、文字的最后调整后，开始出彩样。黄黑蛮 12 日从香港来深圳工厂为画册作品（重点是油画、彩墨作品）校色。《黄永玉九十》增补了部分照片。

黄黑蛮第三次来深圳工厂审稿与校色

2013 年 3 月中旬—4 月上旬 长沙

《黄永玉全集》美术编 8 卷本彩样和蓝纸带回长沙，交责任编辑、责任校对和英文编辑进行全面、细致的校对。

李小山社长召集《黄永玉全集》全体责任编辑和校对针对《全集》最后校对工作召开了一次会议，要求大家认认真真、仔仔细细做好校对工作，不能有丝毫马虎，一定要保证不出差错。

李小山社长再一次召集全体责任编辑和校对开会，强调编校质量的重要性

2013 年 4 月 8 日—14 日 深圳

执行主编左汉中、总体设计郭天民、编委彭勇与校对室主任李奇志、校对徐盾、英文编辑刘海珍一行 6 人赴深圳对美术编 8 卷蓝纸进行最后校对。社长、主编李小山再次来深圳工厂督战，一再叮嘱编辑们不要急，要仔仔细细地校对。

郭天民先生与厂方郑学文经理对接，对《全集》特精装本的材料进行了解，特别对铜质、皮质材料做了选择和试用。

李小山主编亲临工厂指导《全集》的后期印制工作

对《全集》美术编做最后一轮校对

郭天民老师为《全集》特精装设计书盒

2013 年 4 月 15 日 深圳

在深圳华新彩印公司彩印车间举行隆重的《黄永玉全集》开机仪式。出席开机仪式的有从香港赶来的执行主编黄黑蛮，执行主编左汉中、总体设计郭天民、编委彭勇，编辑代表李奇志、刘海珍、徐盾，华新彩印公司总经理王知光、业务经理郑学文等，办公室主任和车间负责人以及华新厂的印刷工人等。上午 11 时半，黄黑蛮、王知光、左汉中先后发表了热情洋溢的讲话，无不表达出对《全集》出版的由衷高兴之情。接下来是揭幕和敬酒仪式，气氛达到了最高潮。最后，黄黑蛮先生在首印的版画卷和彩墨人物卷样张上签字，表示对印刷质量的认可。

2013 年 5 月下旬 深圳

《黄永玉全集》文学编 6 卷及《黄永玉九十》蓝纸校对完毕，在华新彩印厂先后开机印刷。

2013 年 4 月 15 日上午 11 时许，《黄永玉全集》在深圳华新厂举行开机仪式（主席台左起：王知光、左汉中、郭天民、黄黑蛮、郑学文）

执行主编黄黑蛮等为开机仪式揭幕

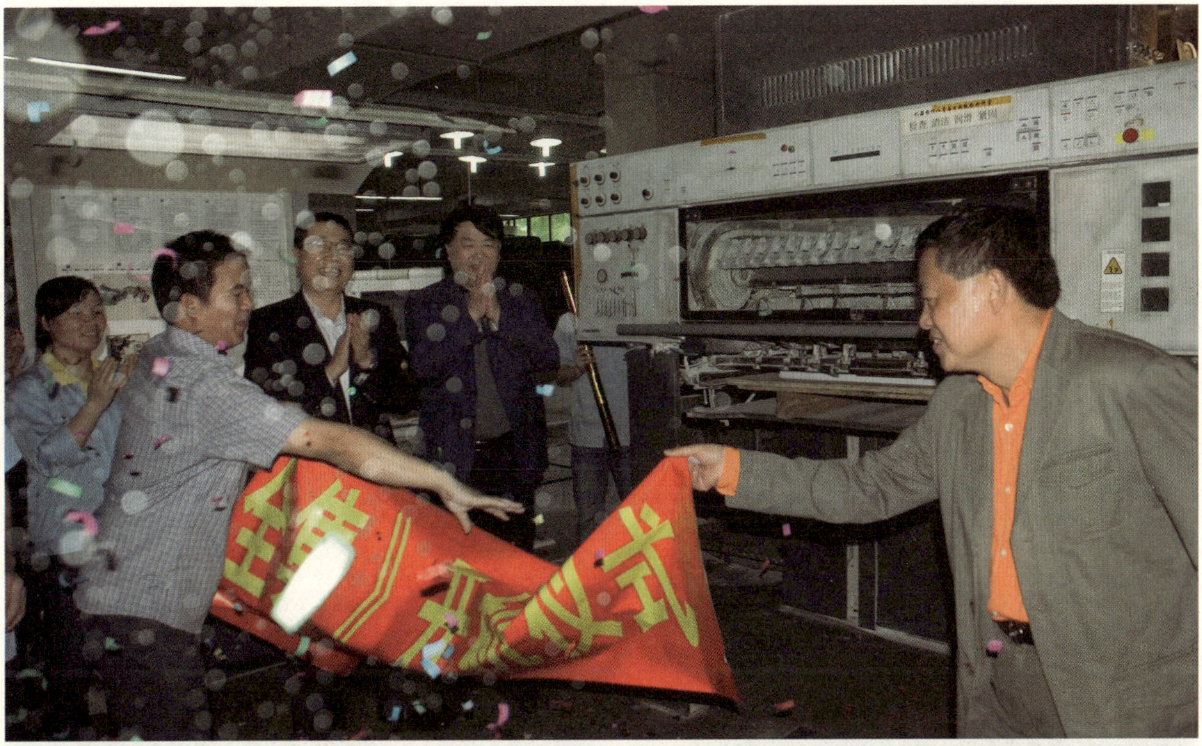

为顺利开机而祝酒庆祝（上图：编辑与校对；下图：工厂老总与员工）

观看开机后的第一个印张（上图：郭天民老师在样张上签字；下图：两位执行主编在查看样张）

2013 年 5 月 28 日 北京

上午9时许，李小山社长一行与摄影家卓雅女士在柳运宠先生带领下赴京郊黄老的一处新址，与柳同行的还有画家、彩墨人物卷主编秦龙。车停在远郊一处漂亮的住宅前，作家、文学编主编李辉也刚刚到达，黄老的女儿黑妮将我们热情引进屋内，黄老早已在等候着我们。

坐定后，我们向黄老汇报《黄永玉全集》首发式相关事宜，商定首发式将在 7 月 28 日举行，地点最后确定在北京饭店西侧的贵宾楼饭店。这儿也是黄老以前常去的地方。

随后也议论道首发式的议程、邀请嘉宾等方面的事情。也谈到了黄老九十画展和生日庆典等相关事项。

需要谈的事情谈得差不多了。我们将带来的《黄永玉全集》特精装本收藏证取出来，摆在客厅的大桌子上，整整两百份，厚厚的一大叠。我说：“不好意思要您签字啦。”黄老答道：“怎么不好意思呢，我的字，你抬举我了。”

黄老在《黄永玉全集》特精装收藏证上签名

“现在就签吧！”黄老进里屋取出签字笔，便坐在桌边俯下身来，在收藏证上一张张签名。签到一百份时，我们请黄老休息一会儿。黄老说：“不要紧，签完拉倒啦。”（大家笑……）

黄老兴致很高，一直把收藏证签完，在签二百号（最后一份）时，他一改龙飞凤舞，写了一个端端正正的楷书名：黄永玉。

收藏证签完后，黄老像往常一样和我们聊天，聊到他在江西发表第一幅木刻作品，是丁聪在上海给他发的。又聊到在江西赣州、信丰的时候，快二十岁啦……

不知不觉说到了电影，黄老突然转头对我说：“前几天看了你女儿的电影，演得真不错，不是捧你的场。”

黑妮一旁纠正：“电视剧，我哥哥跟我说的，我就告诉我爸爸，这个应该是左先生的女儿。”

由电视剧《中国式离婚》的娟子，说到主演陈道明，黄老话题打开了：

“前几天呢，宋祖英来了，我就问她你认不认得陈道明？我想找到他演邵洵美。她说昨天晚上我跟他吃饭，讲完这句话，陈道明打电话过来了，她说我现在在黄老家里呢，他还讲到了你，然后就谈邵洵美的事。”

到里屋取支笔来

黄老又一次说起了往事趣事

十只新出生的小狗依偎在黄老身边

“他（指陈道明）说不知道邵洵美，邵洵美这个人既不是左派也不是右派，但他是一个很伟大的、很重要的一个文化界的孟尝君。他最后惨到什么程度，惨到坐牢，五类分子嘛，坐牢放出来的时候，邵洵美一起被关在牢里不准出去，他说你帮我记住一句话，告诉外面的人，当年萧伯纳来中国，宋庆龄、鲁迅、蔡元培吃饭，那一顿饭钱都是我出的。（大家笑……）没有人理他，后来解放后落魄了，到了北京，拿了一个碗，宋朝的，想卖掉，没有人理他，原来的拜把兄弟徐XX，都不理他。那么最后，他找到沈从文，沈从文带他全北京跑，看谁要买他这个碗，没有人要。北京有个大收藏家，就是陈万里，当年30年代，20年代到上海，到了邵洵美家，说：“哎呀，你这么多的古董啊！”邵洵美说，你喜欢什么拿什么，陈万里当年拿了不少他的（古董）。解放后，（邵洵美）到了北京想见一下陈万里，不见。”

黄老接着说：“人啊！世态炎凉，就这么有意思，这个戏要拍出来呀，真有意思。我跟陈道明说，可惜我老了，没有时间写，要不然我来写这个剧本。”

黄老话匣子打开了，说到了许许多多事情。说到19岁那年在福建仙游，在“战地服务团”有幸结识了一生中对他最好的两个人。太太姓吴，画家，厦门美专毕业；丈夫姓陈，戏剧家，上海大学毕业，是瞿秋白的学生。他们像对待自己的孩子一样对待他，让他感受到家庭的温暖。

说到了在中央美院时创作的套色版画《全家送我上学堂》被另一个工作室的导师借去，在课堂上批评为“资产阶级思想”、“形式主义”。

说到了“黑画事件”中，“猫头鹰”遭到批判，最后是毛主席的一句话替他解了围。是王炳南告诉他说，亲自听到毛主席讲的，猫头鹰怕别的鸟来欺负它，就是一只眼睛睁一只眼睛闭的。而且，还把那本《木偶奇遇记》里面的插图剪下来，贴在那里讲……还说到了冯雪峰和姚蓬子，“文革”时的姚文元（姚蓬子的儿子）；

最后说到大学问家周有光……

画家秦龙带来了自己的作品（《连环画报》上发表的），请黄老过目，聊画画的事……

到后院看刚生下来不久的十只可爱的小狗。

陪黄老到社区一家四川餐馆吃饭，满满一桌菜，既丰盛，味道也不错，李辉先生悄悄地买了单。

回到黄老住处，看刚从香港取回来的那套《水浒人物》，比看印刷品过瘾多了。

约午后两时许，与黄老告别。

2013 年 6 月 6 日 第十四次进万荷堂

为了做好《黄永玉全集》特精装配套的两对雕塑——《阳光》和《微笑含花》，我们派彭勇博士带着石磨坊承制的雕塑样品进入万荷堂请黄老过目。

黄老认真观看石磨坊承制的两对雕塑

2013 年 7 月 3 日 第十五次进万荷堂

上午十时，主编刘骁纯、李小山，执行主编左汉中，编辑莫宇红、李松、戴宇一行和摄影家卓雅女士来到万荷堂，随同前来的还有收藏家柳运宠，《南方周末》记者李晓婷，华新彩印公司业务经理郑学文。给黄老带来了新出版的《黄永玉全集》特精本和普精装本及《黄永玉九十》，摆在万荷堂的大厅十米花梨木大桌上，等待黄老观看。

万荷堂大厅内，悬挂着黄老彩墨新作《春江花月夜》。这件作品即将进入国家博物馆展出。画的左侧是黄老题写的“黄永玉九十画展”两帧条幅，还有刚写的“九十画展”和“九十生日寿诞”的请帖手迹。

黄老很快从后院进入大厅，满怀欣喜地逐本逐本地翻看这批新出版的画册，这批书的确不一样，它几乎承载着黄老一生的艺术创造成果，也倾注着他的家乡出版社编辑们的劳动心血。

黄老一边看，一边对书的内容和印刷装订质量表示满意。不时，还会对其中的某一幅作品说出点事来。执行主编左汉中取出《黄永玉和我们——〈黄永玉全集〉编辑出版前前后后》一书彩样本给黄老观看，黄老一边翻阅，一边对这本书表示满意。后来，还在书上签上了字。

接着，青年设计家戴宇将他设计的《黄永玉全集》首发式的海报、请柬、手袋给黄老过目，得到黄老的好评。

给黄老带来了新出版的《黄永玉全集》特精本和普精装本及《黄永玉九十》，摆在万荷堂的大厅十米花梨木大桌上，黄老高兴地一本本翻阅

《黄永玉全集》特精装和普精装本

看到新书的喜悦

新出版的《黄永玉全集》特精装、普精装及《黄永玉九十》为万荷堂大厅增添了光彩

4

我们应该知道的黄永玉

Women Yinggai Zhidao de Huang Yongyu

——《黄永玉全集》所展开的许许多多

黄永玉，一个让中国人越来越耳熟能详的名字，真可谓“天下谁人不识君”啊！对黄永玉的评价，从上个世纪八九十年代开始，众说纷纭，或以鬼才、怪才、通才冠之，或以狂人、真人、奇人相称。随着世纪更演，时光荏苒，我以为这位世纪文化老人无论在艺术创造上还是人格魅力上，早已不可用以上词汇来形容他了。

然而，要准确地、概括地来描述年届九十的黄永玉其人，却又十分不易。

美术评论家、《黄永玉全集》主编刘骁纯先生说：“艺术家的案例都是特殊的，黄永玉在20世纪中国艺术大家中尤为特殊，他不能归入齐白石一类的传统派，又不能归入徐悲鸿、林风眠一类的融合派，不能归入华君武一类的漫画家，不能归入古元一类的版画家，不能归入董希文一类的新现实主义……”

他涉猎面十分广泛：格言、童话、水墨画、小说、雕塑、版画、考订、玻璃工艺、书籍装帧、插图、水彩画、漫画、酒瓶设计、壁画、杂文、游记、彩墨、白描、书法、建筑及庭院设计、油画、散文、剧本、动画设计、装饰画、陶瓷、邮票、挂历、剪纸、蜡染、诗歌、寓言、小品……幽默几乎渗透在他艺术创作的各个领域，从而搅出了一片“世事洞明皆学问，落

全能型艺术家黄永玉（之一）

花流水亦文章”的新天地。

在我们的心目中，用“十八般武艺，样样精通”来形容黄永玉，似乎也有些苍白无力。

香港著名学者黄蒙田在他的《关于画家黄永玉》一文中如是说：

著名版画家和水墨画家。50年代前期起在北京中央美术学院任教，历任讲师、副教授、教授。现曾任中国文联全国委员、中国美术家协会副主席。到今天为止，有关黄永玉的简历总是这样写的。当然这样介绍没有错，只是觉得笼统了些。对我们了解这个画家的人和画，或者说黄永玉走过怎样的道路成为今天画家黄永玉就很不够。

黄永玉是湖南人，他的家乡是土家族苗族自治州凤凰县。人们总是爱自己出生、成长的家乡，但是我不曾看见过一个长期在外码头生活的人像黄永玉那样热爱自己的家乡。他几乎每年都要回凤凰住些日子，有时是约好在国外求学的儿女一道回去，有时是带了一些画家、朋友去做客。他关怀故乡的一草一木，他热爱纯朴的风土和人民…… 他一次又一次地画凤凰那些落后、原始然而是出奇地美的风景，他画的对象是心灵相通的土家族老人、婆婆和孩子们。他的创作形象或形式的产生更是受了民族、民间色彩的强烈影响，追究起来是不难理解的，因为他就是少数民族土家族的儿子……

有人对黄永玉这个在创作上取得的高度成就的画家从来没有进行正规美术学校训练而感到奇怪。其实这对有出息的中国画家来说是一点也不奇怪的，我们有不少像黄永玉那样出身的出色画家。黄永玉不是不想进美术学校而是没有条件踏

入艺术学府之门，不过他有信心在美术学校门外也可以成为画家，正如他知道当年能进美术学校的也不一定可以成为画家一样。黄永玉之所以成为画家全凭自学。自学是不错的，但自学也不一定成为出色的画家而只会成为平庸的画匠。我想，他的自学应该是由于他拥有这些条件：

第一，他对待艺术劳动无比辛勤、认真，即使是最困难的情况下只要是办得到的，他总是用不同的方法坚持创作。在那令人心寒的十年中他被剥夺了创作权利，然而他还是留下一系列作品。当我们后来看到他一些作品是在那些人为的严寒日子的深夜，在密封窗子一灯如豆的小房间里艰难挥笔完成的，这是需要多么大的勇气。当我们知道在他那间六尺平方阴暗的斗室里连正规桌子也没有，而他竟“发明”了在如此恶劣的环境完成丈二匹的大画，这是多么坚韧的作战精神。他克服的还不是环境的困难，而是战胜了如此残酷地对待画家的精神力量。

第二，黄永玉以他的全部生命投入到了寝食俱废的程度，那是由于他对美好的自然和人生具有深厚的感情，对艺术创作功能的正确认识。他本能地通过自己的艺术力量表达这些，借了他创造的艺术形象给观众以深刻的感染。画家的成就达到怎样的高度决定于他对生活和艺术关系的认识，平庸的画家只会如实描写生活，出色的画家则把生活推到更高的境界。

第三，对中外古今美术作品的深刻理解和高度的吸收能力，这是一贯以来对他最大的营养。有一个时期，当有人排斥西方现代主义美术的时候，黄永玉的态度是开明的，由于他是有原则的看，因而他吸取了某些可以用的东西，实际上它被融汇并丰富了自己的形式。黄永玉绘画个人风格形成并不是消极吸收的结果，而是积极创造完成的……

全能型艺术家黄永玉（之三）

全能型艺术家黄永玉（之四）

应该说，黄永玉的身上蕴藏着无穷的创造力，这种创造力的发挥常常会让身边的朋友感到吃惊而自愧不如。例如他的好友黄苗子就在《黄永玉画记》一文中写道：

和永玉做朋友，有时使你感到气喘；几个月不见，忽然在报上看到他的诗集《曾经有过那种时候》获得了《诗刊》的全国新诗评比第一奖；又好几个月不见，他的寓言画册《罐斋杂记》等三本在香港出版了，获得了海内外的称誉。又过一个时候，意大利大使馆来个请柬，由于他的作品在意大利展览，他获得了意大利政府的骑士勋章。又过一个时期，《新观察》杂志发表出一组连载《吴世茫论坛》，连我们最敬佩的前辈夏衍老人，也由衷地称赞这位自称“老汉我”的作品。这种来势汹汹的“十八般武艺”，真叫你应接不暇。

永玉读书多而且杂，从达尔文的日记到《庄子》，从《浮生六记》到屠格涅夫的《猎人日记》、薄伽丘的《十日谈》，古今中外，像个馋汉，海味山珍、咸鱼青菜进入了他的胃，一经消化，便成为他的艺术营养。音乐也一样，从家乡的傩戏到孟小东、程砚秋，从摇滚乐队到柴可夫斯基、贝多

全能型艺术家黄永玉（之五）

全能型艺术家黄永玉（之六）

芬…… 从罗浮宫的藏画到毕加索的创作录像，应有尽有。在艺术吸收上，真是一个张着大嘴的饕餮 。有一个强大的胃去吸收和消化，作为一个艺术家是值得羡慕的。

黄永玉的传奇仿如整个中国的历史，摊开来总会渗出血和泪！但，黄永玉笑声爽朗，笑起来还带着一份艺术家的赤子之情，说话坦率、“过瘾”。艰难并未磨蚀意志，甚至，拿不走笑声！黄永玉说得最多的一句话是：“我很忙！我无时间嘛！”一生在忙碌、艰苦中度过。绘画不辍、笑声不停、理想不失不忘！今天，忙着看书、绘画、写文章！（摘自蓉子《路漫漫苦多情更多·黄永玉画忙亦乐》）

如果说，要我们从湖南本土画家，或者在当代中国画家中物色出版《全集》的人选，我们都会毫不犹豫地首选黄永玉。首选的原因，难道仅仅因为他是我们家乡的杰出艺术家？或是湖南文化的一张名片？诚然，不只是这些，我们心目中的黄永玉，他是一位饱经战火离乱、政治运动冲击与人生世态磨砺的世纪文化老人；他是一位有着卓越才华和无穷创造力的艺术家和文学家；他是一位充满着智慧与独立创意的设计家；他是一位旷达、睿智、幽默、感性而又才情满怀的哲人；他还是一位忠诚于民族、热心家乡建设和热爱故土人民的慈善家……

从黄老在《黄永玉全集》出版委托书上签字（2010 年 8 月 5 日）那天起，到《黄永玉全集》开机仪式（2013 年 4 月 15 日）这日止，我们花费了两年零八个月的时间和动用了较为精良的编辑力量，聘请国内知名的专家担任《全集》的主编和分卷主编；经历了十几次进万荷堂和五下凤凰的采访与拍片；寻访过多家的收藏单位和个人收藏者，搜索了大量的有关黄老的书籍、画册和资料。尽管已将《黄永玉全集》美术编 8 卷和文学编 6 卷付梓印刷，但是，我们仍然心存忐忑之情，犹恐会留下一些瑕疵和遗憾。

我们殷切地希望，《黄永玉全集》能展现一个真实的、完整的黄永玉全貌 ，一位跨越世纪杰出艺术家的方方面面和许许多多……

1. 幽默大家黄永玉

黄永玉是一个机智、幽默的人，他常以诙谐和调侃的方式笑谈人生或冷观这个在他眼里多少有些滑稽和荒诞的世界，并以机智的反讽方式寓言，使人在轻松一笑的同时庄严地沉思。

黄永玉从 6 岁开始，就喜爱看漫画杂志，半懂不懂地看《时代漫画》、《上海漫画》。青少年时期崇拜漫画家张光宇、叶浅予、张乐平，他说自己的“美术专业”是从漫画开始的。他曾经说过：“我最喜欢反映生活情趣的漫画、批评了，却把人的情感调得又浓又稠，培养着人们重要的品质——幽默感。”

我想黄先生将幽默感视为一个人的重要品质，这与他经历了漂泊与磨难，看透了世态炎凉，修炼出乐观、开朗、睿智、幽默的秉性有着密切的关联。

美术理论家刘骁纯先生在《黄永玉全集》美术编总序中以“幽默大家黄永玉”为题，较为透彻分析道，黄老的幽默“井喷”应是在中年以后爆发出来的。

1968 年，44 岁生日那天在中央美院大规模批斗会上黄永玉被揪斗并遭暴打，第二天被

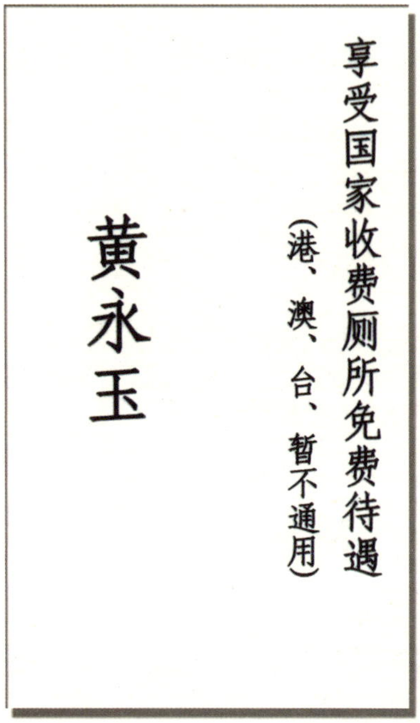

黄永玉

享受国家收费厕所免费待遇

（港、澳、台、暂不通用）

黄永玉自印名片

偶尔也扮一个滑稽相

软禁“牛棚”，第二年被下放到河北军垦农场劳动三年。

“皇天之不纯命兮，何百姓之震愆？”（屈原《楚辞·哀郢》）他爱画《楚辞》，反复地画醉酒，也都是一怨愤心结的精神释放。

这次宣泄极为重要。由此，他在知天命前后彻悟了天命，古有印章“五十以后”；儿时的顽皮天性再次被唤醒，故又有印章“老夫聊发少年狂”。从而，黄永玉杜绝了老舍悲剧在自己身上发生，并一步步开始了他的幽默人生。古稀前后，“从心所欲，不逾矩”，大量幽默作品井喷式地创作出来，幽默人生再度升华。他的超旷、专注、智慧、幽默和顽皮，给周围人留下深刻印象。

见过黄永玉的人们都知道，和他交谈一般都是希望听他说话，因为他说话有趣。他的知识常寓笑谈之中，时不时蹦出一条段子，让你开心，捧腹，笑掉大牙。

比如说一个傻婆娘：

傻婆娘的丈夫买来一段好布，要傻婆娘做件长袍，傻婆娘关着门在家里慢慢剪裁，几天后丈夫问长袍做好没有，傻婆娘说没有弄好，改做一件褂子吧。又过了两天，丈夫问褂子做好没有，傻婆娘说还是没有弄好，改做一条短裤吧。丈夫没有办法，只好又等了两天，再问短裤做好了没有，傻婆娘真的不好意思了，说，又没有弄好，改做一双鞋垫算了吧！

黄一副怪脸取乐

一个快乐的老头

比如说一个守财奴：

有个守财奴，痛得快要断气了，家人看他平日舍不得，想备点好吃的补偿他。家人请示："红糖炖银耳，可不可以？"守财奴摇头："不要！""红糖炖地瓜，可不可以？"又摇头："不要！""红糖炖狗屎，可不可以？"守财奴最后艰难地吐出一句："可不可以不加红糖？！"

也有说真人真事的，比如说到一位漫画家的"文革"遭遇：

有位漫画家平日比较小气，给一些报纸杂志画了点作品，常常会向对方问到稿费什么时候发。"文革"开始后，单位开他的批判会，不少人提到他"爱财"的问题，最后轮到他自己表态，他说："同志们的意见提得好，这是用金钱也买不到的。"与会者大哗："你还是离不开钱！"

也有说到古人的事。一次鲁豫访问他提了个问题："您现在只要一说话就不抽烟，只要不说话您就会抽一下烟。"

黄永玉回答："曾经有人问苏东坡，你睡觉的时候，你的胡子是放在被子外面，还是放在被子里面？苏东坡当天晚上根本没有睡着，放在里面也不是，放在外面也不是，搞了一个通宵没有睡着。我这个也是一样，你这一问我才想起了，他肯定是散着放不管它，一问就变成要整理出一个道理来就麻烦了。钱钟书，人家送他一个烟斗，他说，你简直是送一个美女给太监嘛。"

老夫聊发少年狂

宠物狗是黄老所珍爱的

黄永玉的这些段子及故事，有些是他从别处听来的，有些是他自己创作的。有的段子其实很普通，我们学着讲也许不会逗笑，但一经黄永玉口述出来，便有了绘声绘色、妙趣横生的效果，你说怪不怪？

艺术中幽默的前提是精神上的超旷和逍遥。黄永玉主张艺术是一件快乐与开心的事。他在《水浒人物》后记中说：“《水浒》中男女多捣蛋纵酒任性乡民…… 尽为余当年浪迹江湖时之朋友熟人，街头巷宅，野火荒村，信手拈来，写日常见闻经验，边写边笑，席地坐卧，旁设茶酒，或互通新闻，或指天骂娘，混沌乐陶，不觉困惑也。”何其超旷，何其逍遥。

幽默即错位，即打乱惯性思维的错位引发的笑。黄永玉说：“颠倒常规，好笑；掩盖颠倒，更好笑。”他又说：“什么是幽默，我告诉一个说不清楚的专家：‘正常的情况失去平衡，就叫幽默感。’”

黄永玉的书法作品就是常常来用错位和颠倒的思维方式行文遣句的：

世上富足一知足，人间何止五车书。（2007 年）

一个人做坏事并不难，难的是一辈子专做坏事不做好事。（2009 年）

和魔鬼相处并不可怕，讨厌的是天天要我说它好。（2009 年）

可爱的人都是一样，讨厌的人各有各的讨厌。

漫画像是一种夸张的肖像画。肖像画需要抓住相貌特征，特征的适度强调和微妙夸张，常能比本人更像。夸张一旦越过了肖像画可以容忍的尺度，就转化成了漫画像。

人物特征向狰狞可厌的方向夸张便带上了挖

笑口常开，快乐常在

苦抨击色彩；向有趣和可爱的方向夸张，才会带上滑稽或幽默色彩。无论哪种倾向，漫画像都拒绝削弱人物特征的粉饰和美化。黄永玉画的漫画像，多为友人或自己，故常取向于开心与幽默。

先说他常为自己制作的漫画像，无论是硬笔速写、彩墨画还是雕塑像，大抵会突出或夸张以下几点：秃头和少发、招风大耳、塌鼻梁、大嘴、缺牙、干瘦身板还肚皮微凸……所有特征加起来，应是一个十分丑陋的干瘪老头儿，但是却不然，每当我们见到他的漫画造型都会觉得是一位乐观、可爱、搞笑、顽皮的小老头，忍俊不禁之外还会多上几分尊重。

再说他画的友人。为黄苗子夫人、画家郁风画的《阿妈妮郁大姐》（1992年），可谓是一幅极尽夸张的漫画肖像。画中的郁大姐卷发如花，面孔前倾且鼓起；翘耳、大嘴，眼角鱼纹与额头皱纹相连，昔日的美大姐简直成了丑大姐。怪就怪在没有人觉得她丑，恐怕是在作者心目中，郁大姐总是美好，怎么“丑化”也掩盖不了她的美。是黄永玉的漫画像颠覆了人们习惯上的美丑观。

又见为友人陈岩画的两幅漫画像，一幅作于1998年，画的是陈岩的酒后醉态，题款为：醉太平，陈岩大败于红荷轩。据陈岩后来回忆，画此像时他醉得已全然不知。另一幅作于

给友人、收藏家陈岩画一幅“背影”，名曰《块肉余生图》，典出英国狄更斯的小说

2011 年，题为《块肉余生图》，此典出于英国作家狄更斯的小说。画上的陈岩的背影面人，现出了“块肉”，“余生”则是说他大病初愈后的状态有“劫后余生”之感。其实，这两幅作品开始只是对象的写生，在描绘过程中，作者抓住了对方的有趣特征，加以夸张。前者针对那幅可爱的醉态，后者则是对“块肉”略加横向夸大，便成了富有幽默特征的漫画肖像。

黄永玉除了为文化名人，像张伯驹、郁风、丁井文和演员陈强父子作漫画像外，还会较多地为家乡的民间艺人（如刘大炮、聂胡子和单海鹰等）和身边的晚辈（如来子、许鸿飞、肖宁等）画像，无不会敏锐地抓住对象的形象特征，顺势强化它，使之成为一件令人捧腹或会心一笑的漫画作品。

黄永玉的幽默风格还体现在其他艺术作品中，其手法除上述情形外，还有“黄式图体”：

文图照应和文图错位形成了黄永玉式的文图体。他的文学天分甚高，许多作品，文思立则定，文思不立则废。如他画的“水浒人物”即是喜欢换位思维，常常一语到位。

王伦：“是非总是来不及细论。”

潘巧云：“男人偷啥都行，唯独女子不能偷，尤其是偷和尚，她哪里也见不着人，不偷和尚偷谁？”

为友人、晚辈来子画像

为湘西民间艺人聂方俊、单海鹰画像

李师师：“交朋友，一个是皇上，一个是文化名人，谁还惹得起呢？”

这种由思维换位或思维错位引发的笑，其妙皆在文思。

《水浒人物》之一：李师师

“动物幽默”

早在上个世纪60年代，黄永玉在河北农村参加“四清”期间就开始写“动物短句”，其幽默、辛辣、深刻的寓意给人留下深刻印象。再从70年代由画“猫头鹰”引起的“黑画事件”，到80年代名噪一时的“生肖猴票”，黄永玉就与“动物幽默”结下不解之缘。从2005年开始，他又迷上了生肖挂历，一画八年，连续创作了狗、猪、鼠、牛、虎、兔、龙、蛇生肖挂历。

动物幽默，成为黄永玉动物画中十分迷人的部分。

鹦鹉：“鸟是好鸟，就是话多。”

狗：“狗和人，你讲句公道话，谁真诚？”

猪：“人自己减肥却怕我瘦。”

鼠：“我丑，我妈喜欢。”

兔：“我不吃窝边草，吃什么？”

幽默小品组画《牛顿玩笑》

龙：“望子成龙，讲老实话，儿子成了龙，你怕不怕？”

蛇：“据说道路是曲折的，所以我有一副柔软的身体。”

刘骁纯先生总结的黄永玉的多种幽默方式，还有“文图照应”、“庄谐换位”、“雅俗换位”、“形的幽默”等等，这些方式有的表现在彩墨人物画，如《李逵苦吟图》、《满城风雨重阳》、《痒宴》、《伊甸园演义》等；有的表现在小品画，如《生肖挂历》、《牛顿玩笑》、《出恭十二景》等；有的表现在油画，如《与安格尔对话》、《浴女》等；有的则表现在雕塑作品，如《亚当》、《夏娃》等。总之，黄永玉善于娴熟地运用各种幽默手法，针对不同场景与对象，随机应用，看似信手拈来，实经深思熟虑。幽默就是这样，任何纯开心的背后都隐藏着很宽泛的飘忽不定的可以见仁见智的隐喻，这是幽默成为文化的根本原因。

从黄永玉作品看，幽默是笑的艺术而又不止于笑。幽默是智慧，是哲思，是臧否，是悲悯，是旷古，是开心，是调侃，是警示，是天性，是才华，是博学广识，是玩世不恭，是看破红尘，是形骸放浪，是笑天下一切之可笑。

（以上部分文字摘自刘骁纯《黄永玉全集》总序《幽默大家黄永玉》）

《黄永玉全集》特精装本（限量版）

《黄永玉全集》普精装本（之一）

《黄永玉全集》普精装本（之二）

《黄永玉全集》美术编自叙手迹

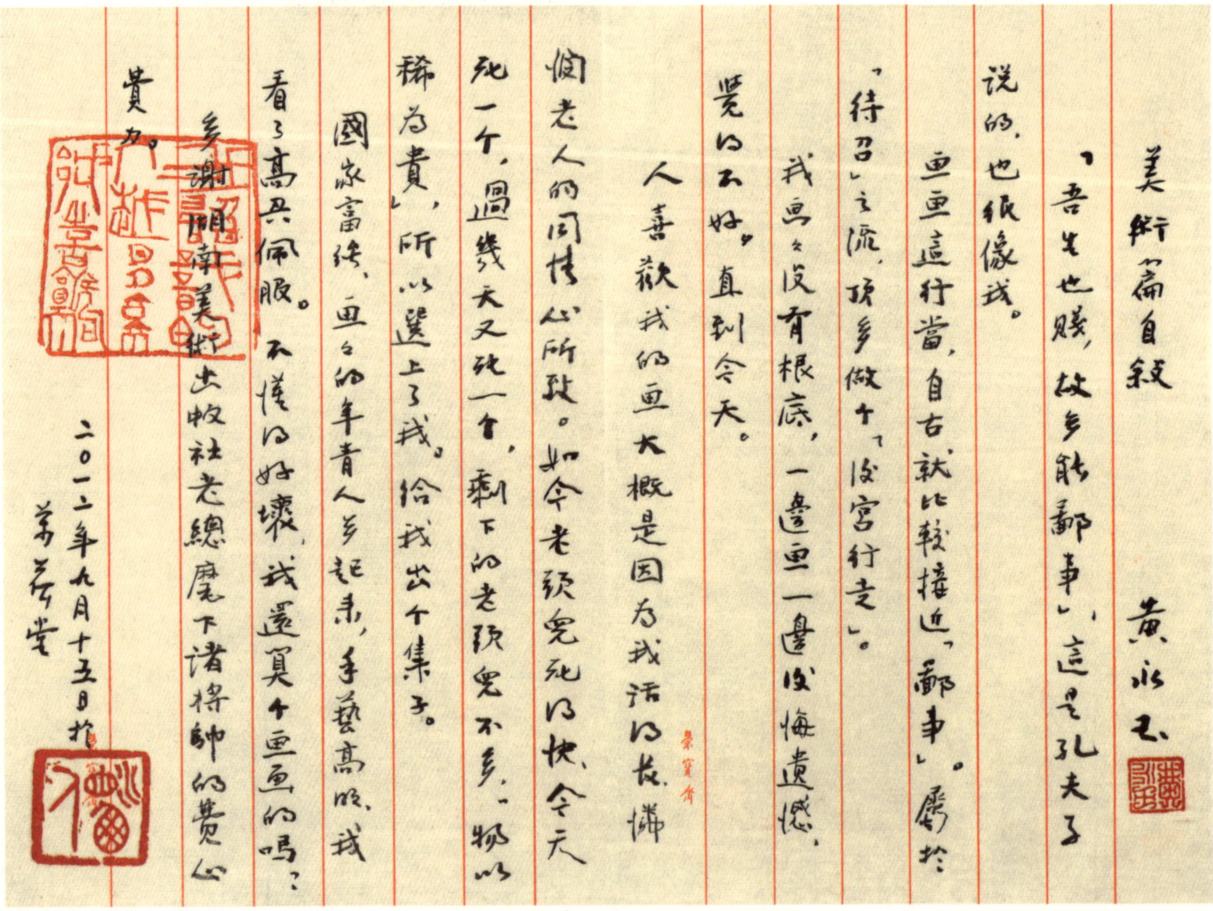

美術篇自叙　黄永玉

「吾少也賤，故多能鄙事」，這是孔夫子說的，也很像我。

画画這行當，自古就比較接近「鄙事」。屬於「待召」之流，頂多做個「從宮行走」。

我画々沒有根底，一邊画一邊後悔遺憾，覺得不好，直到今天。

人喜歡我的画大概是因為我活得長，拂個老人的同情心所致。如今老頭兒死得快，今天死一個，過幾天又死一個，剩下的老頭兒不多，「物以稀為貴」，所以選上了我。給我出個集子。

國家富強，画々的年青人多起來，手藝高明，我看了高興佩服。不懂得好壞，我還算個画画的嗎？

多謝湖南美術出版社老總麾下諸將帥的費心費力。

二〇一二年九月十五日於萬荷堂

2. 版画家黄永玉

黄永玉的版画处女作，是15岁那年（1939年）在福建永安宋秉恒先生主持的《大众木刻》月刊上发表的木刻作品《下场》。

2012年7月，黄黑妮（黄老女儿）给我发来一幅题为《羊》的木刻作品，并附上了一段话："这是我父亲最晚一幅木刻，作于91（1991）年，小住佛罗伦萨，用麻胶版刻的。"

从1939年到1991年，黄永玉的版画艺术创作，整整跨越了52个年头。当然，这其中包括了他最美好的青春年华。

黄永玉的学生、版画家广军有更确切的说法：我算过，仅从先生的"处女作"《下场》到1964年（一说为1970年）的《韶山风光》，25年里共刻了235张木刻。

"我一生很大部分时间都在木刻上。我刻木刻，铲底子铲得很漂亮。"

"我算了一下这个时间，铲底子要25年，我一生的25年是铲底子。这25年，是一个

1 美术编 版画

木刻 贺宜《野旋的童话》插图 1934年

遗憾的过程，不是从正常的基础开始的，而是从时间流程中学到的，很牢靠，但是这个时间太漫长了……”黄永玉对自己的艰难木刻生涯记忆犹新、感慨犹深。

黄永玉的版画创作大致可分为三个阶段。第一阶段为1939年至1946年，这一时期正处国家民族危亡、抗战烽烟四起之际，少年黄永玉漂泊福建、江西等地，随身行囊里装着木刻刀、木刻板，其作品多为反映民众生活的题材，或为地方报刊和一些书籍与诗集插图。作品尺幅不大，构图较为简洁，也许是岁月留下的痕迹，作品中多少流露出艰涩的刀法和拙朴的造型。这一时期的作品以贺宜《野旋的童话》插图为代表。黄永玉曾在《学木刻的故事》一文中描述过这一阶段：“我曾经经历过那个陈旧腐朽的时代，我们的木刻学习是从一个不可想象、充满着艰难困苦的生活中侥幸成长起来的。这中间走过许多弯路，浪费许多时间，多少有希望的同伴的生命和理想被湮没了、被摧毁了。”

第二阶段为1947年至1952年，正处于国内革命战争和祖国黎明前后，这一时期由国情动荡、民情苦难到劳苦大众迎来翻身解放。黄永玉先后投身学生运动，“反内战、反饥饿”和迎接祖国解放等正义斗争，以木刻作匕首投枪，创作了不少反映民生疾苦和直接鞭挞反动势力的作品，解放前后更有表现军民一家和慰劳解放军题材的较大尺幅的作品问世。他曾游走于江西、上海、台湾、香港等地，不仅接触到革命进步组织，同时还见到并接近了不少前辈木刻家、漫画家、作家、诗人，特别是他十分仰慕的张乐平、张光宇、张正宇、陆志庠、叶浅予等，对其艺术观念及方法都产生过一定影响，这一时期他的木刻创作无论在思想和技法上都日趋成熟，作品构图与造型上表现出来的装饰趣味性，已成为他早期木刻的主要风格。其代表作有沈从文《边城》插图、《苗舞》、《台湾小食摊》、《十姊妹》插图和《劳军记》等。年轻的黄永玉先后在香港举办了三次个人画展。

木刻 沈从文《边城》插图 1947年

木刻 十七十八好唱歌（民歌插图）1947年

木刻『反内战 反饥饿』游行 1947年

套色木刻 台湾小食摊 1948年

1953年黄永玉供职于中央美术学院版画系，1964年“四清”运动开始，是他木刻创作的第三阶段，也是他版画创作的旺盛时期和高峰期。黄永玉以一个自学成材的青年画家身份进入中国最高美术学府，除了学历之外，以他的木刻创作能力与水平，与一些专业出身的教师相比毫不逊色。1953年创作的《高尔基像》、《马雅可夫斯基像》和为冯雪峰《寓言》所做的插图，已可以看到他木刻创作上的严谨态度和不凡功力。1954年，受中央美术学院党委书记江丰委派，黄永玉到荣宝斋学习传统木版水印，研究中国古代木版水印技法。1955年，黄永玉赴云南采风，在路南县额勺依地区，以彝族撒尼少女的原型，酝酿创作了彝族撒尼人叙事长诗《阿诗玛》插图。1956年10月，32岁的黄永玉以水印套色木刻《阿诗玛插图》参加“第二届全国版画

水印套色木刻 《阿诗玛插图》 1956 年

水印套色木刻 《阿诗玛插图》 1956 年

木刻 冯雪峰《寓言》插图两幅 1953 年

木刻 郭沫若诗歌《百花齐放》插图两幅 1958 年

木刻《森林小学》 1957 年

木刻 张梅溪《在森林中》插图 1955 年

水印套色木刻 《阿诗玛插图》 1956 年

展”，获得了极大成功。《阿诗玛插图》在中国版画史上以一种“中国民族风”样式，留下了光辉的一页，同时也奠定了黄永玉在美术界的地位。

接着，黄永玉以旺盛的创作精力，不断地收获着成功和喜悦的果实。1957 年，他继续创作了一批水印套色木刻，如《跟妈妈一起的时候》、《小羊回家》、《撒尼姑娘》、《公鸡和狐狸的故事》、《印度卡玛拉舞蹈》等；1958 年，他又创作了一定数量的为郭沫若诗歌《百花齐放》作的木刻插图；他还先后为《雪峰寓言》（冯雪峰，第二回）、《叶圣陶童话选》、《野旋的童话》（贺宜，第二回）和《在森林中》（张梅溪）作木刻插图。这一时期的作品标志着他的版画创作进入旺盛时期。

1961 年的木刻作品《春潮》和 1962 年的《葫芦信》将黄永玉的版画创作推向高峰。《春潮》让人感觉是一幅横空出世之作。宏大的场面，精妙的构图，婉转律动的细密刻线，震撼人心的画面气氛，让画家的技法得到酣畅的演绎。我想，见到这幅作品的人一定会被刚

木刻 春潮 1961 年

木刻 葫芦信 1962 年

刚步入中年的黄永玉在版画艺术方面表现出惊人才华所折服。

如果《 春潮》是一幅显现动态的木刻巨制，那么《葫芦信》则是一幅趋向静态的木刻精品。作品以静穆的直线构置出疏密有致的画面，用线工而不板、细而不弱，与绵密充实、干净利落的构图相配合，画家以抒情诗一般的笔调淋漓尽致地表现了傣家生活的独有风情。

1963 年，中央美院成立“黄永玉版画工作室”，与其并列的另三个版画工作室的导师分别为版画界享有盛名的大师级人物古元、王琦和李桦。

1964 年，“四清”运动开始后，黄永玉被下放到河北邢台农村劳动锻炼，失去创作自由达八年之久。

1976 年 1 月，周恩来总理逝世。黄永玉又重新拾起木刻刀，创作了两件《周恩来总理像》，以寄托哀思。另外两件作品，一幅为 1983 年创作的《我的童年，那四月暖和的风》，另一幅为 1990 年创作的《玫瑰花》，均为特定历史时期有着特殊意义的作品。此后，一代木刻大家几乎收起了他的木刻刀，停止了他曾一度为之献出精力与心血的木刻创作。

木刻 周恩来总理像 1976 年

木刻 玫瑰花 1990 年

1991 年，黄永玉荣获中国美术家协会、中国版画家协会颁发的“新兴版画杰出贡献奖”。

年逾七旬的版画家、中央美术学院版画系教授广军，早在上个世纪 60 年代初曾是黄永玉的学生，《黄永玉全集》版画卷主编顺理成章地由他担当。他在《讲究的版画》一文中说到先生不止一次地跟他说到“做版画要讲究”的话，等到自己也做了许多年的版画以后，才懂得先生所说的“讲究”的重要。那么何不说说这个“讲究”呢？

“讲究”这两个字，词典上解释出三个意思：一、讲求、重视；二、讲究（儿）：值得注意或推敲的内容；三、精美。

这里说的内容，虽然在先生的“讲究”里都包括着，但是，我一直觉得先生所言的“讲究”，是一种用心，还有他说的“一种控制的学问”（岳麓书院讲《绘画与文学》），也许还有必须遵守的“规矩”和“语言”上的“法度”等等的意思。能够了解先生在版画上的“讲究”，对我们的创作和审美两方面都会有所帮助。

1994 年，在中央美术学院美术馆举办“三十春秋”展览，参展人在 1964 年以前都是

木刻 我的童年，那四月暖和的风 1983年

黄永玉的“老学生”（黄永玉常常称广军为我的“老学生”）。大家请先生为展览题词，先生在一幅四尺的宣纸上写道：

“没定的稿子别上板，

没刻完别印，

板底要铲平，

多画结构。

四十年前课堂老话　供老同学一笑　黄永玉七十书”

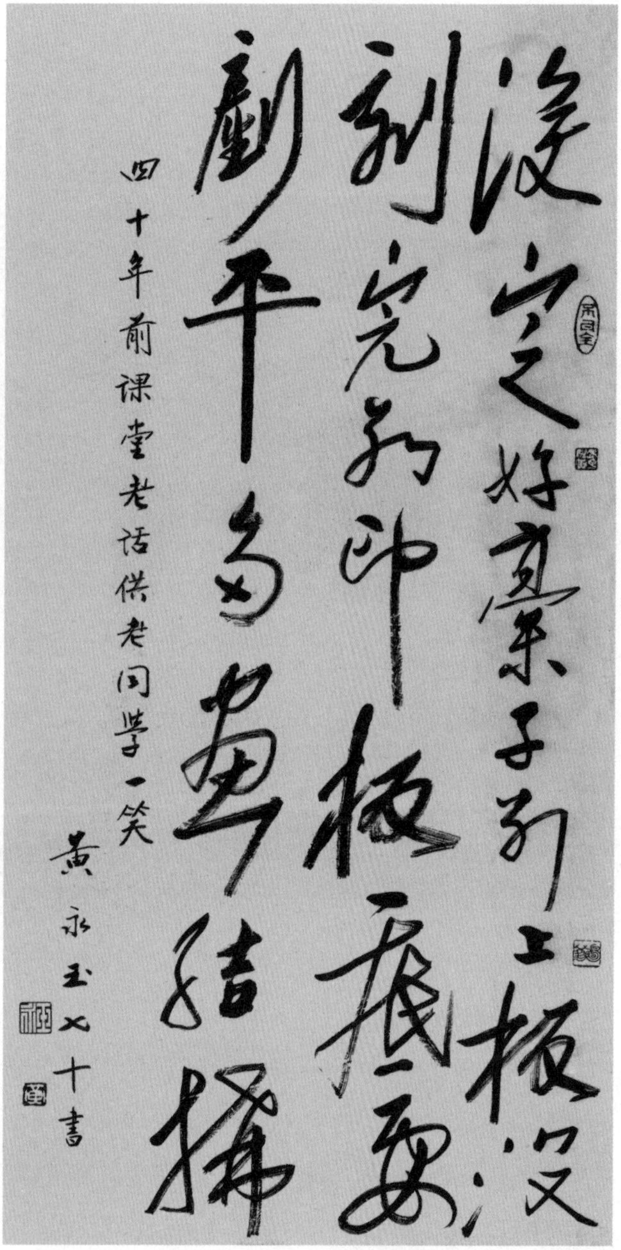

黄永玉为老先生题词 1994 年

黄永玉在版画创作上的杰出成就，与他的“讲究”休戚相关。

广军教授在《讲究的版画》一文中最后说道：

爱和勤奋实际上是一码事，爱到至深了才勤奋。断不是放在口头上的喜欢，也非漫不经心的碌碌无为。

先生跟我说过好多次：“我们真的没有理由偷懒，想想世界上有多少艺术家正在用功画画……”每次听他这样说，我都会感到惭愧。

最近，我问了黄先生关于《春潮》的创作情况，我说：“《春潮》里的海浪，听说您是照着棉被画的，把棉被堆起来，再用手指头在上面戳出许多的坑坑洼洼，然后，依着上面起伏的规律画出海浪的结构。还有那根拴飞镖的绳子，是您用一根针线一次一次丢出来的，最后选了满意的一个样子，是这样的吗？我希望得到您的首肯，不然，以后就会变成传说。”先生点头说：“是的。”还补充说：“那个投飞镖的小伙子是刘开基摆的姿势。”刘开基是高我几班的学兄。

好的版画是讲究的版画，是耐看的版画，久了，它就会变成经典，它不是传说。

（参见广军《讲究的版画》一文）

3. 彩墨画家黄永玉

我们将黄永玉的中国画定位为彩墨画，事出有因。

在现代文学级的一次讲演中，有人问黄永玉：“您的朋友——著名经济学家张五常认为，朱屺瞻的画作是真正的国画，而您的画受西洋画的影响，并不完全是国画，您怎么看待这个看法？”

黄永玉回答：“他不是一个完全的评论家，是个爱好者，他的意见没有什么。”

1999 年 3 月 27 日，黄永玉在北京万荷堂寓所接受香港电视台凤凰卫视杨澜的采访，杨提出了一个比较尖锐的问题：“有人认为中国画的一个精髓在于水墨山水……但是您的画大多数是浓墨重彩，所以也曾经有人说，您的国画不正宗，您对这个问题怎么看？”黄永玉爽朗地答道：“有的人很气愤，跑过来告诉我‘某某人说你的画不是国画’，我也开玩笑，我说：‘你转告他，他再说我的画是国画，我就告他！’……我画我自己的东西，所谓我自己的东西，就是我会的那些东西……于是就变成我今天的面目了，不在乎别人怎么说。”（黄永玉《小议高兴》）

于是，我们在策划《黄永玉全集》美术编分卷时，确定将他的“国画”作品定为彩墨风景、彩墨花鸟、彩墨人物三大卷。

2 美术编 彩墨风景

网师园 彩墨纸本 1972 年

彩墨风景

不称彩墨山水而称彩墨风景，亦是有它的道理。黄永玉的风景画外延较大，确实与传统山水画大相径庭。从目前收入“彩墨风景”卷的 251 件作品看，粗略可划分为四种类型。第一类为中西材料与技法的综合运用，即在宣纸上运用水墨、水粉、丙烯，或浓或淡，或厚或薄，正反施色，排刷、海绵甚至干丝瓜瓤并用。如他较早的作品《网师园》（1972 年）、《颐和园春景》（1973 年）、《秋水》（1973 年）《雀墩》（1978 年）和后期的作品，如《如梦令》（1999 年）、《风入松》（2003 年）、《乐园鸟》（2006 年）等。

第二类以大泼墨方式为主，以酣畅笔墨大写意处理山水，局部树叶花草略施粉彩。如《黄山天都峰》（1977 年）、《冬景》（1977 年）、《贾岛诗意 · 云深不知处》（1978 年）、《清凉台》（1979 年）、《二千八佰柱》（1980 年）、《贾岛诗意 · 松下问童子》（1980 年）、《李白诗意 · 明月出天山》（1980 年）、《李白诗意 · 下江陵》（1980 年）、《柳宗元诗意 · 独钓寒江雪》（1980 年）等，这批作品大都集中在 1980 年前后。第三类为先勾勒线条后着色，先小稿后大幅的方法，以黄永玉的旅欧写生长卷《佛罗伦萨全景》（1986 年）和《湘西写生》长卷（1995 年）为典型代表，前者多为域外城市风景，后者是古城小镇的描写。第四类可归为抽象类，是近年来创作的以音乐曲谱为主题的畅想图景，如《雨 · 萧邦》（2011 年）、《十二平均律 · 巴赫》（2011 年）、《贝多芬第五》（2011 年）等。还有一类则应为临时并入，如一些大尺幅和大场景的花鸟画，也归于风景卷，一是考虑彩墨花鸟卷内容过多，可略为减负，二是觉得大幅花鸟画亦是一道大的风景，如此并入倒也顺理成章。如《周敦颐诗意 · 一枕万响图》（1990 年）、《香起》（1991 年）、《群鹤飞来》（2000 年）、《关关图》（2006

冬景 彩墨纸本 1977 年

杨万里诗意 彩墨纸本 1980 年

年）等。

美术评论家、《黄永玉全集》彩墨风景卷主编殷双喜在《满目青山夕照明——黄永玉的彩墨风景》一文中写道：“黄永玉的彩墨风景绘画的方法，是人们感兴趣的所在，但不是每个看到他的作品的人都能够从中看出他画风景的方法……”

“其实，黄永玉遇到的问题，在 20 世纪中国画的发展史上，并非新问题，徐悲鸿当年所画的彩墨画，在许多人眼中，也不是正宗的中国画，这与中国画在 20 世纪引入西方学院教育的素描造型与色彩体系有关。其实，中国画并没有永恒不变的一定之规，笔墨也并非始终是中国画的根本…… 中国画并非只是明清以来宣纸上的黑白写意体系，也包括了唐以前的重彩壁画。中国画的历史是延续千年的大中国画的历史，并且在其发展过程中，也借鉴吸收了来自西域等地的外来艺术。今天，我们应该以更为广阔的心胸和视野来理解和接受中国画的发展与变革……在这里，中国画的讲究内涵、自由开放，体现出中华文化广收博采、生生不息的历史文脉，也点出了“礼失而求诸野”的文化源泉所在。在黄永玉的艺术中，就有这种来自底层的民族自信，对于不同的艺术语言甚至是外来的艺术形式从容吸收和自由运用，只要能够深入地表达他对于自然与人生的感悟，采用什么样的材料和工具不是问题。重要的是黄永玉像一位杰出的音乐指挥，能够很好地驾驭这些不同声部的乐器，让它们发出和谐的交响。黄永玉的这种不拘门派、自由出入不同艺术形式的创造能力，在他生活的那个时代是相当超前的，也是经常受到质疑和批评的，

李白诗意 彩墨纸本 1980 年

贾岛诗意 彩墨纸本 1980 年

但黄永玉对此采取的态度，正如马克思的一句名言：“走自己的路，让别人去说吧。”

黄永玉的彩墨风景绘画方法，的确表现出一条博采众长、不拘一格、自由驰骋的途径，亦给人们一种心理的舒张和视觉的轻松。

“文革”中也会有一点空间，得到了外出写生和画画的机会。1972 年创作的《网师园》和 1973 年创作的《颐和园春景》和《秋水》等作品，采用色彩笔触的摆放作为主要方法，甚至运用画刀以刮的手段表现出油画般的斑斓与厚重。

“十年文革”后的黄永玉，获得了艺术创作的自由，摆脱了政治的羁绊，心怀豪情挥动画笔，创作了一批古诗词写意画，多采用大泼墨的手法，其写意笔触如大刀阔斧，直令人叫痛快！如《贾岛诗意·云深不知处》（1978 年）、《贾岛诗意·松下问童子》（1980 年）、《李白诗意·明月出天山》（1980 年）、《李白诗意·下江陵》（1980 年）、《柳宗元诗意·独钓寒江雪》（1980 年）等。这批酣畅淋漓的大写意作品，是将传统水墨抽象化的放胆尝试。

使用得最多、时间跨度最长的是“先勾勒线条后着色，先小稿后大幅”的方法。早在 1978 年至 1979 年，黄永玉回家乡凤凰，画了一批写生作品，以风景为主，亦有花卉和人物。除花卉外，风景与人物均采用先勾线后着色的手法。1981 年，湖南美术出版社从这批作品中遴选出二十余幅，编辑出版了《画家黄永玉湘西写生》小画册。1986 年，黄永玉赴意大利，以旺盛的精力创作了一大批城市写生作品，有的已经着彩色，有的只着了一遍淡墨，有的则仍然保留着白描的效果。

二千八佰柱 彩墨纸本 1980 年

高 33 厘米、长 516 厘米的《佛罗伦萨全景》是此次写生的代表作。画面城市建筑用线细密，树木枝叶线条较为粗放；在着色方面，天空抹一片浅灰，建筑物屋顶几乎为一片朱红，树木以蓝绿两色交替涂抹，潇洒的大笔触与建筑的细密形成对比，给人以荡气回肠的舒畅感。

1990 年的《法国写生》和 1993 年的《德国游记》以及 1995 年的《湘西写生》长卷（一）、（二），一直沿用了这一表现手法。可见，勾线敷彩成为黄永玉彩墨风景创作的主要手法。由此可见，画家往往在创作风景组画和风景长卷时，多采用这种先勾线后敷彩的方法，这一方法最适宜在写生时使用。对景勾好线后，有时间就着色，没有时间着色，留下白描亦可独立欣赏。所以，黄永玉的国外、国内写生作品中，有许多白描作品独立成篇，亦成佳作。

如果说黄永玉的写生风景用线较为工整细腻的话，那么他在创作单幅风景画时，同样采用先勾线后敷彩的方法，则表现出另外一种情境：线条用笔奔放，急速如草书，伴以色块；有的趁墨色未完全干时敷色，色彩与墨色交融，显出墨色淋漓的苍润气韵，给人以荡气回肠之感。

1985 年夏日，黄永玉回家乡途经长沙寓居蓉园宾馆，以《月是故乡明》为题，画了一幅高 133 厘米、长 355 厘米的宽幅彩墨风景画。画的是家乡凤凰古城月夜，正是采用的上述写意勾线敷彩的方法，画面古城在朦胧的月色中，留下近一半的空白，给人以想象的空间。此后，这种“写意月夜图式”成为画家反复创作的保留题材。或题名《今夜鄜州月》，或《浔阳江》，或《杜甫诗意·寄北》，都能在“月夜”图式中寻找到故乡凤凰山水的影子。这便是黄永玉在彩墨风景中流露出来的“风景中的乡梦”。

“黄永玉的作品，表达了他对于故乡的怀念与追忆，正是这些不因时间流逝而变化的故乡风景，能够勾起黄永玉这样一位游子内心深处最为温暖的记忆，并且因为时间的流逝而日益强烈，成为挥之不去的乡恋。黄永玉的风景画作品最为著名也数量最多的，就是关于故乡湘西凤凰的

张继诗意 彩墨纸本 1980 年

李白诗意 彩墨纸本 1980 年

李白诗意 彩墨纸本 1980 年

意大利佛罗伦萨长卷（局部） 彩墨纸本 1986 年

湘西凤凰写生长卷（局部） 彩墨纸本 1995 年

月是故乡明 彩墨纸本 1985 年

风景。这些风景画的创作，最初是他回乡时的写生，而这种写生在他 50 岁以后有条件经常回乡后，更为频繁…… ”

黄永玉的感慨是“乡梦不曾休”，其中寄托着他对故乡的深深怀念。黄永玉曾经为自己童年读书的凤凰文昌阁小学的孩子们写过一首歌，歌词中有两句“无论走到哪里，都把你想望”……在散文《乡梦不曾休》中，黄永玉说：“我有时不免奇怪，一个人怎么会把故乡忘了呢？凭什么把她忘了呢？你是放在天上的风筝，线的另一端就是牵系着心灵的故乡的一切影子。”黄永玉一生游走于大地，因为漂泊，所以怀乡，在黄永玉那里，有关故乡的风景画，不仅是传统意

贝多芬第五 彩墨纸本 2011 年

月是故乡明 彩墨纸本 1998 年

义上的风景画，更是寄托着无限乡情的怀旧与追忆。（参见殷双喜《满目青山夕照明——黄永玉的彩墨风景》）

黄永玉在《艺术的空间功能》一文中说到：

“艺术创作要考虑空间的功能性，即一定距离内的充分的感观效果。

电影是这样，戏剧、音乐、造型艺术…… 也是这样，都有这种要求。”

黄永玉青少年时期就酷爱音乐，能会小号、钢琴、口琴、笛子多种乐器，平时乐于收集国外名家乐曲的唱片、光盘，欣赏音乐成为嗜好。2011 年年逾九十他突发奇热，创作了一组表现音乐曲谱的巨幅彩墨画，如《雨・萧邦》、《十二平均律・巴赫》、《贝多芬第五》等。前一幅仅用素色水墨画出曲谱，曲谱间用水墨弹射出雨滴，简洁的画面间，能听到乐曲与雨的交响，

十二平均律·巴赫 彩墨纸本 2011 年

使人们的心灵为之颤动。后两幅则是音乐与绘画交织出来的抽象图景，画面浓墨重彩，色调斑斓而浑厚，若隐若现的曲谱后面有洛可可风建筑，亦有星空、花海和火焰，缤纷的色彩有如音符，弹奏出生命的礼赞和人生的乐章。

黄永玉曾说："我常常专注交响乐中一两层的背景音乐，试着为国画中背景寻找出路。""中国人懂得中国的打击乐，强弱、快慢、疏密、长短…… 其实加上颜色，就是现代美术。"这是画家对音乐的节奏和流畅的时间感在绘画视觉中实践的成果，用墨色和线条的浓淡、枯湿等最简练和概括的形式来传达人类于世界存在之中的感觉。

可以想象，老年黄永玉在创作这些作品时，也许会伴随着音乐的旋律，时而沉醉之中，时而兴奋不已，时而手舞足蹈；也许更少不了那股"老夫聊发少年狂"般的颠痴与放纵，仿佛一生中的酸、甜、苦、辣与悲、欢、离、合，都会在顷刻中云消雾散……

2012 年，黄永玉在他八十九岁时（虚岁），创作了一幅高 500 厘米、宽 385 厘米的巨幅彩墨《春江花月夜》，此作意境取于唐代诗人张若虚的同名古诗，画中表现出"江流宛转绕芳甸，月照花林皆似霰"的歌舞升平气象。我们将黄永玉近期创作的世界名曲抽象作品和中国古诗词写意作品最后一并收入彩墨风景卷。其实，花鸟卷主编徐虹女士曾提出将《雨·萧邦》等作品归入彩墨花鸟卷，《春江花月夜》一画也曾考虑过收入彩墨人物卷，都有一定的道理。最后确定收入彩墨风景卷，是"风景"一词的宽阔容量所致，这其中用意，此刻已十分明了。这一曲曲音乐与绘画的合奏与交响，不正应和了画家"满目青山夕照明"的暮年繁华风景吗？

春江花月夜 彩墨纸本 2012 年

彩墨花鸟

黄永玉一生画得最多的是花鸟画，动静闹得最大的也是花鸟画。美术评论家、彩墨花鸟卷主编徐虹女士说："20 世纪 70 年代的前期到 70 年代末期，画家黄永玉画的猫头鹰和荷花，在中国美术界造成了两次轰动。"

"猫头鹰事件"发生在 1974 年，据黄永玉自己所写材料，是因有朋友要他一幅画，碍于情面，他于是用水墨画了幅"猫头鹰"。他在宣纸上涂了两个"圆圈"，身子大圆圈，加上一个圆圈作脑壳，还有两个小圆圈是眼睛，一睁、一闭，这虽是猫头鹰本身的习性，但画家画得幽默，就引发了种种解释和猜测。这使我们想起画家的处世姿态，无论形势何等严重甚至危险，哪怕已经陷入绝境，都一律幽默对待。就如欧洲那些流浪汉文学中情调，隐含着诙谐的苦涩和反抗的揶揄。

但中国当时的政治环境不接受幽默，幽默的结果就是授人以柄。习惯了匍匐在威权意识形态下的人将此视为不满现实，对领袖不怀好意的证据，由此酿成了轰动一时的"黑画事件"。中国美术馆的展览大厅里，作为"黑画"榜首，黄永玉画的"猫头鹰"和其他画家类似的作品陈列在一起，遭受"革命群众"的声讨。

这是现代"文字狱"的又一代表性事件。它反映了时代环境和艺术的紧张性，艺术的空间被政治挤压，艺术表达自由的权利遭到忽视或被剥夺；艺术创造的基本条件不再是艺术家的个性表现和精神自由的追求。黄永玉以个性表现自己的真性情，必然与这种政治气候下的环境形成张力，不仅黄永玉个人受到批判，只要有一些感受想表达的艺术家都一律遭到压制。"猫头鹰事件"既是一种艺术逆反于现实强加于头上"紧箍咒"的事件，也成为画家黄永玉个人勇气、智慧、才情的象征。他给人留下幽默机智、豪放豁达、勇于发表见解，富于同情心等个人印象。

"猫头鹰"的形式语言，很符合中国人内敛、含蓄而丰富的需求，要说些什么，要说得巧妙，不能太浅也不能太深刻，太浅缺乏韵味，太深老百姓不爱，这种分寸感可以用一个杠杆来平衡，那就是对现实的褒贬。画的内容要是非分明，形象要简练而夸张，删繁就简，一目了然，符合内容鲜明的态度。这些欣赏习惯黄永玉都做到了。此类作品还有《我重复人的语言，但不知道是甚么意思》、《益鸟也》（1978 年）、《瞻印》（1980 年）、《鸱言赚钱》（1991 年）、《为善最苦》、《秋水篇》（1996 年）、《最高指示，不斗行吗》（2005 年）等。

黄永玉画"猫头鹰"，表达的是现代人对猫头鹰的感情色彩和文化想象，包含着个性色彩，以及在解释上的丰富和含混，因为丰富必然带来范围的扩大，含混就有各种可能性。

3

美术编

彩墨花鸟

猫头鹰 彩墨纸本 1983 年

作为个人的表述无疑可遨游在文化交叉的方方面面，也是对涵盖一切的意识形态僵硬封锁的质疑和争取在艺术表现方式上突破的可能性。黄永玉属于经过五四新文化洗礼的一代文化人，他创造的“猫头鹰”经过这一波折，成为中国艺术争取个性解放的文化符号。

黄永玉由彩墨花鸟画引起的第二次轰动是在 1982 年。

粉碎“四人帮”之后的几年里，北京中国美术馆里，接连举办了刘海粟、潘天寿、吴冠中、黄永玉等重要画家的系列展览，这些展览举办的目的是为被“文革”剥夺了创作权利的重要画家们恢复艺术生命。它使人们感受到“文艺的春天”来临了。

“20 世纪 80 年代是复苏和大发展的阶段。既要反思极‘左’的政治思潮带给中国的深重灾难，又要追寻失落多年的人情、人性和民族文化之根；既谋重建，又图发展。一时千帆竞发，万舸争流，目标和道路多层、多向、重叠、交叉，使这一阶段的中国绘画，显出前所未有的纷繁和活跃。”（评论家水天中语）这些展览中有一些是让人们重见睽违十余载的艺术而感到安慰，有一些却给人们的审美惯性带来冲击与震动。“黄永玉美术作品

朝发辰阳 夕宿苍梧 彩墨纸本 2007 年

展”是系列之一，展览中的水墨绘画引起了人们的兴趣，美术界受到震动，尤其是水墨荷花，人们惊异于“荷花也可以这样画”，继而感叹“荷花就应该这样画”。

首先人们惊叹作品尺幅的巨大。一帧彩墨荷花达数米之长，一幅作品可以占据展厅的一面墙壁，这几乎在一般绘画展示中很少见。然而，黄永玉却一次次地将荷花画得“铺天盖地”。

1986年，黄永玉创作高294厘米、宽750厘米的《凤凰涅槃》，作为国礼赠送给日本广岛市。画上一片红色荷塘燃起腾腾烈焰，一只赤色凤凰从烈火中展翅起飞。题款：“天方国古有神鸟名菲尼克司，满五百岁后集香木自焚，复从死灰中更生，鲜美异常，不再死。”

1997年，据龚自珍诗意创作《十万狂花入梦寐》，在高141厘米、宽320厘米的巨幅画里，荷花怒放，几近狂野，花蕊如闪烁的火焰，花瓣占据了整个画幅。画家自小在家乡的荷塘里穿行，留下晴好印象，老年竟居住于“万荷堂”里，荷花在他的梦中，经年累月，一旦绽放，焉能不狂？怪不得画家自命“荷痴”、“荷花郎”！

凤凰涅槃 彩墨纸本 1986 年

1998 年，黄永玉创作《万荷深处》，画幅高 282 厘米，宽 730 厘米，数十片荷叶全部由真荷叶拓印而成，荷花与荷叶的香气扑面而来。

2006 年为湘西吉首大学创作高 530 厘米、宽 1300 厘米的巨幅彩墨画《 芰荷以为裳》，亭亭如盖的大荷叶下，有 24 只形态各异的小鸟，或栖息，或觅食，或张望…… 一派怡然自乐景象。

黄永玉的过人之处是能为别人之不为。一般画家年过八十便不画工笔亦不涉巨制，黄永玉则相反，八十六岁仍为北京荣宝斋创作了那幅高 500 厘米、宽 600 厘米的巨幅工笔彩墨《荷花》（2010 年），只见阳光下、荷塘内，草木繁茂，荷花怒放，好一幅欣欣向荣的盛世花鸟图景。

2011 年夏秋之交，画家在万荷堂挥笔近 20 天，完成高 284 厘米、宽 356 厘米的大型彩墨工笔《九荷之祝》，作为中国共产党建立 90 周年献礼之作。此画有着较为深刻的寓意，画中荷叶在疾风中纷纷倾向一侧，九枝硕大的荷花依旧昂然挺立，傲然开放着。

黄永玉让观众惊叹，他的画法新奇，巨大荷叶用排笔刷成方块形状，加上设色浓郁，结构分明，既有新的西方写实造型和印象派冷暖色等因素融入其中，也没有放弃传统线形和没骨画法，这些艺术手法结合在一起自然而有机地体现了全新的形式面貌，观众还能够接受并觉得有意思。如果只是按传统水墨的方式将运笔的细微变化完全表现出来，墨色与纸相互衬托的晕染效果就会过于细腻，虽然点滴方寸之间变得活泼生动，但从远距离观看这种方式不占视觉优势。黄永玉用大笔，如排笔刷，最大限度地掌控住节奏和空间关系，这就容易在视觉上首先掌握对比尺度和平衡，达到“势”的大效果。然后在细节上加以晕染，比如，在画的反面罩上偏灰淡彩，起到统一画面、烘托主体的效果，而在画的主体上，在荷花的花瓣和花蕊上，点上浓厚的粉状颜料，造成不同的质感。从中可以看到黄永玉在电影剧团的工作经历留下的痕迹，布景、道具、幻灯、气氛，这些都是美工人员为达到效果而“不择手段”灵活运用各种方法的作法。黄永玉的勤奋以及善于吸收各种艺术门类的方法，是保证他作品效果最优化的条件。如，他的作品中水粉颜料的运用，增加了画面的厚度和肌理感，拉开了面与面的空间层次感，为观众站立在画前有走入画中的感觉营造了气氛，这与传统水墨忌用粉色的习惯有明显差异。

展览中，最能表明黄永玉领当时中国画坛风气之先的是作品体现的新颖观念。那是一种多元的文化视野，将传统中国的写意西方现代主义甚至和立体主义某些因素调和使用，将民间艺术的大胆幽默、富有意趣的直率与个人文学情结和诗意相结合等等。画展上那些

十万狂花入梦寐　彩墨纸本　1992 年

九荷之祝
湘西黄永玉
作於北京萬荷堂
時年八十八歲

九荷之祝 彩墨纸本 2011年

出咗乜事　彩墨纸本　1982 年

奔赴　彩墨纸本　1992 年

松树和梅花题材的作品，平面分割加以肌理装饰，对称中寻找变化，丰富而规整的形式趣味大致体现出了他以后这类作品的主要面貌。黄永玉将自己的水墨创作与其他绘画门类的创作方法结合，使得他的作品具有更为丰富和灵活的特点。比如版画讲求大的黑白和疏密关系，从大的结构关系中去安排细节，在简洁的空间里安排线条、节奏等，这种视觉手段用在他的水墨画中，就带来了远较传统水墨更为简洁和富有构成感的特色；而油画讲求的层次和背景铺垫，以及主体突出质感和笔触表现等，都给他的水墨画带来全新的视觉体验。这些方面的艺术实验，预示了新时期中国绘画发展的道路和探索方向，一方面是对传统艺术作个性化解释，另一方面是对西方现代主义艺术采取“拿来主义”态度，这将成为并行的两个系统，互相补充和参照，来推动中国画的演进和发展。黄永玉用水墨荷花作为载体体现了这一水墨现代发展的特点，即突破传统水墨荷花的规范，用清新而富于个性的表现，增添了以往没有的要素，赋予水墨荷花更多的现代意义，表现了当代人和社会环境的关系特点，体现了中国水墨艺术现代化转向所获得的成就。

无论是“文革”黑雾中的猫头鹰，“四人帮”被捕后的《阳秋三绝》，还是 20 世纪 80 年代初期的巨幅荷花，它们都表现了一种精神，一种心绪，一种对社会环境的个性反应。古人有“心画心声总失真，文章宁复见为人”之慨叹，黄永玉的绘画在当代的中国艺坛之所以引人注目，正是由于表现了一个知识分子的坦诚心声，而这正是现代中国文化语境中所稀缺的。从艺术可见其为人，数十年来不违初衷，这就是黄永玉之为黄永玉。

黄永玉水墨花鸟的鸟类，除了猫头鹰、鹦鹉、一些小鸟之外，更多的是所谓“涉禽”——

荷风如水 彩墨纸本 2006 年

依水而生的鹭鸶、鹤、鹳、鱼鹰等。它们在黄永玉画里反复出现，身形纤细，常在空中旋舞，灵活、轻盈，如《荷花鹭鸶》（2004 年）。画家强化了这种特点带来的审美形式感：如膝盖呈圆润清晰的点状，细直的长腿既可以弯折，又如两根火柴似的直线，造成视觉上的单纯美。它们的长嘴又尖又硬，当它们从空中一个优美翻身，头朝下扎入深水里抓鱼啄虾时，尖利的嘴如鱼叉，然而在哺育幼儿时它又如筷子，让嗷嗷待哺的小鸟无饥饿之虞，如《资州鹤》（2006 年），当有来犯之敌时，它就化作钢凿威胁对方，保护自己和幼儿。

相对于黄永玉笔下的猫头鹰的喻义和讽刺意味，这类鸟的形象和习性的塑造和选择，更倾向于一种理想化的意象。从习性上看，黄永玉着重选择它们作为候鸟的特性，那就是随季节变化它们成群结队地集体迁徙，春来秋去地沿固定的路线结队飞行、在空中飞舞时队形的线条变化。在水一方，画家将它们安置在中国南方画家的故乡，他想象它们隐身于荷花水塘、溪畔，或于水草树木浓荫之地栖息追逐，起舞弄清影。在画家作品中，水鸟超凡脱俗的形象和闲适姿态，既反映了他对理想美的寄托，也承继了古今中国文人和画家的审美传统。但黄永玉更以现代人对自然的观察和感受融入审美形式之中，他在作品《奔赴》中题道：“人的悲剧反映在对自己的历史和文化的太过自信。所谓的信义与道德都不过只是摆在书本和嘴巴上的玩意，跟其它（他）动物的真正标准和准则差距太远。比如你尊重和研究过它们的迁移吗？”他通过候鸟迁徙的规律性，在表现人类了解大自然隐秘的同时，更深刻地感悟生命存在的意义以及艺术和存在之间的联系，同时也对现实处境有更深切的体会。

孔盖兮翠旌 彩墨纸本 2008 年

作品《明湖香满》（1990 年）、《何处是归程》（1992 年）、《维身栖海隅亦望云霓》（1992 年）、《奔赴》（1992 年）、《多些安宁》（1996 年）、《扬州慢》（1997 年）等，那些晨雾青山、细雨绿草、淡水明月中，鸟类自由地栖居，以一种略显灰蓝的色调——忧郁、独白式的低语来表现，尤其是《扬州慢》中，鹤舞动、的线条，群飞一行的优雅曲线，与花草的婆娑起舞，共组一幅时间流动、生命忧郁而美丽的图景。他曾在《多些安宁》中提及一种思绪：“离开卑污残暴的人，飞到地球边沿人类不屑一顾的荒滩野水那里去，那里有我们的群。多些安宁，少些忧伤（丙子春日于故乡）。”其中传达了一种与时间有关的生命体验，让人们感到生命的时间与日常我们经验的时间既有联系，但性质又不同。日常时间作为人设的概念，让我们可以算计生命的每一天、每一月、每一年……通常我们说不要“浪费时间”，要“抓紧时间”等，指的就是被用完的、丢失的生命的一部分过程。生命不是时间，生命是具体的每一个细节展现，生命展现自身，展现作为生命的全部价值和意义。

他画的水鸟可以分成两种类型，一类倾向“写实”，一类倾向“写意”。他的写实类的鸟有些糅合了西方写实绘画的因素，比如色彩冷暖的变化，羽毛质地用笔的表现，骨骼和结构的注重等。如《春消息》（1977 年），描绘在一片暗色草木丛中几只刚起飞的白鹭，似乎已经传来草木生长、空气湿润的气息，它们飞翔着，朝向生命的目的地。鸟儿写实的画法体现在翅膀的扑腾开合，羽毛、嘴喙、腿等质感的描绘，结构清楚准确，尤其是鸟儿嘴的平行上下错落，在平面中造成有空间距离的穿插感，具有一种节奏的美感。《览镜图》（1986）中的仙鹤优美颀长的脖颈作为动态的线条，在画面上画出一道道如彩虹般的弧线。一些这类风格的鸟还糅合了民间的绘画因素，在气氛上有吉祥喜庆意味，注重装饰和平面色块，有非常丰富的肌理效果，这使得此类作品具有浓郁华丽的装饰风貌，如《初雪》、《荷生池塘》（1991 年）、《瑞荷图》（1997 年）、《难随诗意青天去》（1998 年）、《闲塘渡鹤景》（1999 年）、《孔雀图》（2008 年）、《孔盖兮翠旌》（2008 年）、《今宵

朝颜　彩墨纸本　2008 年

梦中沧海孤鸿影　彩墨纸本　2006 年

魏源诗意　彩墨纸本　2006 年

月色》（2010 年）等。尤其是《今宵月色》，在形象处理的夸张变化中已经超出一般的民间意味和传统写实的范围，西方立体主义的团块结构加上线与结构的穿插，在色彩上将冷暖色与装饰平面的造型并用，显示出一种人间仙境般的梦幻效果。黄永玉的作品具有丰富和综合的性质，作品除了从西方和民间艺术中吸取营养之外，还与屏幕影像的视觉方式相结合；而在技法上，水墨的含蓄和挥洒又增添了一种传统诗意的表达。这些综合的创作手法，可以在 1977 年的《春消息》中看到，此画背景是绯红的朝霞，群鸟如拉近的镜头中的局部，占满画面的鸟儿显得又大又丰满，并置一起具有平面性。鸟儿的白色羽毛质感很强，笔触挥洒很有表现性，构图简洁明确，富有现代节奏感，在“写实”形态和写意笔法、现代结构与抽象节奏之间取得了一种平衡。这种平衡使得作品能引起

孔雀图　彩墨纸本　2008 年

观众共鸣，这既是他的艺术目标，也是他生活阅历和艺术经验养成的自觉需求。

倾向“写意”的作品较多传统文化的审美因素，或空灵清雅，或雄强峻拔，表现淡雅和清健的韵味，如《有美人兮，在水之湄》（1989 年）、《春潮》（1987 年）、《双鹤图》（1979 年）；或以没骨画法使彩墨互相融合，体现一种清秀和浑厚相间、劲健与雄秀互渗的气象，如《无限江山》（1996 年）、《边秋》（1996 年）、《明湖香满》（1996 年）、《双鹤》（1996 年）、《荷

松风海涛 彩墨纸本 2005 年

花鹭鸶》（2004 年）等。尤其是作品《双鹤图》，既可以看做是用狂草笔墨意象表现墨在纸上游动的节奏痕迹，也可以看做是对运动着的鹤的表现，这种抽象挥洒与视觉节奏相平衡的探求，可以作为黄永玉大写意和抽象意味研究的对象。他的《论作画》（2000 年）、《维身栖海隅亦望云霓》、《奔赴》等，更是对他特异性抽象和写意结合的特点探讨的范例，画中鸟的黑色尖嘴，或宽、或窄、或长、或短，颜色或浅、或深，构成一种如同音乐节奏般的比例和排序，从视觉上看错落有致，如正在被弹奏的钢琴，黑白琴键上下跳跃舞动，构成一幅抽象节奏图景，尤其是背景的空白，使得黑白对比以及点、线、面的关系具有简洁而明朗的抽象结构。《群飞》中鸟儿张开或闭合的鸟羽，散开的毛羽，与背景的芦苇水草互相重叠，虚虚实实，若隐若现，组合成大自然风生水起、永恒运动的节奏。而在《相聚不仅为了谋食》（2003 年）、《资州鹤》（2003 年）中，直线、圆弧线和鸟类结构关系的结合，在类似于立体主义结构的风格中，水墨的用笔用线不仅没有减弱抽象结构的关系，反而使得这种结构更具有质感的变化，圆润、丰腴、饱满，是富有生命触感的表达。《论作画》（2000 年）画里鹤与荷叶、荷花的关系，完全可以当做音乐的抽象符号来欣赏，鹤的尖嘴如最细

的线，随着如铜管乐器般优雅弯曲的脖子转动起舞，指引观者视线方向；那呈矩形的黑色荷叶，好像随着音乐节奏向外向内翻动，起着稳定平衡的作用；鹤的长腿、黑色荷茎，墨线的松紧和间距，与点缀粉色的娇艳花朵组成有装饰感的节奏……黄永玉作品突出表现了这种节奏分明的黑白、软硬、高低、松紧、动静等关系，使具有张力的结构关系对比中有如水的慢板，就如中国诗歌所追求的平实而含蓄的厚美。他曾说：“我常常专注交响乐中一两层的背景音乐，试着为国画中的背景寻找出路。”“中国人懂得中国的打击乐，强弱、快慢、疏密、长短……其实加上颜色，就是现代美术。”这是画家对音乐的节奏和流畅的时间感在绘画视觉中实践的成果，用墨色和线条的浓淡、枯湿等最简练和概括的形式来传达人类于世界存在之中的感觉。

黄永玉绘画的“写实”和“写意”，或者“抽象”，实际上都以想象和夸张、无拘无束又合情合理为出发点，抽象而不走向极限，具象又不落言筌，这里也体现了他对艺术和人生的夙愿：“人不能只看一种东西，看一种东西不快乐。”

（参见徐虹《似花非花·似鸟非鸟——黄永玉水墨花鸟画的艺术特性》

花十三 鸭八只 彩墨纸本 2008 年

4

美术编
彩墨人物

坐着的阿雅　彩墨纸本　1950 年

彩墨人物

“一个人最早接触到的绘画当然是人物画。”黄永玉在《人物和人物画》一文中说到幼年时候和中学分别遇到过一位姓田的和一位高班姓郑的同学，还说到对他们两人画画的“这种美好的印象，在我的绘画生涯中，永远是一种不可及的境界，比我以后成年所看到的作品都要圣洁。我很少像对以前那两位熟人倾注过那么多的崇敬的热情，是充满童心和真挚的再也追溯不到的那种热情”。

我们所见到的彩墨人物画，是黄永玉 26 岁（1950 年）在湘西凤凰画的《坐着的阿雅》、《坐着的两代苟》和《大满沈大大像》，这是他漂泊十余年后，第一次回到故乡时创作的。其风格为 50 年代流行的单线平涂式的工笔样式，前两幅工整而严谨，且略显手法稚拙，后一幅则有点兼工带写的味道，似乎在承接着往后的人物画作品，这几件作品曾于第二年在香港个人画展中展出过，都有着浓郁的民族风味和生活气息。

全国各族人民大团结（局部） 重彩沥金 1959 年

1953 年，黄永玉从香港回到北京后，因在中央美院版画系任教，全身心投入了版画教学和版画创作，未见他画过彩墨人物画。仅在 1959 年夏天，奉命为中国历史博物馆（今国家博物馆）创作大型沥金壁画《全国各族人民大团结》，其实，正是因为黄永玉的水印套色木刻《阿诗玛插图》参加“第二届全国版画展”获得极大成功之后，在美术界享有了一定地位，否则，将这样一件尺幅巨大、人物众多的重要作品委托于年仅 35 岁的版画家，似乎不太可能。可见，黄永玉对人物的驾驭能力是出类拔萃、受人信赖的。

母亲八十一岁像 彩墨纸本 1974 年

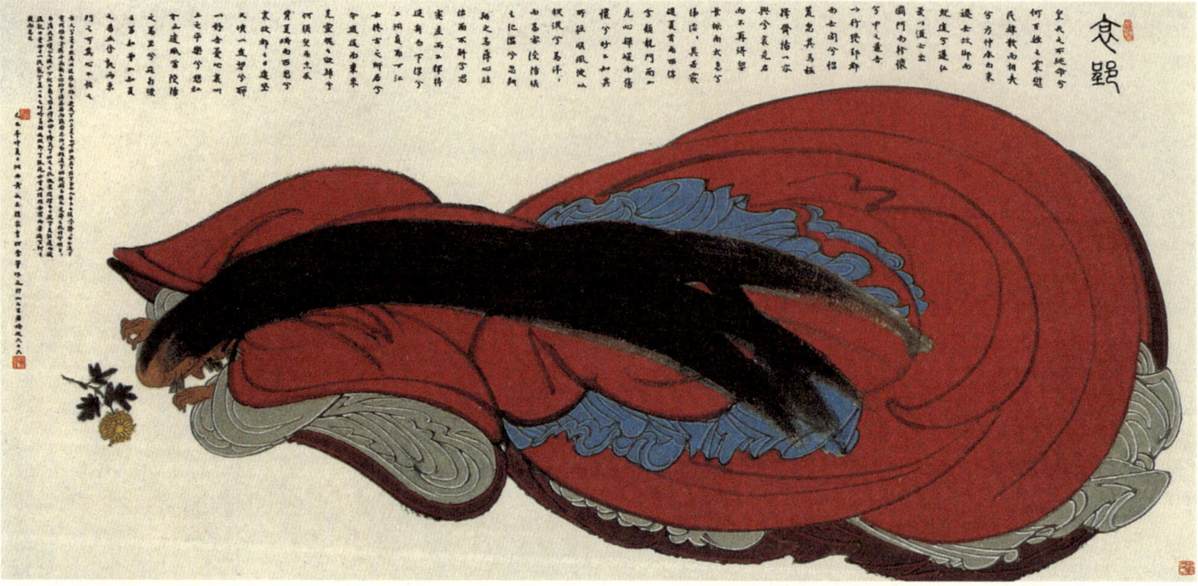

哀郢　彩墨纸本　1989 年

黄永玉的彩墨人物画的创作高峰，是在开始结束版画创作、“四人帮”覆灭之后。“文革”时期仅见《李多奎先生像》和《母亲八十一岁像》两幅。后者现藏凤凰县白羊岭古椿书屋（原黄永玉旧居），都说母亲像画得神形毕肖，其写意水墨技法亦可见一斑。

70 年代的社会大变动、大动乱的时代也是国人灵魂大挪移的时代！热情万千的黄永玉作了一系列以“屈原”为主题的作品。（彩墨人物卷主编、画家秦龙语）

有良知的艺术家、作家在这一时期都处于创作热情 的“井喷期”，黄永玉绝不例外，画与湖湘人有着密切关联的爱国诗人屈原，恐怕是再合适不过的了。

秦龙先生在《侃亭絮语》（彩墨人物卷序）中设计了一段“在下”（作者本人）与“21 克”（自己的灵魂）的对话。

21 克：70 年代是社会大变动、大动乱的时代，也是国人灵魂大挪移的时代。悲情万千的黄永玉作了一系列以“屈原”为主题的作品。

在下：《哀郢》一画画风独特，悲怆而优雅。

21 克：是一件意味深长的作品！

在下：诗人在画面上从右向左，紧紧贴伏在地面，一身穿旧了又舍不得丢掉的朱砂色大袍撑满了画面，大袍子和诗人平整地铺在地面，像被碾子碾压滚过之后……

21 克：65 岁时，他“奋笔”作了此图。

公元前 278 年秦国大军攻破楚首都郢之后，曾在楚国做官后被放逐的诗人屈原为国运险恶（秦军进行了一场冷兵器时代的大屠杀）而痛苦，诗人伏地而泣，为失去生命和灵魂

天问篇 彩墨纸本 1979年

山鬼 彩墨纸本 1993 年

的栖息地而悲哀，涕泪纵横。生命早已过完了一个甲子，美好的希望多次产生又多次幻灭，除了接受强权的统治和压迫，诗人别无选择，文人对权力的依附性和文人的软弱使之只能哀鸣，除此之外，他还能有别的选择吗？屈原深感自己老了，无尽头的兵荒马乱和失宠被流放，他流落蛮荒异地，背井离乡，致使其精神也落到生僻的荒原，长长的须发上挂满了沉重的乡愁。诗人的悲情在 20 世纪的战乱时代中引发无数当代人的共鸣，这共鸣成了远古的回响。悲情积郁成诗人心中的块垒，在情感猛烈地爆发时，诗人悲呼：

“惜诵以致愍兮，

发愤以抒情。”（《九章》. 惜诵）

……

“皇天之不纯命兮，

何百姓之震愆。”（《九章》．哀郢）

在下：当那个你为之效忠的权力中心喜怒无常时，你不过是一介草民，你哆嗦战栗，你手足无措，你无可奈何，你可怜巴巴，你只能可怜巴巴。

21克：《天问》就更有力了，充满追索谜底的生命勃发之力。

画家很会在绘画技巧和文字游戏中设计谜面，终于你会发现那是很大的谜面，解读因人而异，会有不同的解读，会有点难，但并非不可解。三四十年代他年轻、敏感、自信而且无畏，没有财富没有权势，但他有过早磨出老茧的一双手，有一腔求知奋进的热血。

在下：“懂得哪样好吃，哪样不好吃，哪样不能吃。……长了一副咀嚼能力很强的狼牙，在独立觅食的生涯中善于挑拣。”

21克：年轻时他爱上了木刻，爱上了漫画，爱上了文学，终身大爱着并以超常的精力吞食来自各方面的知识。

在下：《山鬼》于1993年在香港画室中创作，在约十平方米的宣纸大画上，是一场瑰丽的倾诉，是艺术家孤独的自言自语。

《楚辞》里有屈原所作《九歌》，为颂神祈灵而咏唱的祭词，其中那“山鬼”一节，表现的是山林女神失去恋人，沉浸在失魂落魄后的愤懑和哀怨中，她落寞无奈、凝神聚气地盯着空无一物的远方。

21克：一个画家的感知与得到感知的心情，是很难用文字表述的。到了使用色彩的时候，你会不由得激动起来。

在下：山林间的画室窗外，树影浓密，巨大的树干耸立，阴影覆盖，郁结于画家胸中多年的复杂感情涌动翻腾，在《山鬼》的巨大画幅前是失落，是幻灭，还是悟觉永生？

21克：画中的女神、仙子、花妖、山鬼于华丽的山林中穿行时充满温情，“山鬼”不是鬼魅，是山林女神；不是妖怪，是美丽聪慧的多情女子。

在下：在画家的笔下她是一位悲伤而冷峻的美人，幻想中的爱情生活被忽略，被搁置，爱情的幻想破灭了。山鬼可以作为一种由于美好理想破灭而失望、愤恨、自恋、悲哀的化身，一种思想、理念的化身，一种没有爱情婚姻的化身，而不仅仅是一个美人，一个失落爱情的女人。

21克：裸露的瘦削纤弱的身影依傍大朵的辛夷花，四周布满了芳馨的石兰、杜衡等香草，赤豹托着她，文狸尾随着她。她身上覆盖的绒毛和两位雄性的怪兽的阴茎都被画家仔细地刻画，庄严而不猥亵，唯美而不色情。幽篁覆盖的青山空旷寂寥，她将永远孤独地守在这大山中，爱情燃烧于此也熄灭于此！这是千百年来无数女人的命运，特别是中国女人的命运。女神的孤独身影后面潜藏着苦闷，郁结着愤怒，欲将终身托付给他的那个人君永远不会出现。

在下：这幅画，不是肤浅的美人画，不像社会流行的那种病态的仕女画，更不是迎合低俗趣味的情色画！

21克：语言或者语境与传统欣赏习惯保持着距离，诗人心中的女神与通常人们表现的山林女神有很大距离。她是一个从丧失童贞的恐惧中逃脱而被奴役的灵魂，是一个不屈服的、刚烈而自由的灵魂！

在下：屈原开香草美人之先河，作为隐喻的象征，他对女性的刻画与描绘，延伸而且升华了人的生命意识。

山鬼 彩墨纸本 1983 年

21 克：古往今来，真是有太多的妙笔，有时虽掺杂了孽障和烦恼，但也寄托了理想和希望。

在下：那可是远古！没有什么文章道理，只有生命的原生态，人之初始，简朴纯洁。

21 克：在古老的中土大地，没有西方人信仰中那种“原罪”的困惑，只有“原食”、“原性”。告子曰：“食色，性也！”人性如此！

在下：线描，是他所有作品的基础！

21 克：用线条稳定了结构框架之后，心里自会不慌不忙，无论再用色彩怎样烘托，混响如交响大合唱，或如重金属摇滚乐似的歇斯底里，他放心从容，大胆前行！

在下：线描，他把线描看得如此之重，早就令在下钦佩之至！许多深奥难解的事物背后竟是一个普通浅显的答案。一场线描，只是太平凡，几乎不被注意。

21 克：线啊，你起于一个点，任由心灵驾驭着朝着什么方向延伸而去，你转折着，旋转着，你飞动着，战栗着。你交织着时间与空间，你交织着现实与梦幻，你交织着严肃与荒诞；你有时刚正而苦涩，有时神秘而缠绵，你结合构造着大千世界，最终却是隐去不再露面……

在下：于线上触发的移情之美，如感染心灵的魔术，是好是坏，人们见仁见智，凭着经验，总会说出个好歹。于潜移默化中，线条之美有着浓重的个人气质，那深藏其中的韵味，是很难用语言表述的。线条运行游动于形骸之内，复制自然的过程也是体会其纯朴天性的过程，不过以线条画出一连串意味盎然的形象，构造出万象飞舞、变化无穷的想象世界后，还得靠随类赋彩、点染丹青来最终完成。

21 克：用色彩去加强空间转换与衔接，顺着定下的调子忽强忽弱、忽浓忽淡地去做色阶变化，用非常传统的方法去渲染，最后沿着形体轮廓的边缘或冷或暖地做一番修饰，再将线条用金或银点缀。

在下：画面上最艳最亮的色彩是用大红加钴蓝调制出的在空中旋转着的花环的色彩，画家谨慎地控制和运用着鲜美色彩之间的对比。

21 克：色彩的运用，大面积的铺陈，有时是浓墨涌动簇拥着色彩；有时将墨减弱令色彩轻盈似光斑流溢；有时又完全是水与墨轻声细语。

……

“屈原”题材画到了《山鬼》（1993 年），也许是因为作品的完美，开始告一段落。

如果以“屈原”为主题的作品是作者怀着悲怆与哀怨之情而创作的，那么“水浒人物”却是一部“取其轻松幽默方便”的“消闲解颐”之作。当然，亦不尽然。

“水浒人物原应在 60 年代初以木刻形式完成，因为绣像方式，风格当较细密精致。

那时我四十出头，心手两旺，‘双百’方针令人踌躇满志，若那时说话算数，工作得以无挂碍顺利完成，或可对水浒说部增添少许颜色，可惜人人有覆巢之危，运动接踵而至，害丧偕亡之期指日可到，哪有心思顾到身外艺技理想？两千多读书卡片，二万块木版材料，事后都随‘文化大革命’一起灰飞烟灭殆尽。”

黄永玉在《< 水浒人物 > 后记》一文中继续说道：“二十八年之今日用水墨写意重新完成这套插图，不免深深感慨。关心我这工作的长辈和朋友大多迟暮凋零，我原企望在大家都还年轻的时候，在完成这部插图后有一个快乐的聚会，都来不及了。真是寸草对于山春的怀念心情啊！”

“我作水浒不遵循旧例。水浒中男女多捣蛋纵酒任性乡民，平日自由天真，自无必要将其往庙堂上拉扯，尽为余当年浪迹江湖时之朋友熟人，街头巷尾，野水荒村，信手拈来，写日常见闻经验，边写边笑，席地而卧，旁设茶酒，或互通新闻，或指天骂娘，混沌乐陶，不觉困惑矣。

因此也庆幸大动乱前未动手刻制水浒，若此，则横祸天降，突惹端倪，而今身在何处亦难逆料也。”

我们在“彩墨人物卷”中收入“水浒人物”44 幅，还有近 20 幅（更具幽默趣味的）收入了“小品插图卷”。

在秦龙的《侃亭絮语》中，又有一段“在下”与“21 克”的对话：

在下：人生中那些“忧郁的碎屑”，就如同暗夜的流星雨划过空中，瑰丽而神秘地散落在所有那些作品中。炎凉世态的酸甜苦辣，他用自己的土办法，用线条把记忆中的形象表现出来。从许许多多纠结着的矛盾中能不能理出一条通往新世纪的明净清晰的路呢？

21克：在于古典传统与现代社会和观念的衔接。

在下：这可是“大画水浒”而不是“大话水浒”，不是插图也不是牵强附会地作图解，那么他做什么呢？民间就是世俗，就是百姓的俗情俗意。这条路会逐渐地清晰和明朗起来，你要让人们接受，就要让人读懂，让人看得下去，且要好看才是。

且看他给这些人物所作的注脚：

宋江——凡事酒醒才清楚明白。

（宋江杀惜）宋江不能不杀，阎婆惜非死不可，张文远何在？

吴用——气象台有时都看不准，你怎么看得准？

林冲——看红缨怒翻芳草，不负朝露夕阳，却怎知来年禁军八十万教头身轻白虎堂。

——少年子弟江湖老，多少青山白了头。

鲁智深——赶出五台山，还有一指禅。

李逵——余五十岁前从不游山玩水，最听人话。学铁牛脾气，只拣人多处杀去，至今老了，才觉得十分好笑！

武松——孙二娘的麻药不济，稳赢的局面弄翻了自己。

石秀——糊涂丈夫加上爱管闲事的朋友，天下如何不乱？

史进——没来由的礼物收不得，没来由的眼泪当不得真。

水浒人物 · 宋江 彩墨纸本 1988 年

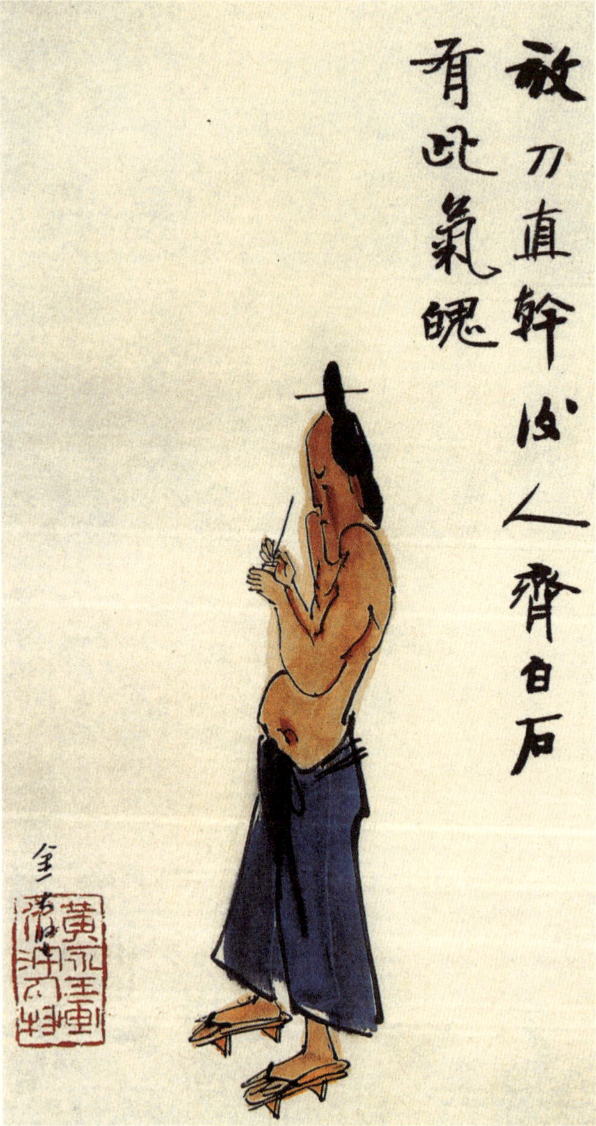

水浒人物·金大坚 彩墨纸本 1988 年

水浒人物·王伦 彩墨纸本 1988 年

张顺——岸上数你，水中瞧我。

解宝——也不想想，老虎是随便打得的？

安道全——上山又下山，赤脚祖宗安道全。

李俊——混江之后，自然龙盘一番。

张横——馄饨饺，板刀面，现做现吃很方便。

郭盛——翻了船的人按习惯都往山上跑。

陈达——口说四海之内皆兄弟，若到了华阴县，这兄弟便没了。

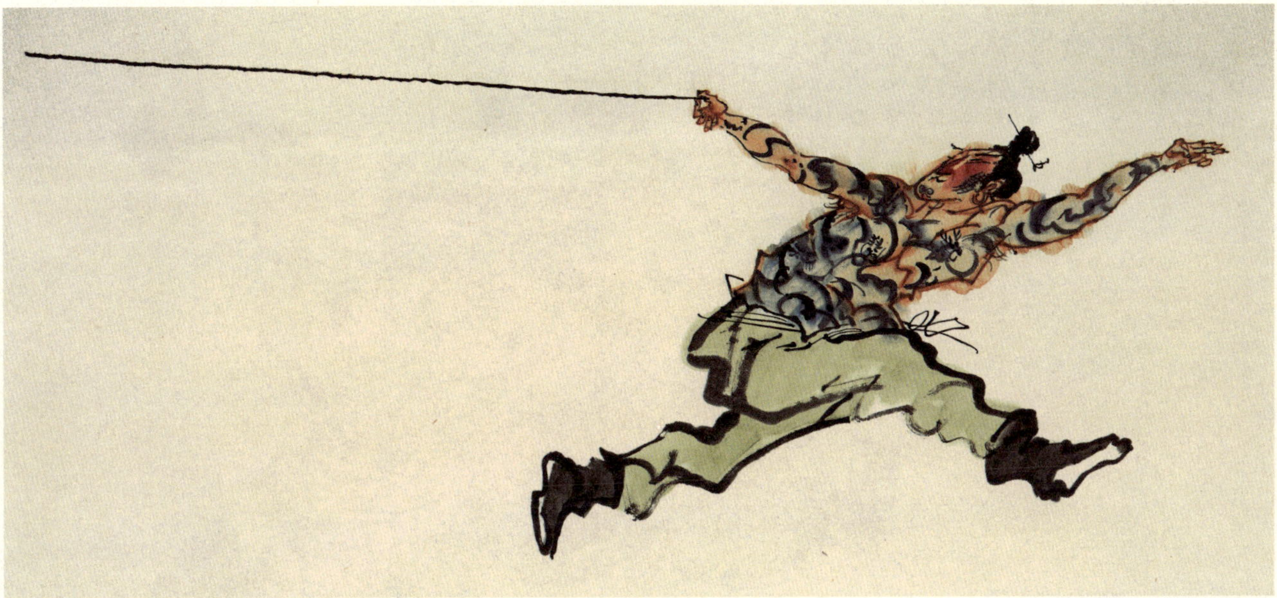

水浒人物·史进 彩墨纸本 1988 年

蔡庆——往往残忍的人也爱花，真使人百思不解。

索超——争个你死我活，结果都是好了梁山。

白秀英——她和知县来往得好，一句话便送了我们。勾栏里学问大大的。

周通——别想不开，新郎倌挨打是常有的事。

陶宗旺——铁锹带上山，合当南泥湾。

宣赞——谁想郡主嫌他丑陋，怀恨而亡，你想这能怪谁？

魏定国——合法放火，天下快事。

朱富——旅游事业，从来智取。

金大坚——放刀直干，后人齐白石有此气魄。

何九叔——世上一天有何九叔，世上一天就有真历史。

宋清——是头领的兄弟，还务啥农？

公孙胜——有了吴用，还要阁下干吗？

高俅——这一脚踢出个小乾坤。

高衙内——自古衙内是老虎，百姓是蝼蚁，有时天气一变，衙内化为蝼蚁，百姓变成老虎，躲闪谈何容易？

王婆——王婆才能，做啥都行。

虽然上不得凌烟阁，也够得着个讯息人才。

西门庆——整整一部四卷本为的他一个人，你说他了不了得？

水浒人物·李逵 彩墨纸本 1988 年

李鬼——冒牌货往往比原作声势还大还夸张。

阎婆惜——政治和爱情，两个最沉重的课题压在一个小女子身上，难道她作出的答案不勇敢吗？

潘金莲——爱了，把我怎么样？

写书的施耐庵也不饶你，一个宋朝的小女子怎么活得了。

潘巧云——男人偷啥都行，唯独女子不能偷，尤其是偷和尚。她哪里也见不着人，不偷和尚偷谁？由古至今规矩卡的都是女子，天下何公之有耶？

燕顺——其实梁山上可成立个吃人肉协会。

在下：《水浒传》，百十位爷百十个样，被誉为“大才子书”当之无愧！施耐庵的充满艺术魅力的笔下的人物，不论你喜欢不喜欢都写得好，站得住。作为文学作品的《水浒传》，它来自中华大地的气场又影响着中国人的文化心理，满足着世俗心理需求，进入了世俗深层的心理结构，通过各种媒体的广泛传播而深入人心，不愧是文学经典。

21克：但是，《水浒传》又是一部政治教科书，贯穿着“替天行道”、只反贪官不反皇帝的情结，

水浒人物・时迁 彩墨纸本

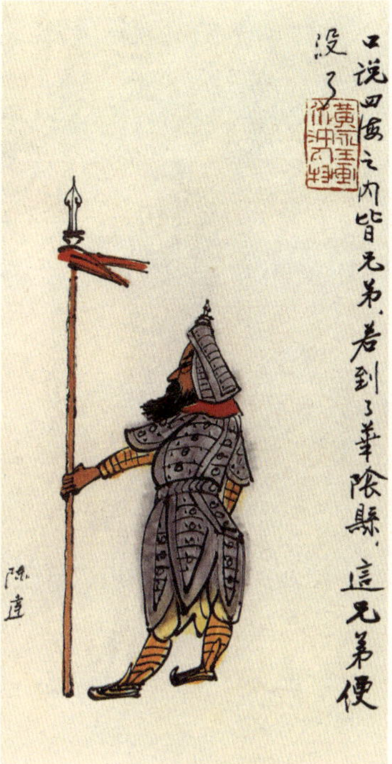
水浒人物・陈达 彩墨纸本

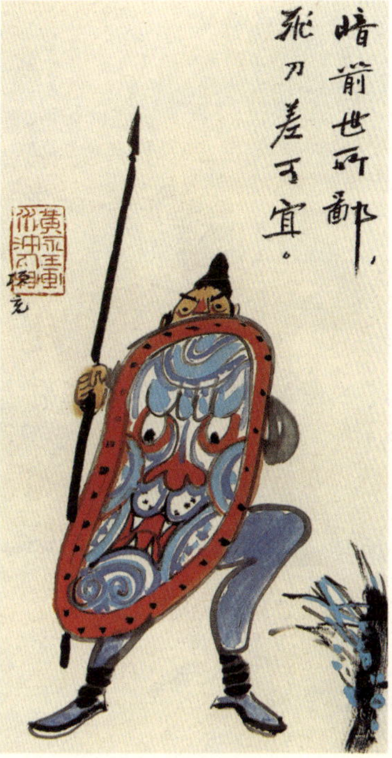
水浒人物・项充 彩墨纸本

水浒人物・高衙内 彩墨纸本（1988 年）

画家冷静地看出贯穿着全书的对“造反有理”的暴力的无条件崇拜和集体无意识的滥杀无辜，调侃“梁山上可成立个吃人肉协会”。

在下：在《大画水浒》近一百五十幅图中，他展现着他对文学作品《水浒传》的喜爱，对其艺术魅力十分钟情。但他又对“水浒文化”保持着道德审判，对“江湖上下”保持着距离，对书中形形色色的人物的命运也是看得透透的。

21 克：他说：“……计划原本从 1960 年开始刻两百幅木刻，两年完成的计划，可惜一幅也没有做出来。连两千多张卡片也丢了。”

在下：从 45 岁到 65 岁，二十多年间他历经大小政治运动，即使是“文革”大动乱也熬了过去，他遍尝苦辣酸辛，感到“《水浒》是一部描写动乱的文学，稍一深入，即觉其中包罗人情至理，众生情状尽显无遗，非仅一部消闲解颐说部而已也。”他对《水浒传》的认识和解读从新作了调整，“我以水墨作此，取其轻松幽默方便，困难处多在不得要领理会所在，且易雷同，解此，则通顺无碍矣”。

（以上文字参见秦龙《侃亭絮语》一文）

水浒人物·陶宗旺 彩墨纸本

水浒人物·朱富 彩墨纸本

水浒人物·何九叔 彩墨纸本

水浒人物·高俅 彩墨纸本（1988 年

在黄永玉的彩墨人物画中，还有几个方面的作品必须提及。（一）古诗词意人物画；（二）道、佛人物画；（三）大尺幅的主题人物画；（四）创作与写生人物肖像。

（一）古诗词意人物画

80 年代初，正是黄永玉创作旺盛时期，这一时期较为集中地画了一批古典人物，尤以古诗词意人物画最多。如《王维诗意·红豆生南国》（1980 年）、《严蕊词意·不是爱风尘》（1980 年）、《崔护诗意·人面桃花相映红》（1980 年）、《李白诗意·耶溪采莲女》（1980 年）、《陆游诗意·志士凄凉闲处老》（1980 年）、《陆游诗意·衣上征尘杂酒痕》（1980 年）、《杜牧诗意·清明时节雨纷纷》（1980 年）、《杨万里诗意·酒力欺人正作眠》（1980 年）、《李白诗意·白发三千丈》（1980 年）、《贺铸诗意·白头翁坐看瓜》（1980 年）、《杜牧诗意·霜叶红于二月花》（1980 年）、《贺知章诗意·少小离家老大回》（1980 年）、《苏曼殊诗意·风雨楼头八尺箫》（1980 年）、《徐俯诗意·小舟撑出柳荫来》（1980 年）等等。

他的这批作品，与他同期画的泼墨山水一样，画得轻松放胆、酣畅淋漓。如《陆游诗意·衣上征尘杂酒痕》一幅，背景采用大泼墨，似使用大排刷为之，似山峰、如疾雨，骑在毛驴上的

王维诗意 彩墨纸本 1980 年

贺知章诗意 彩墨纸本 1980 年

人物则采用工笔描绘，诗词题描整个背景，烘托出“远游无处不销魂”的意境。《杜牧诗意·霜叶红于二月花》好似一幅风景画，画面大部分表现枫林霜叶，除用淡彩渲染之外，枫叶还用粉色厚厚点缀，人物与牛车仅以工笔勾染，居于从属地位，同样重在表现晚秋红叶的气氛。《徐

崔护诗意 彩墨纸本 1980 年

杜牧诗意 彩墨纸本 1980 年

俯诗意 ·小舟撑出柳荫来》一反画古人的常规，画中是一江南村姑，撑着一叶小舟，从柳荫中划出。画中仍以柳树占据大片位置，以披纷的柳叶衬托出“夹岸桃花蘸水开”的优美意境。

也有以人物为主体的图式，如《贺知章诗意 ·少小离家老大回》和《杜甫诗意·公孙大娘舞剑》，是大写意人物画的典范之作。前者在表现离家已久、暮年归乡的老翁与村童时，只细画两个人的头部，身躯却用大笔涂抹，近似抽象的笔墨同样达到极好的效果。后者抓住了公孙大娘舞剑时的瞬间动态，细在头部与手的描绘，衣裙采用大泼墨方法，将公孙大娘舞剑的英姿表现得活灵活现。

（二）道、佛人物画

黄永玉平时喜爱画八仙、寒山拾得、弥勒佛、观音菩萨、布袋和尚、钟馗、刘海等古代神话中流传的道、佛人物。这些人物大都崇善惩恶，法力无边；或仙风道骨，出世于野鹤闲云；或乐善好施，集仁爱于一身，在中国平民百姓心中深深扎根。黄永玉似乎是表现这些人物的能人圣手。你看，他笔下的胖和尚常常面带微笑、开怀敞腹，不亦乐乎；钟馗红袍官帽、手持利剑，令鬼魅胆寒；刘海似一蓬头垢面顽童，手舞贯钱，去追逐那只能给人带来财运的三足蟾；八仙人物 在

尽日寻春不见春 准提庵壁画 2001 年

明镜菩提辩 准提庵壁画 2001 年

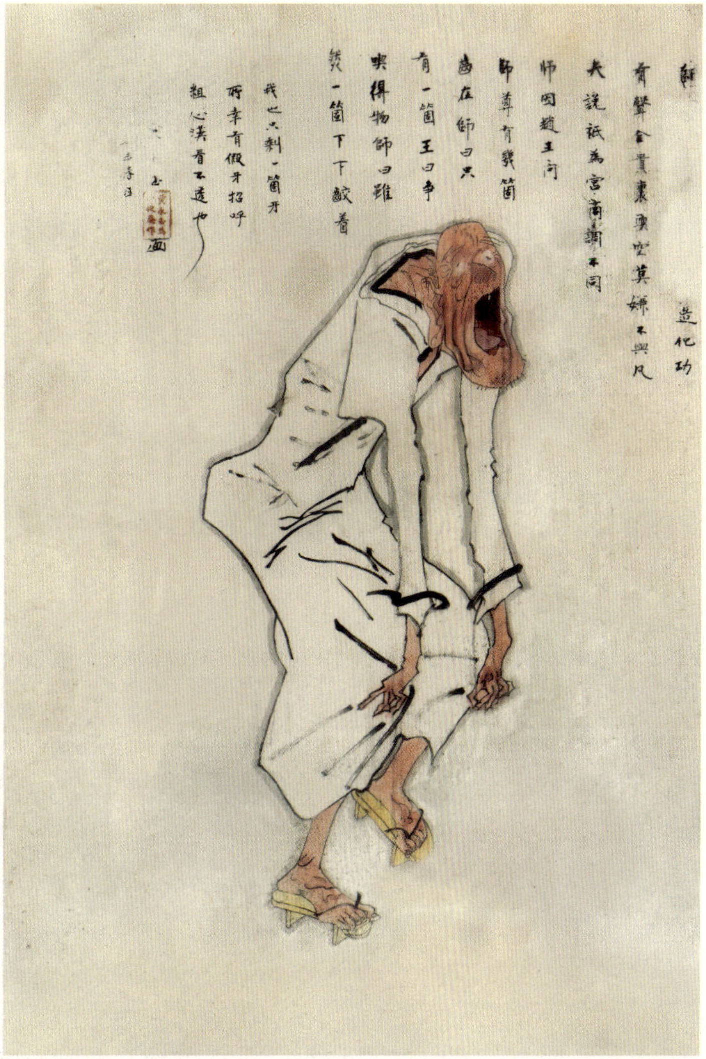

只剩一个牙 准提庵壁画 2001 年

他笔下早已退下了神坛，成为一介草民，划着手工老树根船，准备一齐漂洋过海。黄永玉在《八仙过海图》上题款曰："……何事凑在一起，何事渡海，余鄙陋不得而知。然知其不同朝不同志趣，不同年龄，不同性别，而朝夕共处于民间传奇中已数百年矣。渡海何往？是留学抑或逃亡？如乌尔开希、严家其诸辈，性命交关则不得而知矣。乃知自古即有浮海之举。道不行，乘桴浮海之新闻，又自今日始也。一气而浮，是一款；逃命而浮，又是一款。款款不同。八仙浮海是神仙行为，非凡夫俗子人间烦恼可比，目的亦自不同。惟不明'既是神仙'何必不腾云驾雾而劳筋骨划手工老树根船，难解之至矣。"画家的这一席发问，不免蕴涵着调侃成分，在他的心目中，神仙与凡人常常是位置互换，思维交错着的。在画完《铁拐李》后，他就借民谣发问："葫芦里头藏妙药，背来背去来劳肩膊；其中如果有仙丹，何不医好自己脚？”这便是画家为何要把神仙画成凡人一般的又一极好注脚。

这里还得提及 2001 年黄永玉为凤凰准提庵精心绘制了一组共 10 幅佛教题材的壁画。均以佛教人物及典故入画，采用兼工带写的手法。因系直接画于石灰墙上，色彩无法渲染均匀，勾线后敷彩多留笔触。画中空白甚大，以行楷题上佛教诗词及有关言论。有的还针对现实生活诠释其积极向上的意义，如《照镜菩提辩》、《迷时师渡，悟时自渡》、《白香山叩见鸟巢禅师》、《尽日寻春不见春》等；有的则是蕴涵哲理的情趣片段，如《落花深一尺，不用带蒲团》、《闲采野花供观音》、《人撞铁钟钟撞人》、《今夕复何夕》等。

（三）大尺幅的主题人物画

黄永玉善于驾驭大尺幅的主题人物画。前面提到的《天问篇》（1979 年）、《哀 郢》（1989

三月天 彩墨纸本 2002 年

年）、《山鬼》（1993 年）和未曾提及的《西洲曲》（1997 年）、《聊斋黄英》（2000 年）、《幽塘赏荷图》（2007 年）等，多为单个人物巨制，而《八仙过海图》（1989 年）、《野茶客》（1989 年）、《好茶》（1989 年）、《东风夜放花千树》（1996 年）、《七贤图记》（2000 年）、《三月天》（2002 年）、《无穷动》（2002 年）、《痒宴》（2003 年）、《将军》（2003 年）、《打牙祭》（2003 年）、《红棉粤讴》（2003 年）、《 柘枝舞》（2008 年），则是由多人组合的大场景人物画。由于画家早年创作过不少大场面的版画作品，构图与人物组合能力已有坚实的基础，加之具备过人的造型能力，对这些作品均能得心应手、驾轻就熟。

《东风夜放花千树》为辛弃疾《青玉案》词意作画，表现古代传统节日与爱情的和美场景。《三月天》反映采摘时代劳动妇女的田园乐趣。《无穷动》是根据外国曲名而信手创作出来的，一群动态无穷的女人体组合在百花丛里，画家创作于万荷堂满园花树待放之时，传达出春的躁动。

《痒宴》、《打牙祭》和《将军》均为 2003 年所作，在感叹画家过人的精力的同时，也被这三幅来源于乡野生活、充满民间情趣的彩墨人物巨制所吸引。《打牙祭》和《将军》分别表

七贤图记 彩墨纸本 2000 年

痒宴 彩墨纸本 2003 年

打牙祭 彩墨纸本 2003年

八仙过海图 彩墨纸本 1989 年

野茶客 彩墨纸本 1998 年

现了农家饮酒和下棋的场景。《打牙祭》作于凤凰玉氏山房，九个乡村壮汉围着火锅吃肉饮酒的情形，分明于家乡随处可见，乡情侠义和豪饮的风范似乎最适合以夸张幽默的风格来表现。《将军》表现一群山野村夫下棋，一方将了对方的军，引得男女老少一同快乐，被将的一方自然十分沮丧，有趣的是还有一群与下棋并无关联的人物，也被鲜鲜活活地组织到一幅画面中，这种惹人快乐的场面似乎可以看到民间年画、连环画和漫画联袂表达的影子。如能静下心来细读画中的多处题跋，将会获得许多意外的知识信息。与《打牙祭》、《将军》夸张幽默风格相比，《痒宴》似可归于充满想象力的荒诞之作，系作者于飞花点翠之际忽生异想之遣兴作品，十四名赤膊汉子奇痒难耐的神态令人捧腹，取乐之余能让人思索到一点什么呢？题跋云：“痒到这种光景哪里还顾得上吃喝，乃知世上事痒尚如此，则痛何以堪。故有云‘共患难不易，共安乐尤不易也’之老世故语。”

幽塘赏荷图 彩墨纸本 2007 年

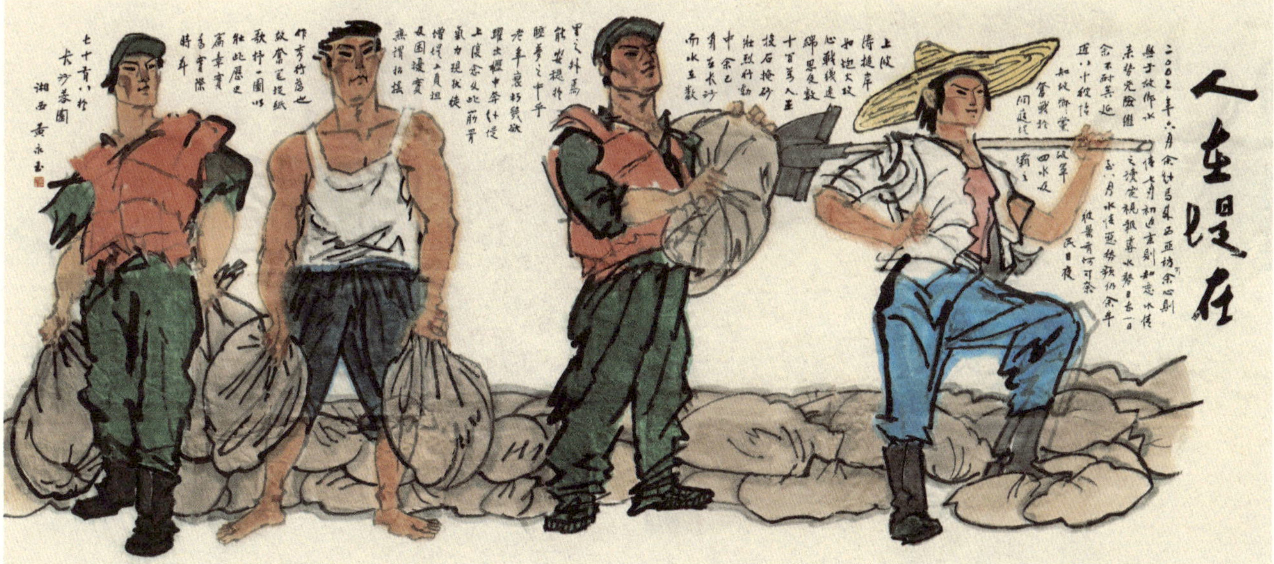

人在堤在 彩墨纸本 2002 年

（四）创作与写生人物肖像

在彩墨人物卷中，有少量创作与写生人物肖像，如 1950 年和 1979 年两次回家乡凤凰所作的人物写生，如前面提到的《坐着的阿雅》、《坐着的两代苟》等，1979 年则有《场上》、《石匠通光》、《苗家少女》、《孩子与羊》、《织花带》、《苗女》等多幅。又如 2002 年和 2006 年，画家分别在万荷堂和玉氏山房为孙儿黄香、孙女黄田所作的两幅写生肖像。从这三个阶段的写生作品看，从工笔到兼工带写，再到写意，可以看到画家的人物写生技法日益成熟的过程，特别是晚年的两幅孩童肖像，技法已达炉火纯青、出神入化的境界了。

创作人物肖像并不多见，仅见《李多奎先生像》（1973 年）和《 大家张伯驹先生印象》（1992 年）两件作品。特别值得肯定的是后者，画上有长长八百余言的悼念文字，字里行间满含对张先生的极高崇敬，画上的肖像，却是一幅幽默的漫画像。此画着意于龙钟老态—— 佝肩驼背，含胸抄手，扁嘴豁牙，花眼迷目，缓步独行。这一切都不是好看的，但却是自然的。粉饰美化产生不了幽默（刘骁纯评语）。

黄永玉还为湘西民间艺人和身边的年轻朋友画过不少幽默色彩的漫画像，我们将这些作品收入了“小品插图”卷。

黄香像 彩墨纸本 2002 年

黄田像 彩墨纸本 2006 年

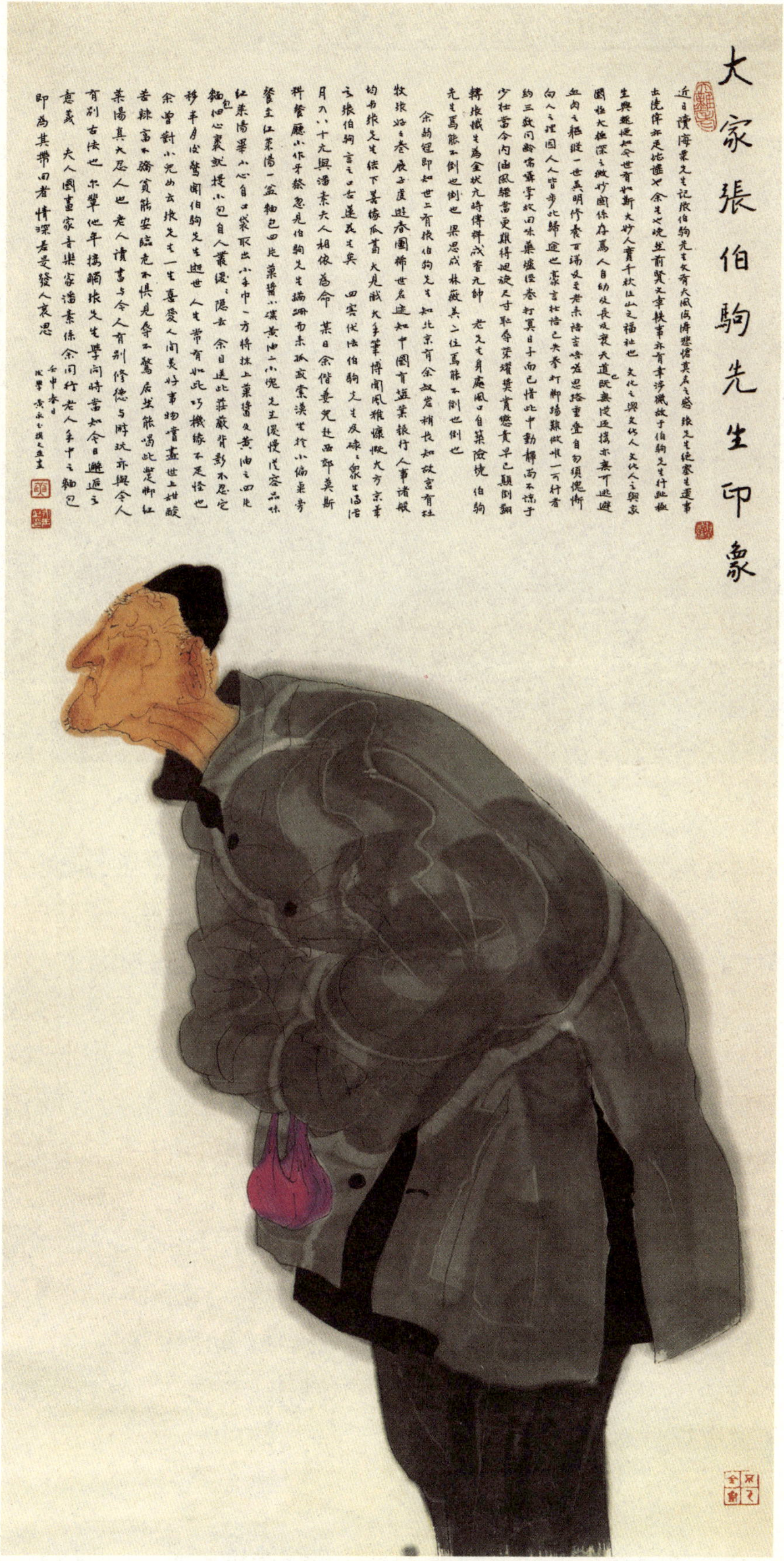

大家张伯驹先生印象 彩墨纸本 1992年

4. 油画家和雕塑家黄永玉

在现代中国的艺术领域中，黄永玉先生是能够自如地驾驭多种不同艺术语言、表达方式的大家，他自由地穿行在多种艺术门户之中，毫无顾忌、天马行空。他彻底地解构了艺术的传统门类的桎梏，将不同的艺术形式还原为表达的材料和工具。

油画和雕塑，作为两种看似区别很大的艺术形式，在黄永玉先生那里也被简化为材料的表达。他说："对我而言，油画、雕塑就是材料的区别。"这个意识一方面是来自西方现代派艺术大师的启示，另一方面则来自民间艺术。在西方现代艺术大师那里，雕塑和绘画没有不可逾越的界限，其实中国的传统民间艺术也是如此。当齐白石作为细木匠艺人时，传统家具上的绘画和木雕对于他也是没有界限的。今天我们在齐白石纪念馆欣赏齐白石当年的作品——雕花木制大床时，都会惊异地看到他雕刻刀下的形象在手法和语言上，同他的绘画作品出神入化的转换关系。

黄永玉先生是一位自由地在二维和三维、平面和空间、水墨和油彩、画布和宣纸中纵情穿越的艺术大家，同时他也能自如地驾驭人物、动物、风景、花鸟等多种题材，从这个意义上说，他是 20 世纪这个美术领域特立独行的现代形态的艺术家。综观同一时代的艺术大家，在这一点上鲜有第二人可以与之比肩。

5

美术编

油画 雕塑

窗口 布面油彩 1967 年

油画篇

油画在黄永玉先生的艺术表达中，是属于绘画范畴的，它和水墨、彩墨、线描并列构成了黄永玉的多彩绘画世界。

发祥于欧洲的油画艺术，有规模地传入中国已有百余年历史，在辛亥革命和五四新文化运动之后，油画是和西学一起在中国传播的。或许是命运的缘故，黄永玉先生并没有像吴冠中、徐坚白等一样，成为留学欧美的艺术学子，赴油画、雕塑艺术的故乡学习油画(1989 年之后，他一度定居文艺复兴的发祥地佛罗伦萨，其时对于欧洲古典油画的正脉，已是另外一种心态了)，这正好决定黄永玉先生对于油画艺术一开始就是倾向其工具材料的意义。但工具材料的使用所体现的成熟的艺术形式，还只是属于形式法则的范畴，艺术还有一个与其同在的精神法则。油画的精神法则体现的文艺复兴精神最核心的就是人文主义的态度，它的内容是人本、人道、人性的真实和阐释，这就是人的发现而至人的回归和解放的历史价值，它体现了把“人和人的关系还给人”的文艺复兴精神和伟大历史功绩。对于油画所体现的这种精神，黄永玉先生作为五四新文化运动时期成长起来的新一代文化人，是渴望并心领神会的。

在黄永玉先生北京寓所“万荷堂”的主客厅的正面墙上挂着意大利安吉利科（Fra Angelico，1387—1455）的著名油画《受胎告之》的高仿印刷品，这是黄永玉购置于佛罗伦萨，并带回国挂在此处的。由此可以看出黄永玉先生对待油画艺术的一些美学层面的态度。作为文艺复兴早期的杰出大师，安吉利科的作品属于“湿壁画”类型。湿壁画材料具有无光泽性质，材料本身就体现出朴实无华的精神，特别适合于强调内在的、形而上的、深刻的精神和情感的主题表达，和文艺复兴盛期、古典主义盛期的油画作品的油性材料相比，在材料的精神性上就没有“世俗性”

的色彩。

黄永玉先生对安吉利科作品特别喜爱，显然是反映了他在油画创作探索上的一些思想意识的。从材料的角度说，安吉利科绘画的无光特质适合他以丙烯作为绘画材料的画法，从表达观念上说，也和他避免“世俗感”油腻性而凸显精神性的精神追求是一致的。

对中国传统水墨画精神有更多感悟的黄永玉先生，对发展到文艺复兴盛期乃至俄罗斯 19 世纪以及苏联时期油画的过度“现实性”而失去艺术的“超逸性”，肯定是持拒绝态度的，这一点决定了他的油画表达在材料和美学上的基本取向。

收入油画雕塑卷中的《窗口》（1967 年）、《荷花》（1974 年）等作品，是现存黄永玉先生早期的油画类作品，其中《窗口》使用油画材料，《荷花》使用丙烯材料。分析上述作品的艺术特征，可以明显地看出，画家的确只是将“油画”当做“材料”来处理的。在《窗口》中画家首先在空间意识上就没有以正宗传统油画的三维空间方法来表现，画家消解了深度空间的关系，在平面化处理的同时，将中国绘画的超时空观念运用于画面，达到了一种超逸的视觉效果。而《荷花》则更加自由，虽然空间意识一如《窗口》，但背景的处理却采取装饰艺术的手法，得到的效果仍然是超时空的。在《母亲》中，画家的空间意识依旧，但造型方式主要运用粗犷老辣的线条，造成了苍茫的韵味，很契合作品的主题。

静物花卉类作品是黄永玉先生油画作品中的主要构成之一。从早期（上世纪 60 年代）到本世纪的作品，在表达方式上变化很大，这个变化反映了画家基于形式自律而展现出的表达语言

荷花 布面丙烯 1974 年

瓶花 纸面丙烯 1974 年

龟背叶 布面丙烯 1992 年

石竹花 布面丙烯 1992 年

的自律性拓展。如画于 1974 年的《瓶花》（丙烯），基本上是用写生的方式一次完成，笔法潇洒、洗练、透明，水彩、水墨、油画韵味兼收并蓄，完整而生动。而比较后期的静物花卉类作品，如《龟背叶》（1992 年）、《石竹花》（1992 年）、《瓶花》（丙烯，2007 年）等，画面则为主观表现所取代，这当然是更高境界的作品，反映了画家精神世界中某种形而上观念。这些静物题材作品，使得油画、水墨、彩墨的画种界限得以消解，而完全复归于“绘画性”本体。

在黄永玉先生的花鸟类作品中，荷花是很值得深入进行学术阐释的。荷花是黄永玉先生特别钟情的题材，在他的艺术生涯中，荷花的表达是始终锲而不舍的题材，而值得特别指出的是，在他表现的众多花卉和植物题材之中，荷花是题材和主题最为整合的表达客体。联系到他将北京的宅第命名为“万荷堂”，就足以使人意识到荷花实质上是他的人格精神的象征物。事实上，古往今来荷花都是中国历代画家喜爱的一个经典题材（但“梅兰竹菊”四君子，却不包括荷花，这值得研究）。黄永玉先生用油画材料对荷花进行阐释，在中国当代油画艺术中是很独特的，如本画册所选的两幅：《荷花》（1974 年）、《无题》（1987 年），就同一位画家而言，也是画家对相同题材完全不同的表达。这至少说明了两点：一是画家是一位实验型、探索型的画家，就艺术年龄而论，画家总是处于青春状态；二是这两幅作品颇能显示画家通过题材来打通中西文化的努力，如果再以他的“墨荷”和“彩墨荷花”作比较分析，画家的文化思考就更有价值了。

风景同样是黄永玉先生喜爱并擅长的表达题材。收入全集的最早作品是《海》（1980 年），这是画家追摹西方印象主义凡·高风格的一件作品，画面上凡·高式笔触和色块的运用非常自如，

无题 布面油彩 1987 年

而仔细品味，其中一些色彩线条的运用，则使人联想到他的黑白木刻中线条的表现风格。

黄永玉先生的风景作品中有一些画家1989年后旅居欧洲的作品，如《里奥纳多·达·芬奇故居》（1990 年）、《罗马最早的黄昏》（1990 年）、《米兰大教堂》（1990 年）、《大教堂小巷》（1990 年）、《凡·高的观念和凡·高的教堂》（1990 年）、《老桥》（1990 年）、《圣契米里亚诺小街》（1990 年）、《圣多明尼哥修院》（1990 年）等。这些作品创作时间都在 1990 年，

里奥纳多·达·芬奇故居 布面丙烯 1990 年

罗马最早的黄昏 布面丙烯 1990 年

米兰大教堂 布面丙烯 1990 年

凡·高的观念和凡·高的教堂 布面丙烯 1990 年

这是画家风景主题表达的一个新高潮，作品中流露出了他对所旅居的文艺复兴发祥地意大利的罗马、佛罗伦萨景物的一种感性的激情和认知，这都不是寻常意义的风景作品，在作品中既有历史的情韵，又有对历史伟人想象性的追思。由于具有饱满的精神和新鲜的感觉，这一批风景

老桥 布面丙烯 1990 年

大教堂小巷 布面丙烯 1990年

凤凰三月 布面丙烯 1996 年

圣契米里亚诺小街 布面丙烯 1990年

圣多明尼哥修院 布面丙烯 1990年

皮耶托·路易奇兄弟 布面丙烯 1990年

画使画家的创作进入了一个新表达境界。这不是一批以感官愉悦为目的的风景画，其中饱含哲思、文理和音乐的韵味。在语言风格上极富表现主义油画的力量感和节奏感，但却不类西方表现主义的风范。事实上这是画家“私立法则”下的自家语言，我们无法将其归类为某家某派，或许可以说这是画家的“师心自用”，但在这里也无狂狷之意。

如果我们将黄永玉先生这一批上个世纪90年代初的风景画的“表现主义”倾向作一个有学术意义的深入分析，我的结论是：由个人的文化精神而生长出来的具有东方意味的表现主义。

在创作风景画作品的同时，黄永玉先生又画出了一批以欧洲为主题的人物画作品。这一批作品在黄永玉先生的绘画生涯中十分特殊，原因是它们不但是外国人物的，同时又多为主题性的。这种作品在过去是少见的，如《他乡》（1990年）、《一家人》（1990年）、《皮耶托·路易奇兄弟》（1990年）、《邻居派派》（1995年）、《达·芬奇和他的自行车》（1995年）、《圣塔玛托山居胜景图》等等。这批作品无论对于研究黄永玉先生个人的精神世界，还是个人的经历都是值得高度关注的。画家在表现主题和表达方式上对自己有所超越和突破，从精神内容的角度说这是一批饱含画家文化理想、政治反思、个人救赎以及某种宗教情绪的作品。如果研究20世纪一个特殊时期中国知识分子的精神状态和政治取向的话，黄永玉先生的这批作品是极好的视觉艺术证物。

《他乡》是一幅人物较多的主题性作品，画家采取了形象塑造加情节叙事的方式。在叙

他乡 布面丙烯 1990 年

事方式上画家不惜借重文学的描写方法，将正在佛罗伦萨山冈上支着画箱写生的画家本人（肖像式）和围观的佛罗伦萨人（邻居、新朋友或路人等），以情节组合在一起，严肃庄重而又具有符号特征的画家本人和谐趣善良的欧洲老人、妇女，稚气的儿童，以及通人性的狗，组成一个感人的画面。“他乡”的标题和严肃庄重略带思索状的画家，提示出了作品深刻而又复杂的主题，尤其是画家神情和周遭欧洲人表情的对比，更使此时画家的内心世界得到充分的表现。

一家人 布面丙烯 1990 年

邻居派派 布面丙烯 1995 年

达·芬奇和他的自行车 布面丙烯 1995 年

为了太阳，我才来到了这个世界 布面丙烯 1990 年

这幅作品更深刻的内涵，还在于画家回到情节叙事方式的动机中所隐含的画家在 1989 年后的思想苦闷的启蒙主义意义。

《皮耶托·路易奇兄弟》（1990 年）是一幅肖像题材的作品，无疑他们是画家旅居意大利佛罗伦萨时期所结识的新朋友，这是一幅很有性格力量和人性的感染力的作品，并且在语言上是将“表现”和“写意”熔于一炉的作品。

《为了太阳，我才来到了这个世界》（1990 年）是画家所创作的一幅极富悲剧精神和正义感的作品。通过这幅作品，画家坚持一生的“审美的人生态度”的原则，为自己所突破和超越，这幅作品的出世，使人们自然地想到了欧洲艺术思想中的“广义政治学”的传统，即为良知、自由、尊严而不顾利害，拍案而起的抗争精神。这幅作品是可以归类为政治性主题作品的，但却是一幅自律性的作品，画家的政治诉求完全合乎欧洲“西马”大思想家马尔库塞“只有成为自律的艺术，才能和政治发生关系”的“寻求人的现实解放的广义政治学”（见马尔库塞《审美之维》，李小兵译序）的定义。

撅屁股的女人 布面丙烯 2006 年

女人与猫 布面丙烯 2006 年

花一般的梦 布面丙烯 2006 年

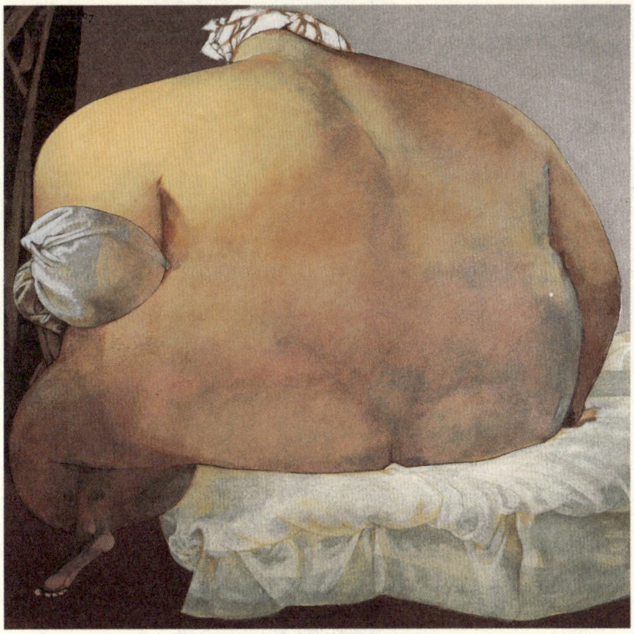

与安格尔对话 布面丙烯 2007 年

第一春 布面丙烯 2007 年

在人物题材的创作中，黄永玉先生的《撅屁股的女人》（2006 年）、《女人与猫》（2006 年）、《花一般的梦》(2006 年)、《与安格尔对话》（2007 年）、《第一春》（2007 年）等作品，都是以女性人体为主题的作品。在这些作品中画家使用多种表现手法，有新古典方式、表现主义方式和魔幻现实主义方式等，语言的跳跃，显示了画家的表达激情和心灵的投入。这是一批需要从生命意识、性心理和潜意识角度解读的作品。品读这些作品，使我自然地想到毕加索晚年的同类作品，以及陈列在法国奥赛美术馆库贝尔晚年的著名作品《创世记》，从世俗的伦理禁忌角度看这些作品，或可曰“不雅”，但这只能是世俗之见，它绝不能成为审美的判断，在这里艺术家所表达的只是人性的真实和深度而已。

雕塑篇

黄永玉先生一生钟爱雕塑。在《黄永玉自述》（大象出版社，2004 年版）中他自称“文学在我的生活里面是排第一的，第二是雕塑……”。同样是在《黄永玉自述》中，他还进一步说道：“为什么我喜欢文学，喜欢雕塑，而绘画摆在最后呢？因为绘画可以养活前面两样行当。”

《黄永玉自述》这两段关于雕塑情缘的文字，说明了黄永玉先生的艺术世界中雕塑的位置的重要性，但笔者认为，人们切不可对其作简单的理解，齐白石和吴冠中都说过为人们熟知的同样意思的话，且都是不约而同将自己誉满天下、名垂历史的绘画成就摆在后面，这当然有内心真实的一面，但更多的则是他们心结和心理意识的表达，其中并无厚此薄彼的意思。但是黄永玉先生爱雕塑却是非常真切而执著的。这是一个滋长于童年的兴趣和夙愿，在《黄永玉自述》中黄永玉先生有一个《关于我的雕塑》的篇章，说的是自己一生与雕塑的情缘。其中有一段记叙使用了画家特有的语气和笔调：

“我小时候有个难堪的名字，叫做‘黄逃学’。逃学出名的原因虽并非全因为站在那些作坊门口看师傅们雕菩萨，只是我对这些工作醉心地心领神会，却信心百倍，终身得益。”

这个生成于童年的愿望和情结，使艺术家“一辈子想的就是雕塑”。（见《黄永玉自述》）

这种源自童年的对雕塑艺术特殊的经验，在黄永玉先生的心中留下了深刻的记忆，同时也激活了生命意识中做雕塑的原始冲动和激情。旅法著名雕塑家兼哲学家熊秉明先生说：“每一个时代，每一个民族都在雕刻上表现了他对存在的认识……有史以来的雕塑

阳光 雕塑

无不是追求生命的（存在的）强度和持久。”（见《熊秉明美术随笔》）这是作为哲学家的熊秉明对雕塑和人类关系一种深刻的哲理阐释，用它来解读黄永玉和雕塑的关系非常贴切，它说明黄永玉先生和雕塑的关系可以进入“艺术和生命”的层次去认识。

在《关于我的雕塑》（《黄永玉自述》）的文章中，黄永玉先生以生动而幽默的笔调记叙了自己的人生和雕塑的故事，这篇可以当做黄永玉先生雕塑小传来读的文章，文辞简练但意味深长，在这里再好的评论，也不如引用他自己的文字：

“弄这玩意真顺手、真痛快！雕塑艺术的确具有一种神力，跟文学、绘画完全不一样！”（《黄永玉自述》）

雕塑艺术在学科意义上是与油画并列的外来艺术形式，在中国的美术学院中，雕塑系的学生按学科要求，要受比油画等其他学科更严格的训练，首先在学制上就多一年。正因

自塑像 雕塑

风 雕塑

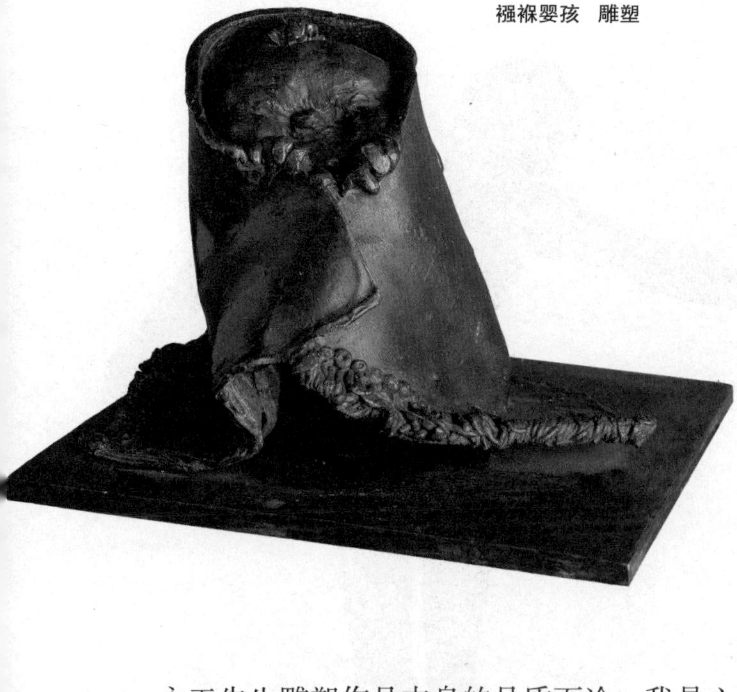

襁褓婴孩　雕塑

为雕塑艺术严格的学科训练要求，所以在美术界，雕塑艺术家，业余学成和自学成才者十分罕见。另一方面，雕塑艺术还需要比油画等绘画艺术更多的物质条件和制作程序，因此从这些方面而论，黄永玉先生做雕塑，还是“暮年才得偿夙愿”（《黄永玉自述》），并且不是“玩票”地做几件，而是达到出专集为专家侧目的程度，那就不啻是一个带传奇色彩的故事了。

在黄永玉先生全集之中专门设置雕塑分卷，完全是根据他的作品规模和取得成果考虑的，作为专集的编者，以黄永玉先生雕塑作品本身的品质而论，我是心安的，并且相信，鲜有人能轻置否词。

在本文的“油画篇”笔者论及黄永玉先生的油画作品的成就时，谈到作为画家的黄永玉先生，突破和超越画种樊篱的自由创作境界的一些论点，但油画、水墨、版画或者彩墨都是在二维空间范畴中的艺术创作，雕塑是三维空间中的艺术，它首先遇到的问题就是空间维度和空间观念的转换。如果从水墨到油画的难度，可以简化成“材料和工具”（实际并非如此简单），那么一旦进入雕塑就不是材料和工具的问题了，它要突破的是从平面到空间的物理维度和空间观念。前者关乎自然哲学，后者关乎观察方式，都是革命性的转换。

童年不再　雕塑

对于这个问题的进一步分析，首先还需要从黄永玉先生自己的认识出发。在《黄永玉自述》中有一篇《艺术的空间功能》，谈的并非雕塑，而是大艺术的范畴，戏剧、音乐、造型艺术等。读了文章，就对黄永玉先生关于艺术的空间意识有了认识，于是对他能由二维空间转换到三维空间的疑问，就豁然开朗了。概而言之，是庄子式逍遥游的境界，超人的想象力、感性的方式，使

离别 雕塑

人子 雕塑

黄永玉先生进入精神的大自由状态（或曰哲学的自由王国），这个超越了语言、形式、法则、内容等等艺术要素的精神大自由，在艺术表达上赋予了黄永玉先生天马行空的能量和自由。

用学术归类的方式分析黄永玉先生的雕塑，其精神资源和形式资源，首先是来自民间木雕，是故乡凤凰“……东门到南门沿街墙的那一条‘边街’。整条街都在为周围各县庙宇雕刻菩萨，非常兴旺发达”。黄永玉先生一生的文化态度都比较关注民间和乡野，他是在精神上具有深刻民间情怀和草根意识的大艺术家，他是专业中的异类，学院中的“左道”。但作为一个现代意义的知识分子，他同时又具有学术正统的认知，所以从这个角度看，我们又可以在黄永玉先生的雕塑艺术中看到罗丹，看到布德尔，看到贾科梅蒂以及云冈石窟、昭陵六骏、霍去病墓石雕等等，而这正是黄永玉先生的雕塑艺术与雕塑学术正脉的文化渊

春雨 雕塑

微笑含花 雕塑

源的一面。

黄永玉先生的雕塑艺术从美学意味上说，总有一种幽默和谐趣的自然流露，这显然与他早年的漫画经验相关，同时也是民间雕塑艺术的喜剧倾向赋予的，但这种幽默谐趣、喜剧倾向都可以隐约地看到悲剧性的底色，正是这个底色使他的雕塑具有了精神的深度和智性善的特征。

在黄永玉先生的雕塑艺术中，充满谐趣、民间性幽默，甚至带有漫画色彩的作品是他前期创作的主要特色，《自塑像》系列、《童年不再》系列、《上山下乡的孩子》之一和之二、《襁褓婴孩》、《得句》、《苦吟》等等，都属这个类型。这些作品采取表现和写意相融合的手法，强调人物神情动态，手法夸张而凝练，粗豪而不失审慎，自成一格，独具风情，不

十二生肖 雕塑

但丰富了中国当代雕塑艺术的风貌，也是中国雕塑领域具有独特风格化价值的佳作。

《献花》、《微笑含花》、《人子》、《希望》、《阳光》、《春雨》、《和平之花》等作品，则体现了一种庄重严肃的美学风格，和前述作品构成鲜明的对比。这是黄永玉先生精神世界中深沉、悲悯、良知的一面，具有象征意味的形式表达，体现了艺术家对人类、祖国、道义、自由、历史等崇高主题的价值追求，和油画的此类作品一样，是他艺术精神法则中“广义政治学”的表达。

《青年英雄王湘冀》、《听说一种叫做自由的东西》、《春日不远》等作品，表达了

凤凰（凤凰县城雕）

艺术家的人格和气节，以及对人类、民主、自由等普世价值的认同。

黄永玉先生对动物主题有特别的偏爱和感觉，个人偏爱和中国传统文化礼仪习俗的结合，使他以绘画和雕塑的形式，分别做了一个系列以“十二生肖”为主题的作品，这个持续了十余年的年度性的创作活动，使黄永玉的艺术活动产生了广泛的社会文化影响，可以说是审美社会化和艺术大众化的一个现代传奇。

黄永玉先生在雕塑艺术的创作上兴趣广泛，形式题材多样，雕、塑、刻都能驾驭，都有佳作，圆雕、浮雕均有不少引人注目的作品。其创作精神之旺盛、探索激情之热烈，常常为同行所感佩。

（全文摘自邓平祥《在二维和三维艺术空间中自由穿行——黄永玉先生油画雕塑艺术略论》）

5. 小品、插图画家黄永玉

黄永玉从 6 岁开始，就喜爱看漫画杂志，半懂不懂地看《时代漫画》、《上海漫画》。青少年时期崇拜漫画家张光宇、张正宇、叶浅予、张乐平，他说自己的“美术事业”是从漫画开始的。他还说：“我最喜欢反映生活情趣的漫画，批评了，却把人的情感调得又浓又稠，培养着人们重要的品质——幽默感。”

我想黄先生将幽默感视为一个人的重要品质，这与他经历了漂泊与磨难，看透了世态炎凉，修炼出乐观、开朗、睿智、幽默的秉性有着密切的关联。黄永玉一生中并没有过多地去画批评性的漫画，他笔下的人物画几乎都充溢着幽默感，他笔下的动物亦表达出盎然的情趣。进入老年后，他画了不少富有幽默感的水墨小品作品，如《德国旅行手册》（1993 年）、《醉中八仙》（1999 年）、《牛顿玩笑》（2004 年）、《出恭十二景》（2005 年）、《十二生肖挂历》（2006—2012 年）等等。对于这类作品，黄先生都不愿意称之为“漫画”，这本分卷原来称“漫画·插图卷”，黄先生建议将其中“漫画”改称为“意象画”或“小品”，后来确定为“小品”，或称之“幽默小品”。

从“漫人像”到版画作品的幽默感

1948 年，作为青年木刻家的黄永玉旅居香港，一方面参加美术活动，一方面也与香港电影结下了不解之缘。1951 年他以“黄笛”的笔名发表喜剧电影小说《儿女经》并被搬上银幕。

与此同时，黄永玉在《长城画报》上，分别以“黄永玉”、“永玉”、“张观保”、“观保”等名字，发表了数十幅速写，其中有风景、影人漫画像等。当时香港电影界众星熠熠，刘琼、龚秋霞、顾而已、夏梦、石慧、舒适、韩非、陈娟娟、万籁鸣、万古蟾等，这些活跃在香港的明星与导演，都成了黄永玉速写的对象。

当我向他提及这批明星“漫人像”时，他谦逊地说，画得不好，不要选登了！我们坚持选入了几件作品，觉得会增加一些文艺情趣和对往事的追忆。应该肯定这几件明星“漫人像”在他的笔下表现得惟妙惟肖，虽然夸张的成分不大，这其中也许包含着年轻一辈对影星的敬畏，但都刻画得分寸适度，神形毕肖，如顾而已的持重和大度、韩非的干练与帅气，夏梦的俏丽、石慧的端庄，以及小童星黎小田的憨态与稚气均表现得淋漓尽致。

黄永玉的一生热衷于“漫人像”，与他早期的“漫人像”比较，后来的作品更注重略貌取神，手法愈加洒脱放胆，让人观后忍俊不禁，继而拍案叫绝！“漫人”的对象逐渐由

7
美术编
小品　插图

明星转向家乡的父老乡亲和身边的故旧新朋（除了喜剧演员陈强、陈佩斯父子等少数几位之外）。现藏于凤凰万寿宫的《九老图》（1983 年），以漫画式的速写记下了当时仅存的 30 年代文昌阁小学的同窗，待到 2006 年，画中的九老只余下四位了。“历尽劫波兄弟在，剩一个算一个，这怕也就算是历史了罢！”黄永玉唏嘘不已，个中滋味不言自明。还有湘西民间艺人《刘大炮像》（1995、1996 年）、《聂方俊像》、《单海鹰像》（2003 年）等，都能抓住对象的容貌特点，极尽夸张之能事，让人击节称妙。为“万木斋”主杨昌平（绰号“猪娘”）所作漫画像（2007 年）则抓住了主人翁“大腹便便”的特征，活脱一名乐观可爱的老板形象跃然纸上。后来听“猪娘”本人说，经过复制的“猪娘”像也被偷盗过三次，可见其作品惹人眼馋。

在意大利翡冷翠为邻居所作《霍大侠》画像（1990 年）和在巴黎为故友郁风所作的《郁风像》，是较为完整的漫画肖像佳作。

聂方俊像　彩墨纸本 2003 年

单海鹰像　彩墨纸本 2003 年

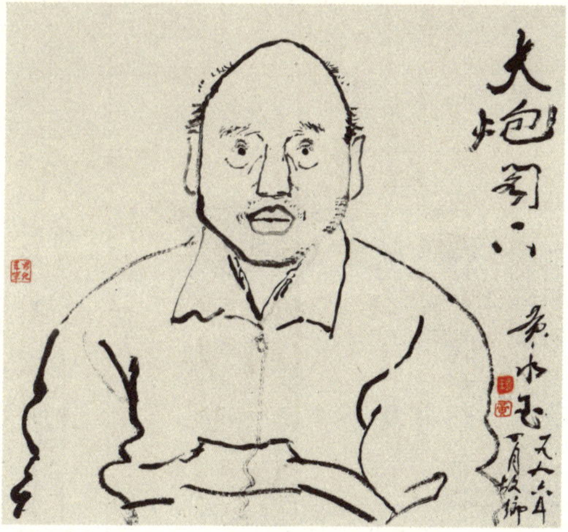

大炮阁下　彩墨纸本 1996 年

杨昌平（猪娘）像 彩墨纸本 2003年

它们的共同特点是充分地发挥了“漫”的手法，将对象的容貌特征恣意夸张到有些“丑”的地步。作者的高明之处在于让画像“丑得可爱”，最终让对象欣然接受，直至爱不释手，作为珍品保存。

一组广州石磨坊青年雕塑家“漫人像”（2004 年），采用水墨写意方式，将各人的形象表现得个性十足、神态各异。《醉太平》（1998 年）和《块肉余生图》（2011 年）都是为收藏家陈岩作的漫画像，前者表现了对象的醉后憨态；后者则抓住了对象“块肉”特征，无须过多夸张，便将其背影生动再现，亦成佳构。

从《德国旅行手册》到《十二生肖挂历》

创作真正意义上的幽默小品（组画）是黄永玉步入老年才开始的。在他 69 岁那年，一套《德国旅行手册》幽默组画（1993 年）在国内发表，让人耳熟能详。年近七旬的他作为“背包客”旅行德国竟有几个月久，经历了不懂德语、街头画画、畅饮啤酒、吃洋餐、不慎被盗、无处报警等遭遇，最后以“甚么事都没有发生，一切很好”结束。颇有意思的是其中有八幅图与吃洋餐有关，是不是在德国吃的印象最让人记忆深刻？不得而知。这套组画的成功之处，是人物神态的生动描绘，尤其是主人翁被盗与被抢后的尴尬形象，被刻画得入木三分，使人难忘。

《牛顿玩笑》（又名《牛顿春秋》）作于 2004 年，那一年他刚满八十，某一日真好兴致。黄永玉在题记中说：“作此十二张画乃一时动机，与任何学问毫无关系，与苹果亦无关系，只

德国旅行手册　彩墨纸本　1993 年

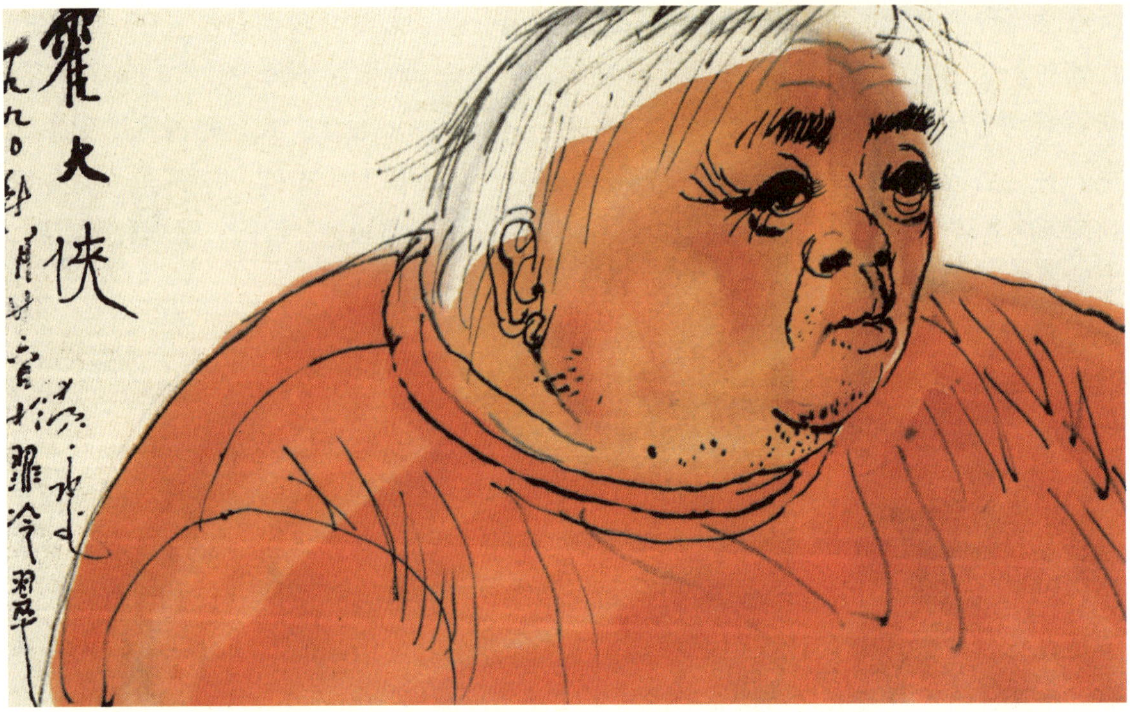

霍大侠　彩墨纸本　1990 年

醉太平　彩墨纸本　1998 年

牛顿玩笑 彩墨纸本 2004 年

是一张复一张画下去，直到深夜。卢申作陪，当做讲笑话而已。”

进入老年后的黄永玉对挂历发生兴趣，也许是受到十二生肖的启示，大都将幽默组画编成十二幅，如后来的《出恭十二景》和从 2006 年开始画的“十二生肖挂历”。《牛顿玩笑》亦分作十二幅，作者避深就浅，避繁就简，将深奥的科学原理和学术问题转化为幽默笑谈，让大科学家牛顿的苹果定律走出庙堂，成为妙趣横生的怪诞场景，这其中的玄机与妙处，恐怕只有作者自己明白。

《出恭十二景》（2005 年）亦为黄永玉晚年闲来之作，初见此作是 2010 年 8 月在万荷堂黄老会客厅的洗手间里，由原作缩小后的复制件将洗手间挂得满满当当，出恭的画面原本是难登大雅之堂的，也许出于这个缘故未见发表。凡见过它的人都会发出会心一笑，觉得特别有趣。我比较喜欢《沅水之夜》和《湘西桑植一带私家茅房》这两幅。前者画夜泊沅江的小船上一位“块肉”出恭于船艄，夜空星星点点，大俗的情形被弄出了雅致的诗意；后者画一快乐老者蹲于一高高的木桶上，木桶前有长梯，老者叼烟的快乐能让观者快乐……这难道不是作者才情的非凡

出恭十二景　彩墨纸本 2005 年

之处么？

正是从 2006 年开始，黄永玉开始了每年一套的生肖挂历的创作，且乐此不疲，由丙戌狗年起头，依次创作了猪、鼠、牛、虎、兔、龙、蛇将近七个年头的生肖挂历。也许是出于对狗的偏爱，从狗画起，便一发不可收，真有点“老夫聊发少年狂”的气势。

狗年挂历开头题了一名含义颇深的话：“狗和人，你讲句公道话，谁真诚？”

之后的十二个月，便将与狗有关的民间俗话和歇后语——画得有滋有味，其中八月的那幅给人印象特别深刻，画的是一条夹着尾巴的流浪瘦狗，题曰：“印象派画家莫奈说：不希望自己的儿子成为画家，以免丧家犬似的穷困。”

丁亥猪年挂历也有别致之处，开篇有一段“关于猪的介绍”，将猪与人类的密切关系和猪在历史上的种种称谓来了一个大盘点，让你获得不少知识，也开了眼界。而“猪鼻子插葱——装象”、“猪卖爱情人收钱”、“超生大户”、“人自己减肥却怕我瘦”、“老

《十二生肖》（不小心多画了一幅猫） 彩墨纸本 1998 年

狗年挂历八月　彩墨纸本　2006年

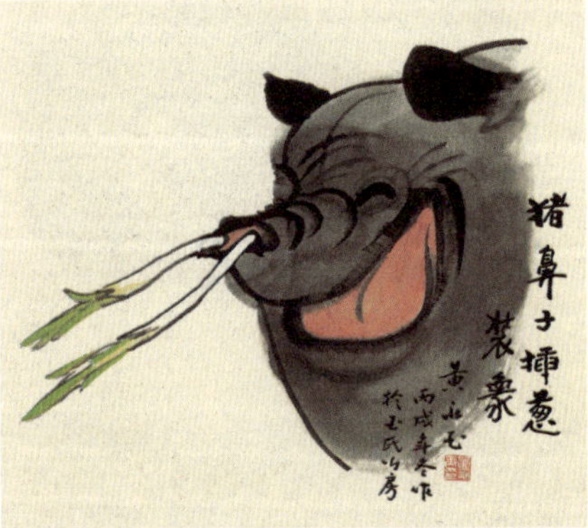

猪年挂历一月　彩墨纸本　2006年

猪年挂历三月　彩墨纸本　2006年

鼠年挂历十月　彩墨纸本　2008年

鸦莫笑猪黑”等画幅，可谓精彩纷呈、笑料迭出。

老鼠是不太好上画的动物，一是它个儿小，二是它没什么看相。没料到戊子鼠年挂历也能频频出彩！其中“老鼠牛B”三幅看后令人连连发笑。老鼠的牛B一个比一个大——“我把老鼠夹子当健身器”、“我拿耗子药当早餐”、“她肚子是我搞大的”。作者的想象力和幽默才能，你不佩服不行！

己丑牛年有不少内容可以入画，有关牛的俗语就有许多，如“初生牛犊不怕虎”、“吹牛不用打稿”、“牛头不对马嘴”，还有“庖丁解牛”、“牛顿定律”等中外典故等等，都画得格外有趣。值得一提的倒是不怎么搞笑的“牛棚”一幅，画一只关在牛棚里憋屈无比的牛，牛棚壁上“坦白从宽”四个字，勾起那无比阴晦的岁月的回忆，画上提问：“小孩，你知不知道世上曾经有两种牛棚？”这类凄怆的回忆，也许只有经历过那段苦难岁月的人才能理解得这般深刻。

庚寅虎年特别热闹，虎年挂历画了两套，犹不尽意，又画了《虎王镇宅》、《观虎图》、《学了外语好比老虎长翅膀》、《老虎不管大小都是老虎》等多种以虎为题的单幅画，弄得庚寅年虎虎有生气！

兔年挂历增添了不少时尚元素，开篇画一胖女娃，用手点点自己，说一声：“我属兔”，温驯的兔子预示着一个和谐安定的好年头。第一幅画兔子吃起了“窝边草”，接着借月宫捣药的玉兔讽刺造假药的不法行为。“守株待兔”的人反而被兔子行贿倒地，又借“狡兔三窟”的典故讽喻贪心的地产商……好一组借兔讽今的民俗世相图。

龙年挂历是今年刚刚出炉的，记得去年 12 月末去万荷堂拜访黄老，提起龙年挂历他还嘀咕着：不好画呀！龙没有什么典故，仅一个“叶公好龙”也是老套啦。谁知过完年不久，二月份乘着春意去凤凰，在玉氏山房见到了新出的壬辰龙年挂历，怀着焦急与迫切的心情打开一看，清新气息扑面而来，作者的高明之处在于，几乎没有过多的龙出现在画面，而是巧妙地借用了“龙生九子”的典故——古代神话说龙生九子不成龙，各有所好，各展其长。其形象多饰于建筑或器物上，用作辟邪驱魔之用。令人叫绝的是又以器物喻人：

如不舒展，只好钉在门头的椒图；喜欢打斗，下场堪忧的睚眦；如鸣好吼，于街头可见的蒲牢；喜好烟火，现时常可遇见的狻猊；练好负重，日后好托碑的赑屃；十分威严，喜好打官司的狴犴；又贪钱又贪吃的饕餮……

寓庄于谐的“文与画”和诗文插图

黄永玉的幽默小品最主要的特征应是“文”与“画”的完美结合，而能将深刻隽永的文字和充满灵气的幽默画同时驾驭得如此娴熟，又能结合得水乳交融的，除此君外，恐无人与之比肩。脍炙人口又广为人交口赞誉的《永玉六记》是这一形式的杰出代表作。

说起《永玉六记》，最先提到的则是上个世纪 60 年代应运而生的“动物短句”——《罐斋杂记》。“罐斋”由来，与黄老“文革”期间曾蜗居北京火车站罐儿胡同有关。《罐斋杂

牛年挂历八月　彩墨纸本　2009 年

老虎不管大小都是老虎　彩墨纸本　2010 年

兔年挂历十一月　彩墨纸本　2010 年

龙年挂历十月　彩墨纸本　2006 年

记》由 83 条“动物短句”组成，动物插图用水墨写意绘就。

60 年代初的中国，由于历史的原因，当时世风的低劣、人性的扭曲，通过“动物短句”均有着深浅不一和隐显不同的折射。“动物短句”的特征是：作者以所涉动物的生理形态和行为习性为依据，为之拟定自白或作出点评，用最简练的句式，力求传神而巧妙地指向人事。

如揭示险恶世相、警示人心的：

“蜘蛛”：“在我的上层建筑上，有许多疏忽者的躯壳。”

“蛾”：“人们！记住我的教训，别把一盏小小的油灯当做太阳。”

如讽刺卑劣虚伪、病态人情的：

“小老鼠”：“我丑，但我妈喜欢。”

“黄鼠狼”：“我总是在临走时给人留下深刻印象。”

猴子

驴

蟹

青蛙

袋鼠

山羊

《永玉六记》之一《罐斋杂记》 水墨纸本 1964 年

“臭虫”：“杀死我，不可惜你的血吗，先生？”

又如，从动物百态中觅见情趣：

“猴子”：“不管我有时多么严肃，人还是叫我猴子。”

“螃蟹”：“可也怪！人怎么是直着走的？”

“毛驴”：“咱这种日行千里也不易呀！”

又如，由动物习性中展开美妙联想：

“燕子”：“一枚远古的钥匙，开启家家户户情感的大门。”

“萤火虫”：“一个提灯的遗老，在野地搜寻失落的记忆。”

“雁”：“欢歌历程的庄严，我们在天上写出‘人’这个字。”

《芥末居杂记》（1983 年）与《力求严肃认真思考的札记》是“文化大革命 ”后发表的作品，共收录短文 107 则，大都属幽默与讽刺的寓言和小品，语言流畅简洁，充满着灵气与谐谑。“芥末”一词，在这里以辛辣呛人的调味品寓意文字的尖锐与酣畅。《芥末居杂记》问世的那年，文艺前辈夏衍先生感言：“这是我 1984 年读过的书中最感兴趣的几种。”

《芥末居杂记》以故事新编的方式叙事，其方法有依据古代故事新编和个人原创两类。最大的特色在于巧妙的构思和语言的表达。在构思上，作者除对人有着独特机智俏皮的观察外，

绳救人

秃头发

女理发

乘火者

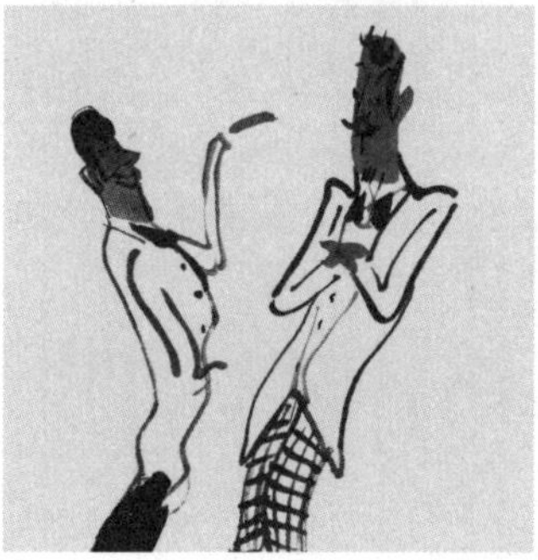
老手

文武之道

西装客

都是内行

《永玉六记》之二《芥末居杂记》 水墨纸本 1983 年

对其他动物、植物和器皿亦能发掘其活跃的幽默内涵，在语言修辞上，作者在优雅的古文中偶夹俚语方言，简洁潇洒而有神情俨然的格调，颇近《庄子》寓言和《世说新语》的风韵。

《芥末居杂记》大致有五个方面的内容：

一、讽喻世相百态的，如《寺前松》、《重睹热闹》、《狐教子》、《德才论》、《廉颇病散步》、《乘火者》、《难怪》、《降级》、《跛伯乐》、《秋水新段》等。

二、揭示人性弱点的，如《宫商驴》、《二罐》、《吃老本》、《猪澡》、《鸡问》、《龟兔重逢》、《后遗症》、《蚁登高》、《佛鼠》等。

三、见出思维错位的，如《桌四足》、《波斯猫》、《拾宝》、《大家之言》、《文野之分》、《独奏》、《老鼠嫁女》等。

四、好事喜弄、惨遭其累的，如《鸡司晨》、《腾空计划》、《秀发女》、《文武之道》、《猴子兵》、《亲累》、《雅俗墙》等。

五、阴差阳错、歪打正着的，如《蚤弄》、《点铁成金》、《老手》、《论勇》、《改了就好》等。

其他，略。

《力求严肃认真思考的札记》共有68条，均以词语新解体例出现；标题据说是《诗刊》主编邹荻帆于1983年刊发这组文字时给取的，连黄先生自己也觉得有点“怪”。现在看来，

再来一个

抽烟

电影

钢琴

吹牛

笑话

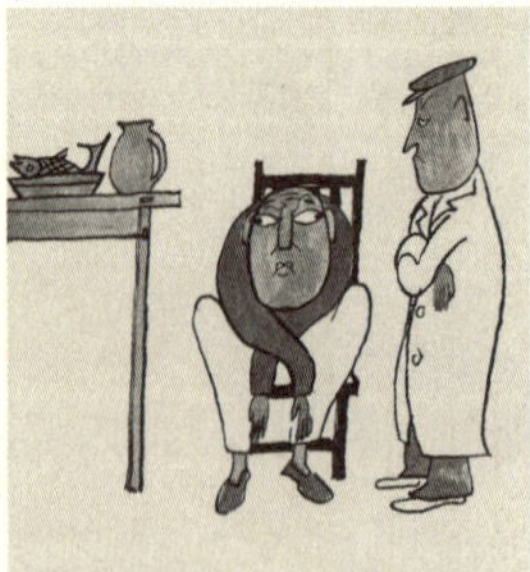
精神和物质

《永玉六记》之三《力求严肃认真思考的札记》 水墨纸本 1983年

同样可以认为是一种稳妥加机智的做法，“札记”虽然充满嬉笑怒骂，却全属经过“力求严肃认真思考”过了的。

“札记”对“文化大革命”中的荒唐世事，随机巧作鞭笞：

如“帽子”：“戴帽子是一个大发明，给人戴帽子是一个伟大的发明。”

“水果”：“一种历史上时常创造奇迹的神物。”

“气球”：“飘浮在高空的斑斓巨物，但是，哪怕是针尖大小的批评，它也受不了。”

“仇敌”：“往往是热恋过的情人。”

对“非常时期”不合理的现象给予辛辣讽喻：

如“桌子”：“把人们聚在一起消耗青春的工具。拉丁文叫做‘磨人的砂轮’。”

“遮羞布”：“愤怒的时候，随时扯下来当武器的东西。”

“道歉”：“要看谁在使用它。强者对弱者则表示宽宏大量，弱者对强者则无异于求饶。”

“合唱”:“谁也不服谁，于是都各用声音互相征服。”

也有对常用词句的“借题发挥”式的调侃：

如“吹牛”：“慢慢地，连自己也信以为真。”

“干杯”：“一副自我牺牲的悲壮表情。”

“笑话”：“历史地看，以自己闹出来的最好笑，最怕人知道，也最易流传。”

“无知”：“毫无疑问，这是一种早为历史定评的美德，因为它具备了满足与自得其乐的内涵。促使成为如此现状的动力就是无知本身。”

《永玉六记》中的“后三记”《往日，故乡的情话》、《汗珠里的沙漠》、《斗室的散步》，创作于上世纪80年末到90年代初，这一时期是黄永玉漂泊异域、潜心创作的丰收阶段，因而多出了一份对故乡强烈的怀念和创作实践新的感悟记录，同时也没有完全忘却往年的阴

《永玉六记》之四《往日，故乡的情话》插图　硬笔纸本　1997年

《永玉六记》之四《往日，故乡的情话》插图　硬笔纸本　1997 年

郁世事，随即予以巧妙的抨击。

作者在《往日，故乡的情话》简语中云：“再差三十年，就是一世纪的浪迹天涯，故乡的闪念太多，山水、生活、隽语、人物、情调、片断的哀乐，油然生发于朝夕。对于朋友，我记下的这些东西不知他们喜欢不喜欢？明不明白？有无同感？有如泡一杯家屋山背后摘下的野茶敬客的意思，偷偷一瞥他的微笑吧！”

在这里，家乡的吊脚楼、跳岩、城门洞、石桥与石板路里都生发出有趣的情节，故乡的老人、女子与娃娃都表现得那般朴实、本真和可爱。

《汗珠里的沙漠》记录了作者长期以来，特别是身在欧洲对艺术实践的诸多感悟。作者在短序中说：“一些文化艺术的札记。不知别人是否和我一样的感情狭隘？得意之笔只想到亲近的朋友，估计他们喜欢。没他们，这个世界有什么好‘舞’的。”

本集不乏充满哲理与智慧的句式：

如：“创新不是满街去捡别人不要的东西。”

“感觉锐敏是由于有个好的兴趣和好的记性。”

“你说你没空，你敢不敢大声地告诉人家，你忙什么？”

“最好的艺术都是人做的，头尾不过百年。你当然做得到，只要不是骗。”

《永玉六记》之五《汗珠里的沙漠》插图　硬笔纸本　1997 年

“艺术家把坏脾气理解为风格，所以永远形成不了风格。”

“奇怪！我有时做梦比醒着的时候更理智！更有层出不穷的新主意。”

“要画出太多的道理，不如写篇文章。”

“小人与巨匠的区别是，遇到难堪，小人终生叫嚷，巨匠早就超越。”

“怎能错怪福楼拜的每部小说的结局呢？ 18 世纪到如今，你对我们这个世界乐观过吗？”

……

《斗室的散步》似乎是上一集的续写，黄永玉的代序仍然简明：“从巴黎一路写到翡冷翠（佛罗伦萨），口袋里放个本子，想到就记，像随街捡东西，像一路上跟朋友聊天，像疯子见谁骂谁。至于‘斗室’这两个字，自己的局面而已。”

在内容和遣词上，与“前三记”又有相似之处，借用《世说新语》对“政事”、“德行”、“识鉴”、“语言”等方面进行了精辟的诠释。

作者当时身处的局面确实不大，但却“心事浩茫连广宇”，许多箴言、警句叫人难以忘怀。如：“有时，你搏命得到的东西，终究发现不是你的目的。”

“发热，有时是腐烂的开始。”

“自古以来，全世界原谅三种人：诗人、醉鬼和小孩。”

《永玉六记》之六《斗室的散步》 硬笔纸本 1997 年

“漫长的演讲和放屁，都是在空气中拉屎。”

“有种人，不喜欢跟诚实的人做朋友。”

“贪欲钻得透法律，却钻不透真相。”

“化妆百害无一利。歪曲了年轻的美丽，玷污了年老的庄重。”

“刽子手一直以为自己的职业高尚而情调十足，甚至是个艺术家……”

“促进一个腐败的政治实体更快地毁灭，贪污的蛆虫在起着‘革命’的作用。”

“人散发的臭味和气质，饱和之后会蔓延开来。”

……

总之，《永玉六记》有很多细节值得寻味，比如它被称作“文与画”，一般是先有文字，然后才有画面，看得出，某些极不好配图的篇章即是如此，很难说有的不是作者在心中已有了鲜活的画面，然后才有相得益彰的文字。在插图的表现方式上，“前三记”采用水墨形式，“后三记”用硬笔线描表现，后者显得更为随心所欲，简洁、灵动而传神。

如果要寻找黄永玉插图艺术的创作脉络，应该追溯到他青年时代的木刻插图。最早的作品是为儿童文学作家贺宜的《野旋的童话》（1943 年）所作的插图，多为动物小品，其构图简洁、造型稚拙，可谓出手不凡。接着为其表叔、作家沈从文小说《边城》（1947 年）作插图，已能见出作者驾驭构图和人物造型的能力。与此同时，还有不少民歌插图，目前能见到的《抬花轿》、

《哥在山上打石头》、《月亮弯弯照九州》、《十七十八好唱歌》（1947 年）等，画面洋溢的幽默情趣和浓郁的乡土气息已具备了一定的感染力。

进入中央美术学院版画科后的黄永玉，艺术上走向了一个新的台阶，为《雪峰寓言》（1953 年）所作的木刻插图，渐入精微细腻的阶段，同样是表现动物，已能将这些自然界的小精灵刻画得出神入化、活泼可爱。

为夫人张梅溪的散文集《在森林中》（1955 年）的插图，极富北方林区生活的情调，不仅人物刻画生动有趣，而且还能采用木刻的多种手段与技法烘托出不同的画面气氛。《叶圣陶童话选》（1956 年）插图则开始采用套色版画的效果，将一些老少咸宜的童话故事演绎得光彩耀人。

1956 年，黄永玉为撒尼人叙事长诗《阿诗玛》创作了一组水印套色木刻插图。为了塑造好阿诗玛这一民间传说中美丽形象，他深入云南少数民族地区，了解撒尼人的生活状况和民间艺术，寻找阿诗玛的人物原型，为创作长诗插图打下了扎实的基础。创作过程中，他还从民间木刻版画和少数民族民间艺术中吸取养料，画幅中运用娟秀的线条和典雅的色彩，表现出独特的民族韵味和艺术魅力。《阿诗玛》木刻版画在“第二届全国版画展”上获得了极大的成功，在中国版画史上留下了光辉的一页，它也奠定了黄永玉在美术界的地位。

在上世纪 50 年代末和 60 年代初，黄永玉先后为《古代寓言》（1956 年）、郭沫若诗集《百花齐放》和贺宜《野旋的童话》（1964 年新版）创作插图，均取得了很好的艺术效果。

如果说上世纪 50 年代是黄永玉插图艺术创作的第一阶段，那么 90 年代至今，则是他插图艺术创作的第二阶段。50 年代黄永玉主要从事版画创作，版画

《古代寓言》插图 木刻 1956 年

《叶圣陶童话选》插图 木刻 1956 年

《古代寓言》插图 木刻 1956 年

《古代寓言》插图 木刻 1956 年

散文集《文星街大哥》插图 硬笔纸本 2007 年

插图成为他的主要创作成果之一。而自 70 年代以来，黄永玉开始了中国画（彩墨形式）的创作，同时兼作油画、雕塑等，因此，第二阶段的插图只是他主要创作之外的余兴之作。由于时间的限制，他采用钢笔白描形式，多以简洁、洗练的笔触，信手描绘，颇显淋漓酣畅。80 年代至 90 年代初创作的《永玉六记》中的“后三记”即是用这一方法完成的。

此后，为诗集《一束故乡的诗》（2001 年）、诗集《一路唱回故乡》（2006 年）、散文集《文星街大哥》（2007 年）和自传体小说《无愁河的浪荡汉子》（2010—2011 年）所作的插图均采用钢笔线描形式。只是为了加强两本诗集的抒情性，在钢笔线描上添加了水彩，硬笔线描的流动与刚劲加上水彩的酣畅与明快，的确给诗集增色不少。值得一提的是，以上文字与插图都

诗集《一路唱回故乡》插图　硬笔水彩纸本 2006 年

与作者的家乡——凤凰的山山水水和人情风物有关，这其中无疑积淀着作者对故土的深深热爱和对家乡亲友的眷恋之情。

（全文摘自左汉中《幽默寓凄怆　谐谑担正义——略论黄永玉的幽默小品与插图》）

6. 书法家黄永玉

黄永玉从小就喜爱“书法”。6岁那年，他在家中木板墙上，用毛笔画了些脸谱，随即又“题”上了这样的句子：“我们在家里，大家有事做。”写完后，当然也有报酬，得到的是父亲的一顿饱打。

黄永玉一生爱写毛笔字，书信、便条、告示、门联……凡到过他住处的人，随处都可以见到他的墨迹。更不用说他在他的彩墨画上曾经题写过那么多的画跋，给人写过多少条幅和对联；在他的家乡凤凰，冷不丁地就可以在街头见到他写的招牌，在南华山国家森林公园，满山与“凤凰文化”有关的楼台亭阁，都由他题写匾额……应该说，黄永玉一生的确写了不少字！

我们在编辑《黄永玉全集》美术编时，就计划着其中必有一本“书法卷”，当我们将他的各类书法作品收罗起来，编撰出一本“书法卷”请他过目时，他竟有些吃惊：“哎呀，我写了这么多字啊？！”

最近一次在他的顺义新居，他又一次提到“书法卷”，说道：“我现在担心啦，我那些书法，

8
美术编
书　法

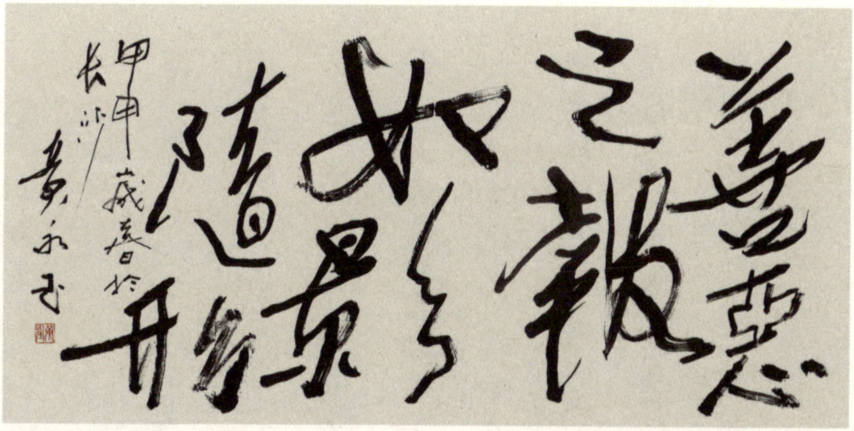

横幅 · 善恶之报 如影随形　2004 年

要闹笑话。”我在一旁回答：“你的字是画家书法，与画家的布局有关系。”

为此，我们早已约请了国内知名的书法研究专家、中国艺术研究院研究员李一先生担任“书法卷”主编，并为之撰写了题为《亦庄亦谐　天趣横生——黄永玉的书法》的序文，不免择要摘录如下：

书画两端，其功一体。自古善画者多善书。画家书法是中国书法史上的一支劲旅。唐代之薛稷，宋代之苏轼、米芾、赵佶、赵孟坚，元代之赵孟頫、倪瓒、萨都剌、柯九思，明代之文徵明、唐寅、徐渭、董其昌，清代之八大山人、石涛、郑板桥、金农都是书画兼擅的大家。提倡以书入画的赵孟頫执元代书坛之牛耳，影响之大，无人能比。董其昌对清初书坛之影响，也无人能出其右。宋徽宗赵佶和扬州八怪中的金农，于书法一创“瘦金体”，一创“漆书”，均为书法史上之佳话。到了近现代和新中国，画家书法更是书坛的生力军。赵之谦、吴昌硕、齐白石、黄宾虹、徐悲鸿、潘天寿、张大千、刘海粟、丰子恺、李苦禅、诸乐三、来楚生、张正宇、陆俨少等大画家在书法上都造诣深厚，卓有成就。关于新中国的画家书法之状况，我曾在《新中国书法六十年》一书中专列“画家书法”一章论述。

书画兼擅、书画相通是千百年来形成的优良传统。但自 20 世纪以来，因社会转型、西式美术教育的引进和实用书写工具的数次变化，这一优良传统发扬不够，甚至在传承上有所断裂。一些画家忽视了书法的学习，丢掉了艺舟双楫的书法一楫，变成单楫划船了。所幸有一批画家尤其是老画家仍然坚持书画双楫的传统并发扬光大，在新中国书坛形成了画家书法这一方面军。就新中国的书法而言，大致可分为学者书法、政治家书法、画家书法三个方面。与学者书法、政治家书法相比而言，画家书法是别开生面的，有鲜明的个性和特点，创新意识较强。虽然善书的许多画家不以书家自居，画名大于书名，或书名被画名所掩，但以书法水平而论，其中的佼佼者不亚于以书法名世者。画家当然以绘画为立身之本，生存之业，作书可严肃认真，也可

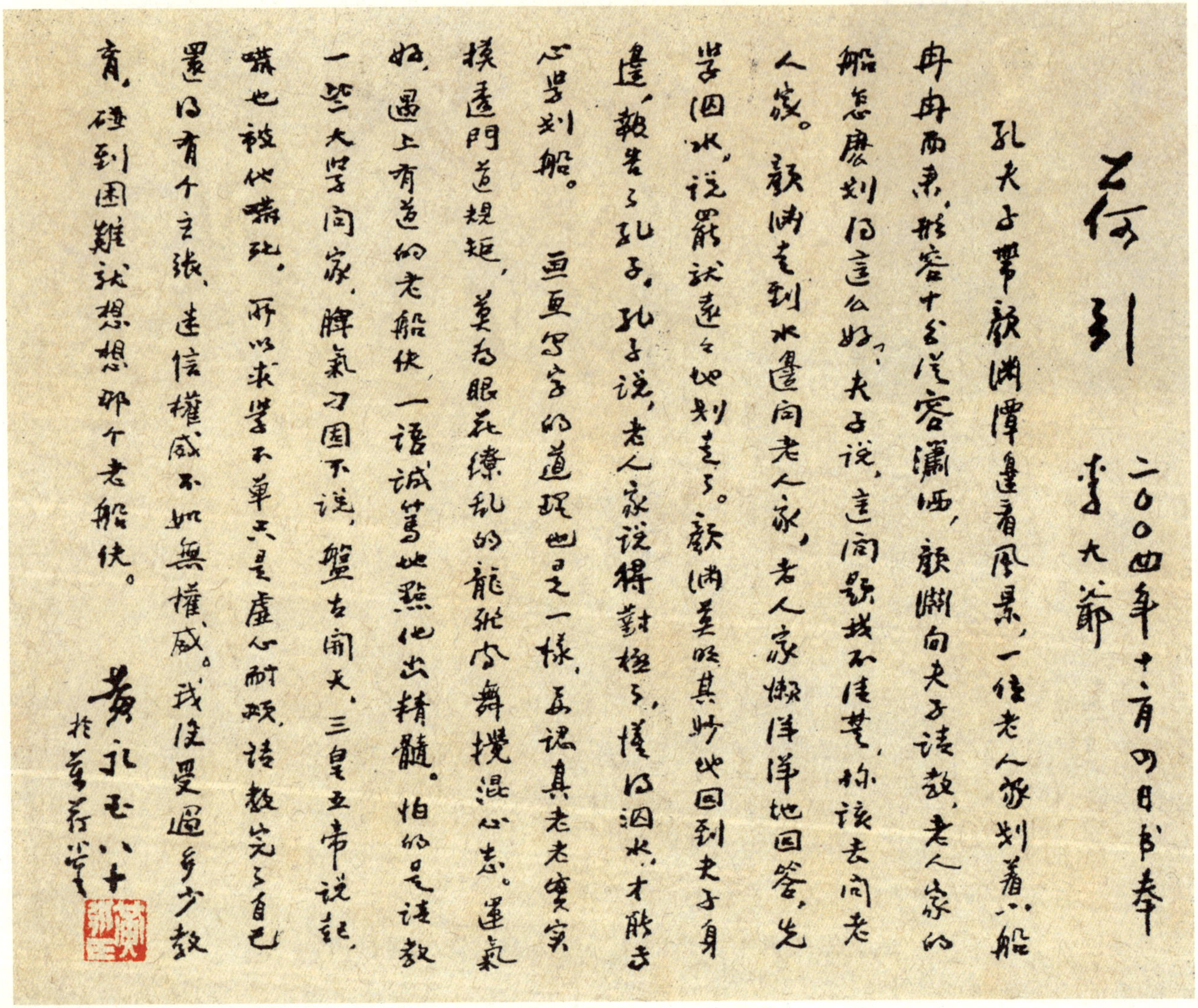

镜心 · 荷引 2004 年

随意挥洒，与单纯的书家相比，清规戒律少，甚至有意破除书法的一些条条框框。画家有过绘画上的造型训练，对艺术的视觉形式敏感，在作书时将绘画的某些笔法或章法融入其中，或重笔墨，或重空间安排，或挥洒自如，或标新立异，因而能够别开生面，为书法语言的丰富性作出了贡献。

黄永玉是当今屈指可数的著名画家之一，又是一位持艺舟双楫乃至多楫的艺术家。在文坛艺林，黄永玉以善诗善文善画善书而著称，是一位多面手，于诗文、书法等方面多有探索和造诣。他的书法属于画家书法。就影响而言，他画名和诗文之名大于书名，艺术史研究者多把其绘画作为研究的重点。关于他的书法，罕见论述。但无论是研究当代艺术史，还是研究黄永玉艺术特色的形成，他的书法都不可忽视。在我看来，黄永玉是一个大写的人，是一个多方面收获颇

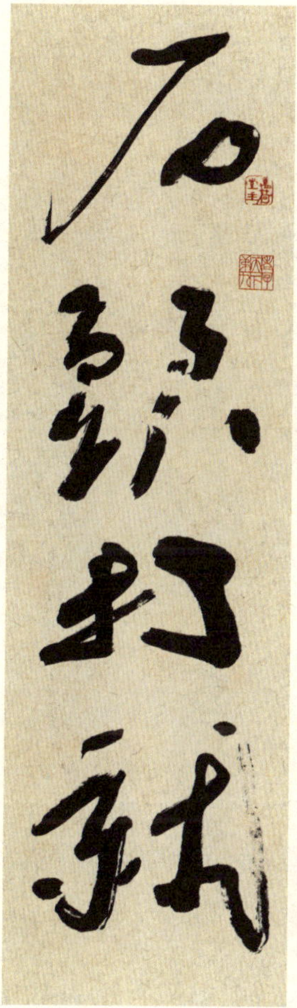

对联·石头磨尽联 2009年

丰的人。他的绘画、诗文、书法是一个整体，是其完整的人生写照，其绘画、诗文、书法之间有着内在的联系，研究他的书法，有助于进一步了解他的绘画和诗文，因为从某种意义上说，书为心画，更直接透露他的心性和情趣。黄永玉自称“好书”，写下的书法之作也多，书法是他艺术人生的重要方面。研究黄永玉，不能忽略他的书法。研究其书法，有助于完整全面地认识黄永玉，至少是打开黄永玉艺术世界的一把钥匙。

“石头打就，磨尽人生”、“磨不尽万古风流”是黄永玉给广州石磨坊雕塑家们的题词，同时也可以说是黄永玉艺术人生的品格写照。他本人也确如一块有棱角、有个性、有重量、有五色彩的顽石，来到天地间任凭雨打风吹，浪磨日晒，越打越磨越天然，越神采焕发。他根生湘西土家族，教师家庭出身，一生走南闯北，艺术兴趣广泛，早年以插图、版画立于世，晚年以中国画、诗文名冠艺坛，虽不以书法名世，但“好书”的黄永玉有着浓厚的书写情结。在多年的书写过程中，其书法形成了自己的面目。而且越到晚年，他的画画得越多越放，书法也写得越多越有趣。就黄永玉的人生和艺术经历而言，他是生长于民国时期，成熟于新中国，在新

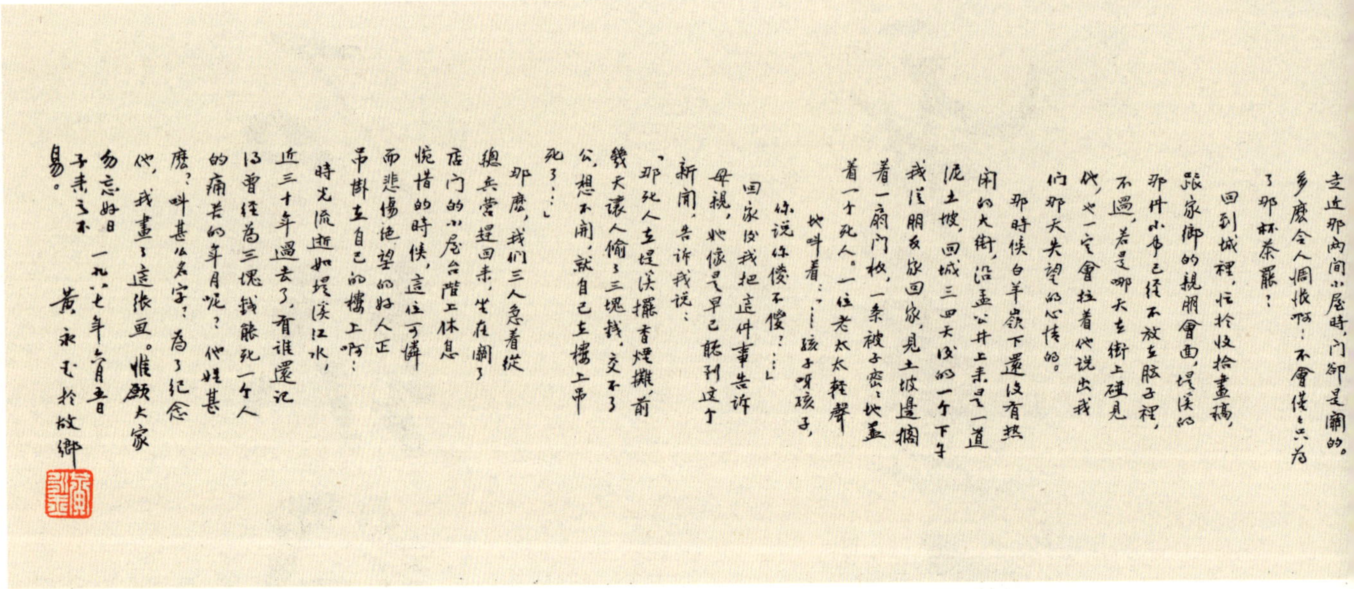

《堤溪雪霁》题跋 1987年

中国建功立业的艺术家。其书法的学习也是始于民国时期，成熟于新中国，大放异彩于改革开放时期。其水平之高，个性之突出，可作为新中国改革开放时期画家书法的代表人物之一。

目前所见到的黄永玉较早的书法墨迹是写于上世纪60年代的一些画跋，这些画跋为行草书体，面目清秀、刚劲，充满“二王”一派的帖意，也含有碑学的刚劲意味。如1965年创作的《荷花》一画，上题金农诗句和自己的随感，用笔讲究，笔法自如，气息贯通。这一年黄永玉刚过不惑之年，书法已达到相当的水平。虽然没有看到他更早的书法作品，但可以看出此前他对书法是下过功夫的，是学过碑也学过帖的。我对他幼年时的学书状况不甚了解，只知其父母均为教师，想必父母会叮嘱他习字的。据他本人回忆，“弱冠浪迹闽海”，至泉州观“坊牌庙碑”，“过蔡襄督建之万安桥”，观蔡襄之楷书，留意学习前贤之书法。（见黄永玉《福建水仙图记》）在泉州时，青年黄永玉曾专门拜见书法大家弘一法师，弘一法师潜心修行认真作书的态度深深打动了青年黄永玉。早年就读厦门集美中学和德化师范学校时，黄永玉受黄羲、朱成淦、郭应麟等启蒙喜爱美术，亦时常习书，当绘图工、小学教员和报馆编辑时也是学书不辍的。当然，兴趣广泛的黄永玉早年对书法不可能投入太多的精力，但书法是他学习的一个重要方面。

现存大量的黄永玉书法墨迹写于改革开放新时期。此前，他多用刀创作版画，以刻为主，此后则多用毛笔创作中国画，以书写为主。黄永玉是善于题款的画家，乘兴而画，画意未尽，又以书跋之，常在画幅可题处题得密密麻麻。可以说，到了改革开放新时期，黄永玉在中国画创作上步步走向高峰，与此同时，书法也越写越多，越写越显自己的面目。由以版画的刀刻为

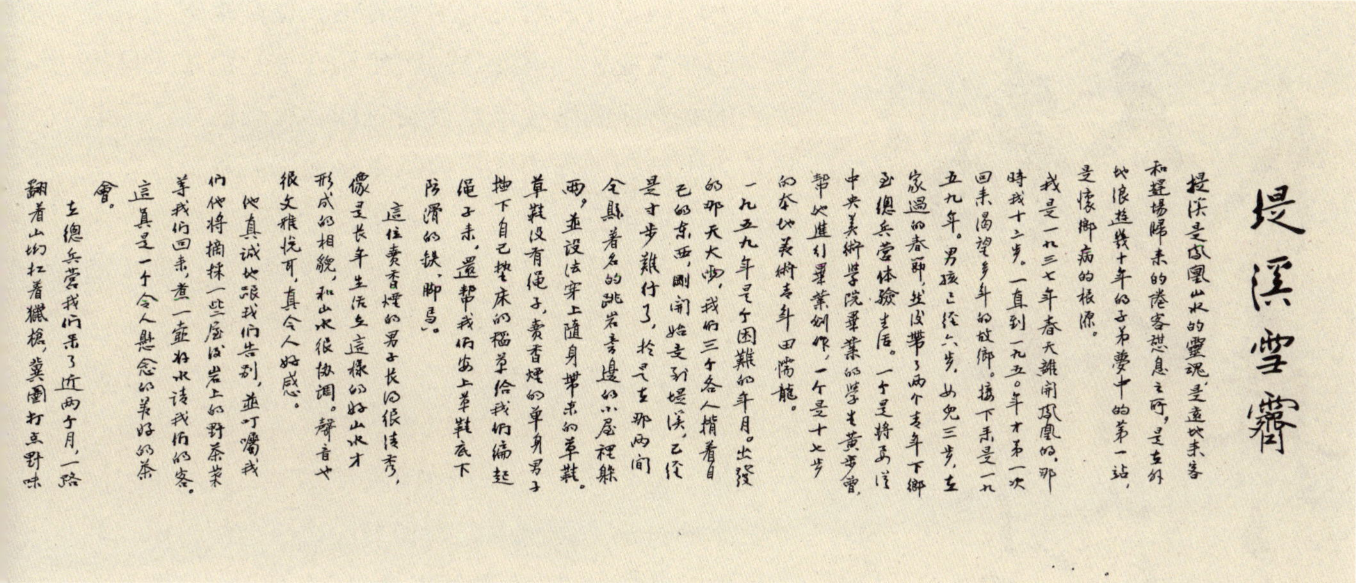

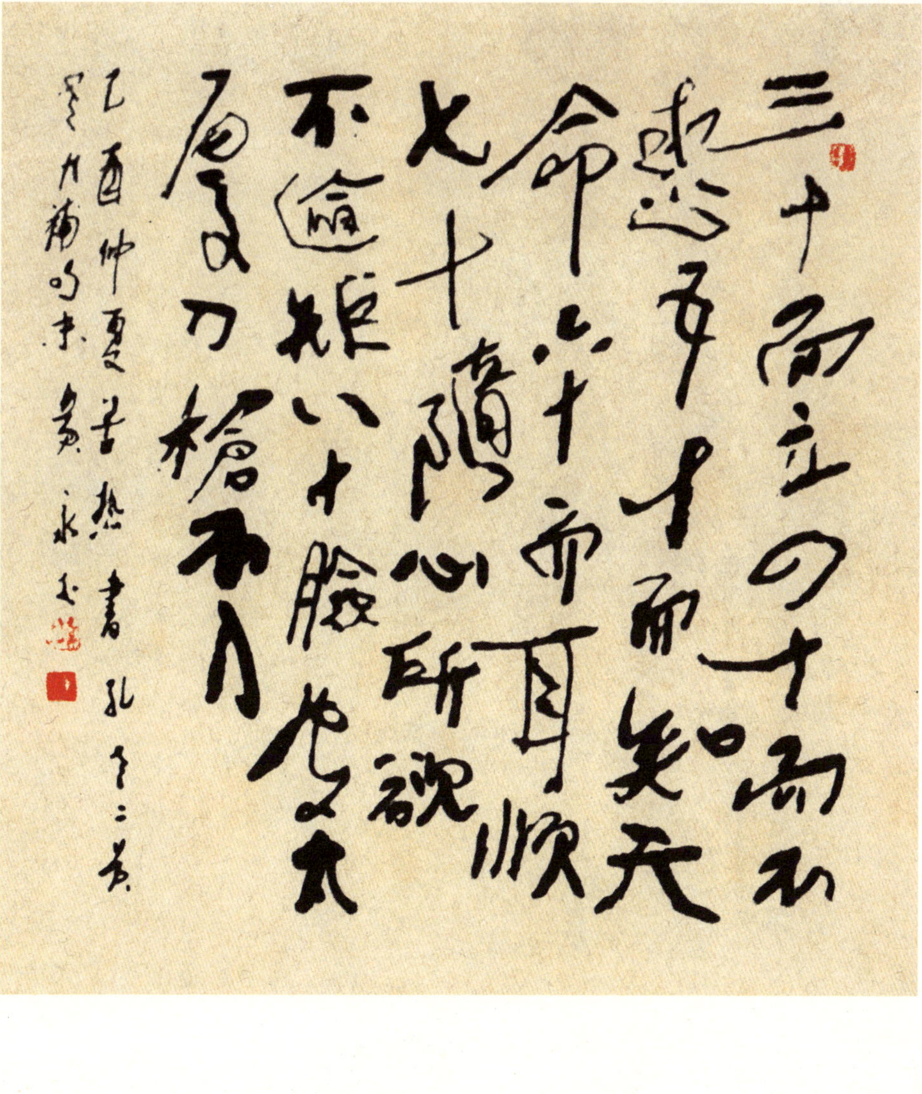

镜心·三十而立 2005年

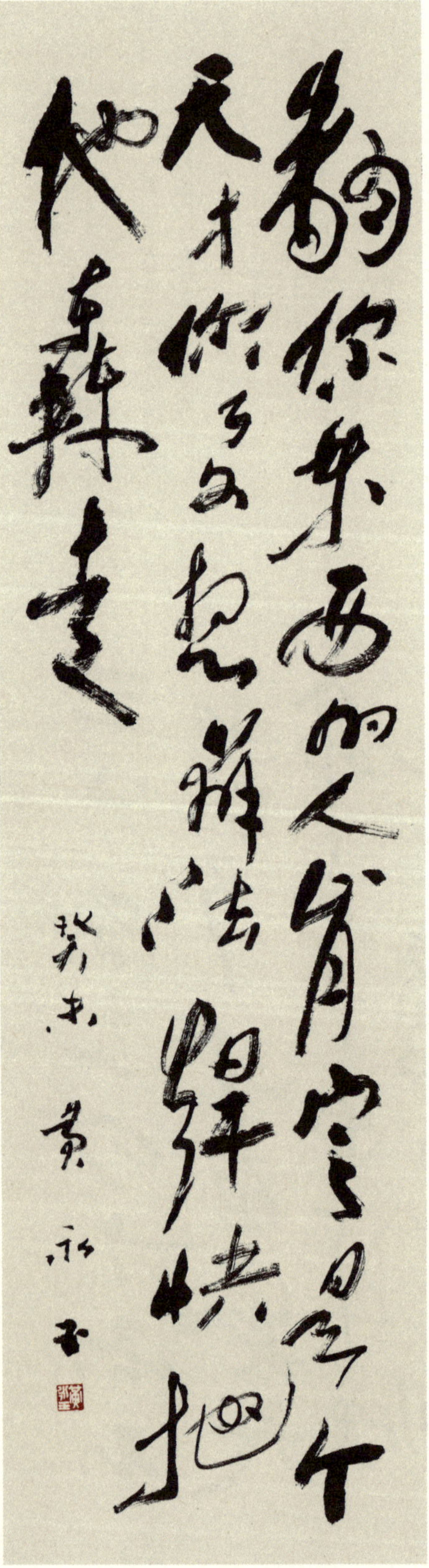

条幅·翻你东西的人 2003年

主变为以国画书法的毛笔书写为主，是黄永玉艺术历程中的一大变化。这既是时代使然，也是他个人自我完善的必然。到了改革开放新时期，思想解放，环境宽松为中国画创作提供了前所未有的好条件，已在版画创作上取得巨大成就的黄永玉，过了“知天命”之年后，将主要精力用在易于自由发挥主观意绪的中国画和书法上则是顺理成章之事。中国画和书法，如同老酒，越到后来，越能品到它的后劲。许多早年学西画的画家，如徐悲鸿、刘海粟、李可染、吴作人等，后来都不约而同地沉醉于中国画和书法。一向重视民族艺术的黄永玉更懂中国画和书法这瓶老酒，更知其书写性的奥妙和快乐。单就书法而言，年过“知天命”之后的黄永玉不仅写得多，而且丰富多样。有各种内容的款识跋语，有楹联、条屏、扇面、横幅等独立的作品，还有许多序跋、随笔及诸如《酒会知照》的日常实用书写。就书体而言，有篆有草，有行有楷。就篇幅而言，有大有小，大者如斗，小者如豆。就字数而言，有多有少，多者数百字，少者一二字。就风格而言，有放有收，有庄有谐。仅从书法上来说，他也是个多面手，不像有的书家，只写一种体，只有一种面目，只庄不谐或只谐不庄；更不像某些现代派书法只玩形式不管书写的文字内容。黄永玉的书法，是有所思有所感才有所写的，是其思想情感的抒发，喜怒哀乐的表达，是其心画的表现。其书风的放与收、庄与谐是与心态情绪相联系的，更与其绘画、诗文相互联系、相互渗透，表现的是其所思所想和喜怒哀乐，从一个侧面反映出他丰富多彩的艺术人生。

黄永玉的书法，有庄有谐。所谓“庄”，是指较为规矩工整的行楷，写得认真。这类作品字体结构有开合，布局有错落，但总体是匀称的。用笔上一笔一画，力求凝练到位。这类较为规矩的行楷，有的是独幅，有的是画跋，在其书法中占有相当的比重，且数十年来一直坚持，直到晚年仍有字字珠玑之作。“庄”者，严肃认真是也，这类作品写得较为庄重严肃，说他的书法有“庄”有“谐”，其中较为规矩的作品，可谓“庄”的一面。这一路作品中的独幅之作，有些是散文、随笔、序跋的手稿，如《堤溪雪霁》题跋（1987 年），《大家张伯驹先生印象》题跋（1992 年），《温特帕克山和恩伯克能峡谷》（2003 年），《永玉家底》小序（2006 年），《阿诗玛》2011 年版前言（2010 年）；有些是悼念诗文，如《凤凰涅槃》（1982 年），《寥天一楼祭》（2011 年）。这些作品严格说来不是纯粹的书法作品，多是为用而书，但比一些所谓纯粹的书法内涵更丰富，文献价值更大。其特点是书法之美与诗文之美交相辉映。赏其书，从字里行间可见其思想的起伏，赏其诗文，可见其性情的流露。读黄永玉这些诗书合一的墨迹，收获是多方面的，可以了解一个艺术家的心路历程。这类作品，不仅是研究黄永玉的人生道路和艺术历程的第一手资料，更是研究当代艺术的重要文献。单就书法而言，这类相对工整的行楷，重在思想情感的表达，

镜心·温特帕克山和恩伯克能峡谷 2003 年

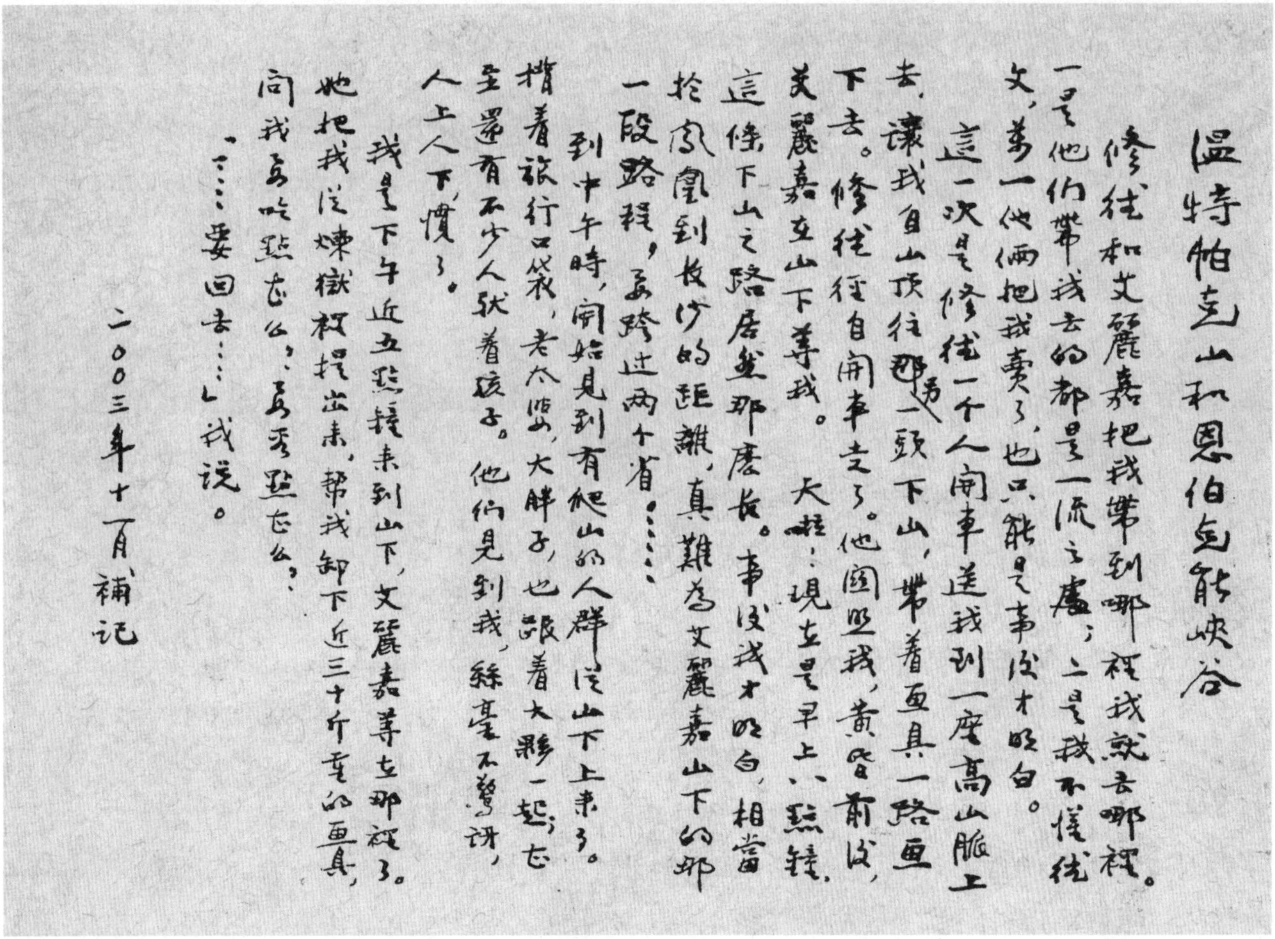
温特帕克山和恩伯克能峡谷

修伐和文麗嘉把我帶到哪裡我就去哪裡。一是他們帶我去的都是一流之處；二是我不懂德文，第一他倆把我賣了，也只能是事後才明白。

這一次是修伐一個人開車送我到一座高山脈上去，讓我自山頂往那邊一頭下山，帶着画具一路画下去。修伐從自開車走了。他囑咐我，黄昏前後，文麗嘉在山下等我。大概：現在是早上八點鐘，這條下山之路居然那麼長。事後我才明白，相當於鳳凰到長沙的距離，真難為文麗嘉山下的那一段路程，至跨過兩個省……

到中午時，開始見到有爬山的人群從山下上來了。揹着旅行口袋，老太婆，大胖子，也跟着大夥一起；甚至還有不少人馱着孩子。他們見到我，絲毫不驚訝，人上人下慣了。

我是下午近五點鐘來到山下，文麗嘉等在那裡了。她把我從煉獄救援出來，帮我卸下近三十斤重的画具，問我吃點甚么？喝點甚么？

「……要回去……」我說。

二〇〇三年十月補記

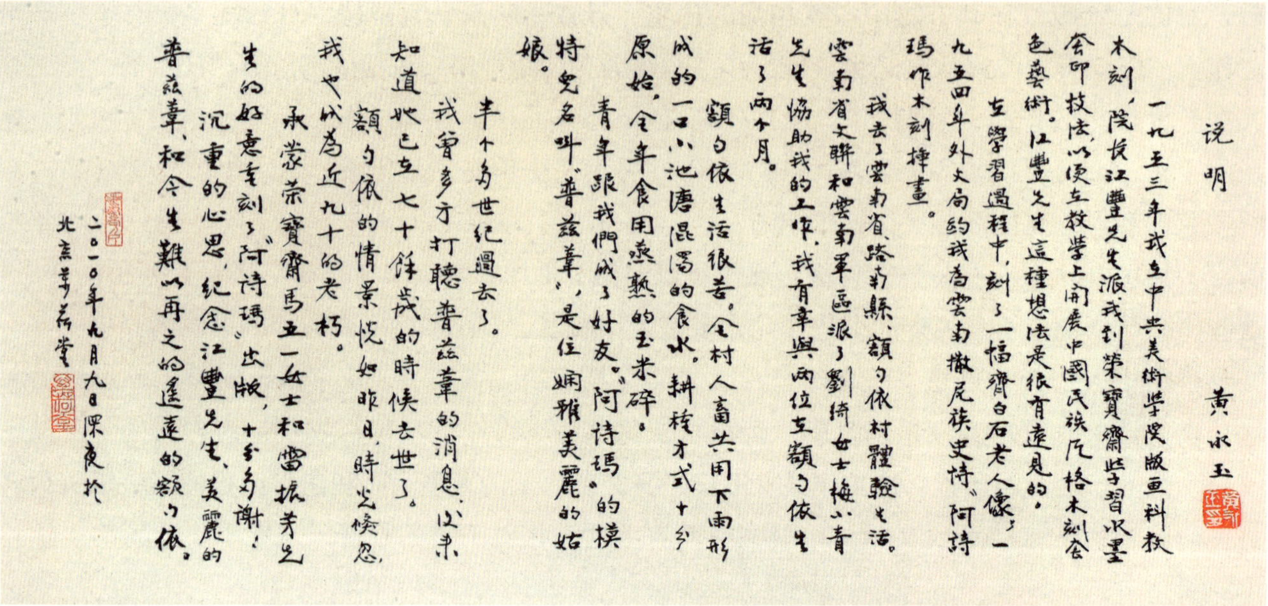

横幅·《阿诗玛》2011 年版前言 2010 年

用笔沉着有力，写得自然而然，笔道凝练，结体自如，笔法上求简，追求如锥画沙之力。尤其是一些抄写佛经内容的作品，笔法更为老到洗练。其中既有北朝刻经书法的意味，又有八大山人晚年行楷的风神，还有李叔同出家后所写佛经的味道。越是晚年之作，越是炉火纯青。从这些较为庄重一路的书法，可以体会他书写时的诚心和敬意，这当然与书写的文字内容有关。如《大家张伯驹先生印象》题跋写的是对收藏家张伯驹的敬重，《寥天一楼祭》写的是对乡贤陈渠珍的尊崇，《堤溪雪霁》题跋写的是对家乡的热爱。对先贤、家乡、文化的尊崇和热爱促使黄永玉怀着诚心敬意去书写。诚心敬意书写则是真性情的流露，真性真情是中国艺术的至高追求。庄子曾言："真者，精诚之至也。不精不诚，不能动人。"将人之心性提炼到至真至纯，融入其文其书，使其作品散发出的气息自然真切，不虚伪，不假饰，不做作。有了真性情的流露，作品才能生发勃勃生机。这一路书法是黄永玉书法的面貌之一，也是他书法的看家本领，更是他另一路诙谐书法的基础。

话说回来，如果只有较为规矩的书法，那就不是"鬼才"黄永玉了。"庄"只是其书法的一面，另一面是"谐"。所谓"谐"，是指其诙谐放荡，写得自由自在，我行我素，随心所欲，不为法拘。这一类作品，或行，或草，或篆，或各体杂糅，内容也多是自己所撰写的，是平常生活中的感受。写这类作品，心态不再像写致敬信、祭文那样恭敬了，他要嬉笑怒骂，讽刺嘲笑世事乃至自身，要表现其"鬼才"的智慧了。如条幅"拿钱学上当"（2003 年），"人和蚂蝗（蟥）不一样，蚂蝗（蟥）吸血不声不响，人吸完血还骂你不大方"（2009 年），"某种历史家越写越脸红"（2009 年），

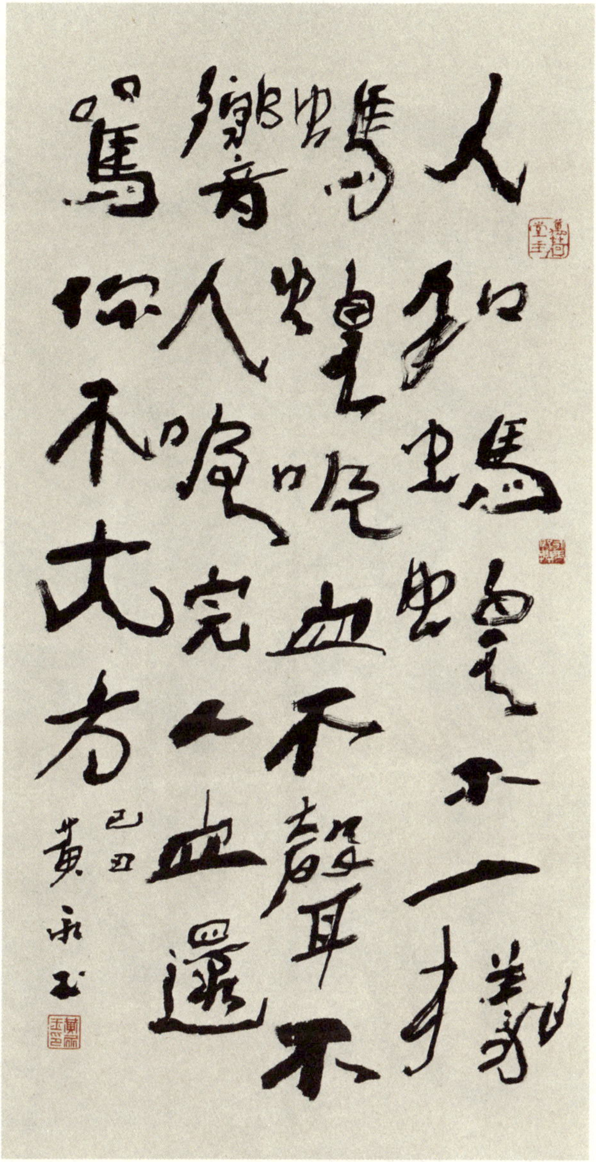

条幅·人和蚂蝗（蟥）不一样 2009年

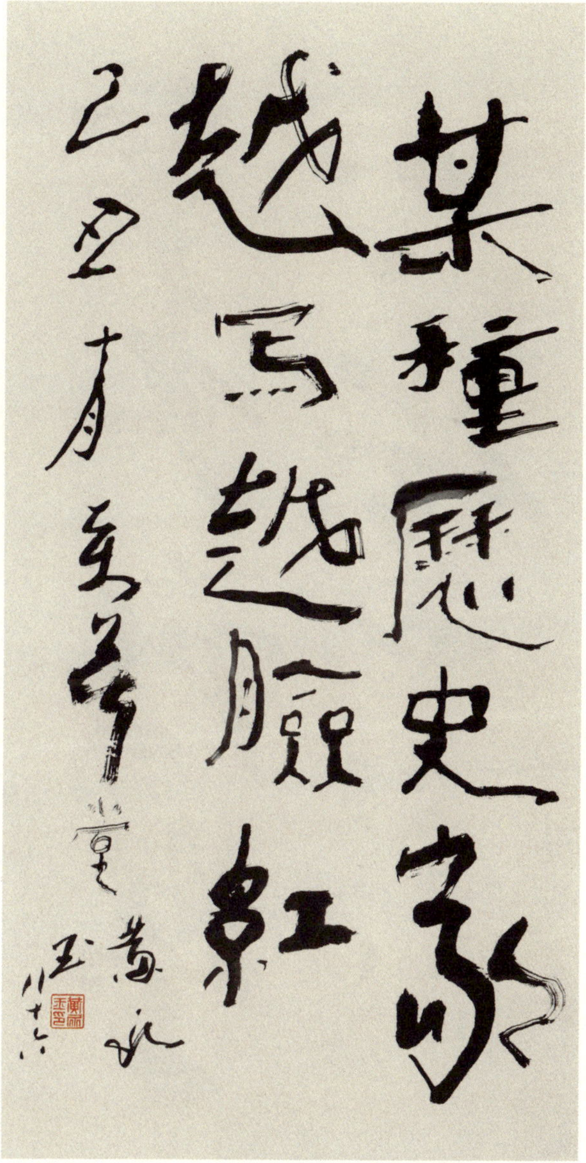

条幅·某种历史家越写越脸红 2009年

“世界长大了，我他妈也老了”（2009年），“和魔鬼相处并不可怕，讨厌的是天天要我说它好”（2009年），“鸡蛋对皮蛋说，我可不搞种族歧视”（2009年），“穷人常欣赏有钱人的无聊，千辛万苦把一个小圆球打进一个小洞”（2009年），还有斗方补孔子论语句“七十从心所欲不逾矩，八十脸皮太厚刀枪不入”，以及少字对联“一须顶嘴，两手和泥”（2004年），“人做，天看”（2009年），仅文义就很令人琢磨一番。某些语句看似不正经，却耐人寻味，显示出这个“鬼才”在“写什么”方面的独特性。这些语句是一般书家想不出，不敢或不屑于写的，而黄永玉以此等语入书，痛快地写出了自己的感受。与一般画家相比，黄永玉的人生可谓颇有起伏。“文革”时批黑画

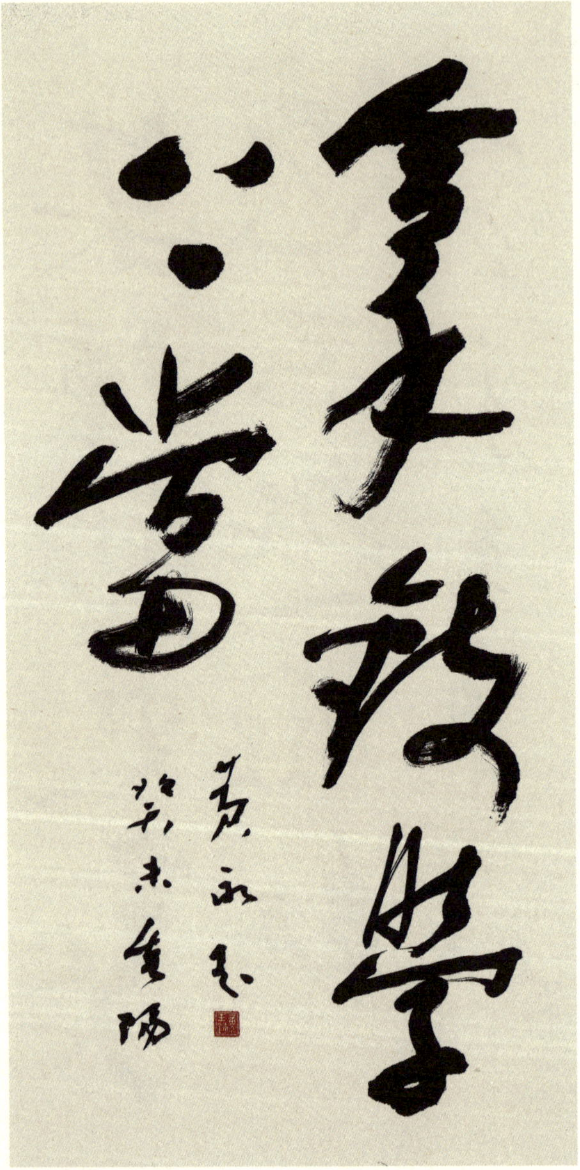

条幅·拿钱学上当 2003年

一须两手联 2004年

他是被批的重点对象，晚年所得到的荣誉又非一般画家所能比。很少有人能像他那样少年浪迹天涯，也很少有人像他那样晚年在北京建大面积的万荷堂，他所接触的各层人士之多也非一般画家所能比。阅历甚深且有鬼才的黄永玉要写出他的所思所感。就书法而言，平心而论，这类我行我素、不为法拘的作品，并非都是精品，某些作品有病笔，但可贵的是有生气、有谐趣，有很强的艺术感染力。以正统的书法标准来衡量，一些用笔和结体不是“规定动作”，但也正因不拘常法，从而能别开生面，令人会心一笑。若论在书法上下的功夫，许多书家可能比黄永玉要大，但许多书家入传统而不能出传统，被常法所拘，按“规定动作”书写，循规蹈矩有余，自我创造不足，写出的作品，虽合规合矩，但索然无味。当今书坛自称书家者多如牛毛，书写能“有意趣”的不多，并不以书家自居的黄永玉，写出了“有意趣”的书法，颇令人琢磨。

更令人琢磨的是本卷一幅作品中谈画画心得的文字：“画画要在不讲道理中讲道理，又要在讲道理中搞点不讲道理。”谈的是绘画创作中“理”与“无理”的辩证关系。画有其理，如不通其理，乱画胡涂则不成画，但若被画理所限则无自己的创造，所以要来点无理。书画相通，道理亦然。书法有法，无法则不成书法。但若被成法所限则被淹没，所以，要来点无法，无法之法，乃为至法。从黄永玉的作品中可看出他是“有法”与“无法”并用的。其庄重严肃一路的作品，以“有法”为主；其谐趣横生一路的作品，以“无法”为主。庄中有谐，谐中有庄，在处理“庄”与“谐”的关系上，他很会把握分寸。再读他另一幅作品：“不可不醉，不可太醉”，写的是生活所悟，此话也通艺理，搞艺术不醉不能沉浸其中，太醉则不能自拔，最佳的艺术状态是在醉醒之间。

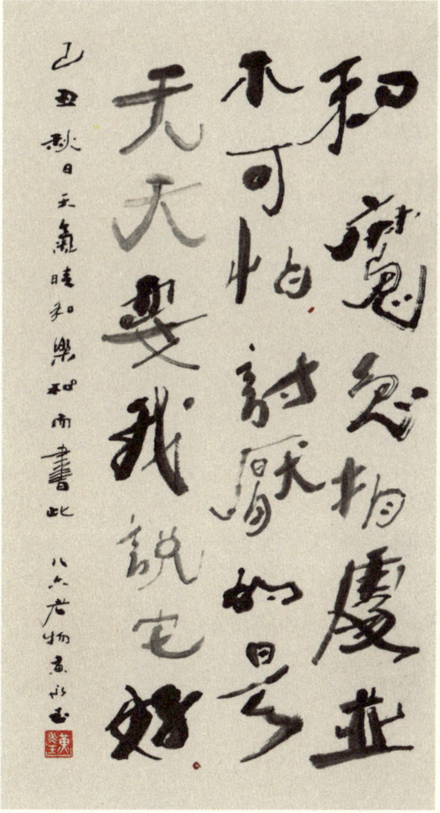

条幅 · 和魔鬼相处并不可怕 2009 年

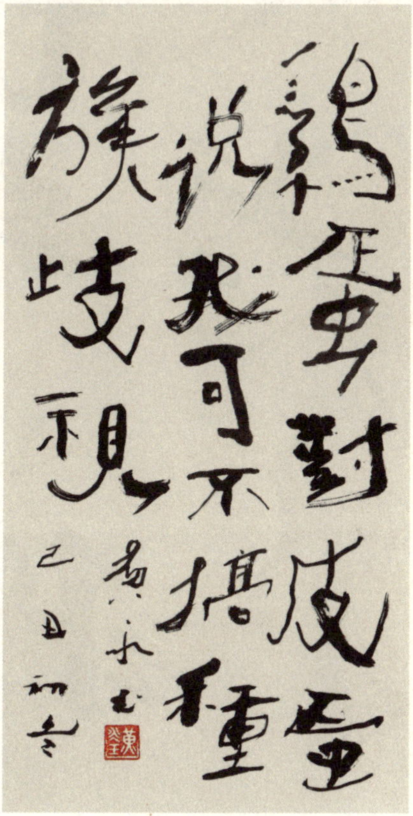

条幅 · 鸡蛋对皮蛋说 2009 年

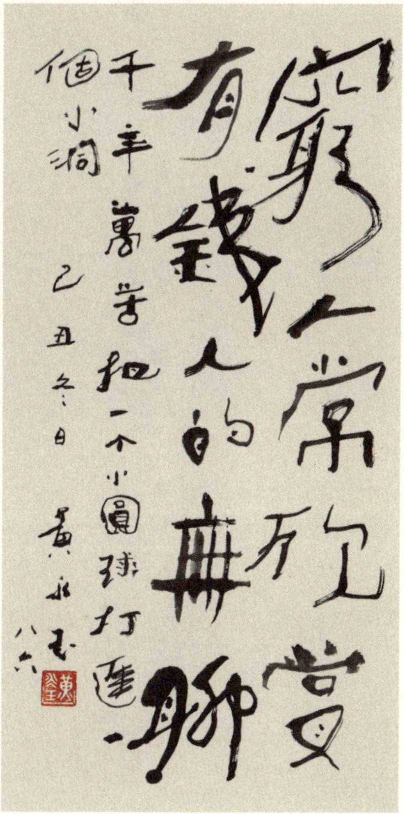

条幅 · 穷人常欣赏有钱人的无聊 2009 年

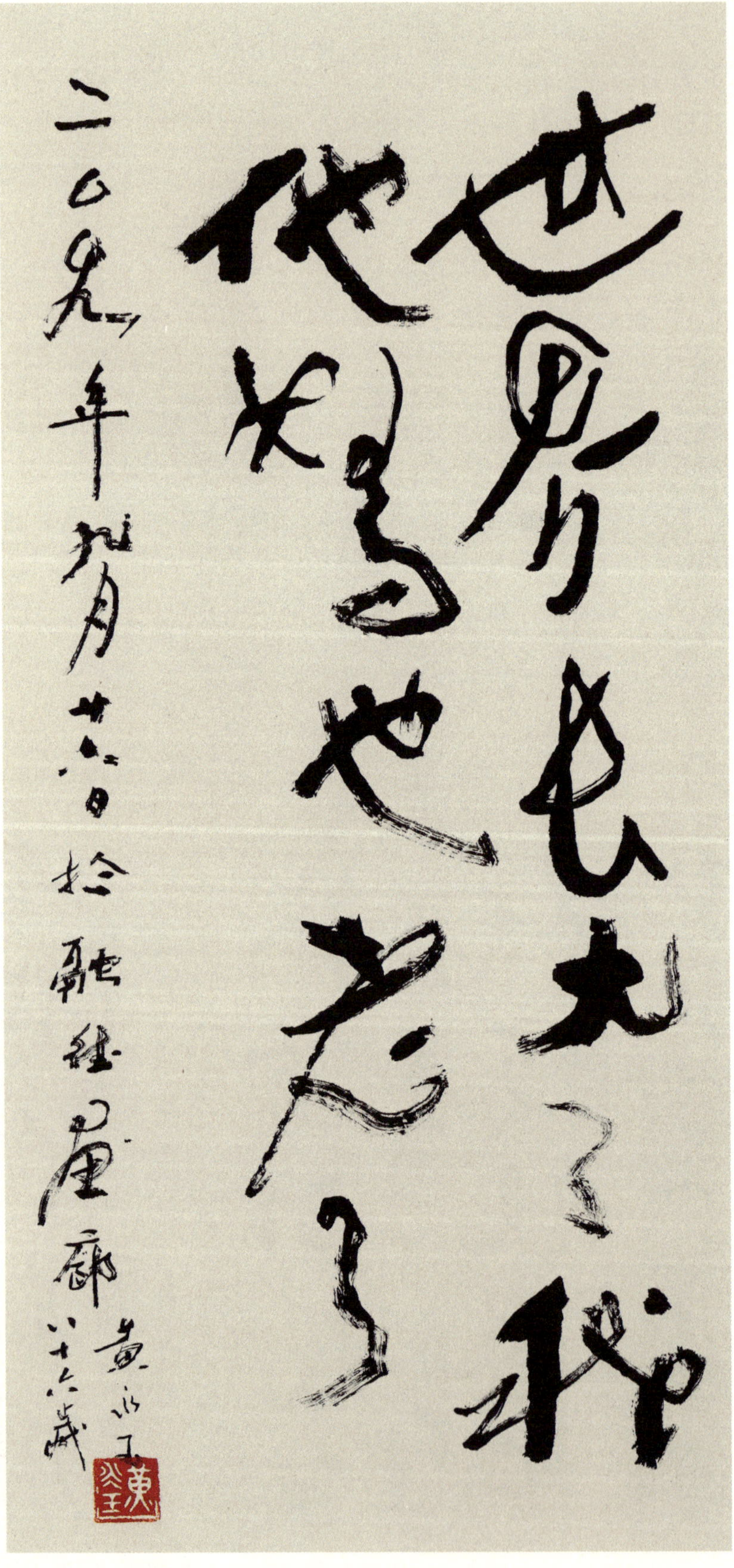

条幅・世界长大了 2009年

画家书法，因人而异也。齐白石胆敢独造，“我自画我家画”的同时“我自写我家书”，敢于把魏碑的方笔用于篆书，以方整结体和方折笔法写出了“方体篆”，写出了苍劲豪迈、凌厉痛快的行草书。黄宾虹书画并重，同参共悟，其书洒脱萧散，简静超逸，气韵浑然，出神入化，与其绘画的黑密厚重、浑厚华滋，浑然一体而互为表里。潘天寿书法以奇崛之造型，大疏大密之布局，生辣苍劲之笔墨，敢于造险和破险为其特点。吴湖帆书法秀丽清新，张正宇书法以装饰趣味取胜。李苦禅善章草，风格高古苍浑。李可染书法以厚重见长……至“鬼才”黄永玉，则亦庄亦谐，以谐趣取胜，他在醉醒之间的奇思妙想之语和充满天趣、野趣的书法，为当代书坛增添了活力。

对联 · 人做天看联 2009 年

观黄永玉的书法，不由得联想到和他关系密切的两个人：沈从文和石鲁。沈从文和石鲁都善书，前者是文人，写一手好章草；后者是画家，写一手刚硬的行草。两人都被黄永玉所敬重，他们可能对黄永玉的书法有些影响，但影响不是太大。因为各有灵苗各自探。虽然沈从文和黄永玉都是湘西人，且有亲戚关系，但沈、黄相比，书风大异。沈从文书法多文气，多理性；黄永玉书法多野气，多性情。虽然都是画家，黄永玉与石鲁的书法也大异，石鲁书法多生硬刚狠，黄永玉书法多生气谐趣。书如其人，沈从文书生气浓，故其书多文气，石鲁生性倔强，故其书多刚硬，黄永玉敢嬉笑怒骂且有分寸，故其书多谐趣。三人都是令人尊敬的大家。若论三人的晚年境遇，黄永玉大大好于沈从文和石鲁。倔强的石鲁在“文革”中被逼“疯”，温和的沈从文晚年患病在床，且沈、石二人都已作古多年。唯有诙谐多趣的黄永玉精神抖擞，快乐地在北京万荷堂或湘西凤凰玉氏山房或国外某地挥毫泼墨，晚年放异彩于盛世。他晚年快乐，更给世人带来快乐。

衷心祝愿黄老先生健康长寿，更希望他有更多的映照他童心的书法作品面世。

（参见李一《亦庄亦谐　天趣横生——黄永玉的书法》一文）

7. 设计家黄永玉

黄永玉涉猎广泛、多才多艺，在绘画、木刻、雕塑、书法、诗歌、散文、小说等方面的造诣也都有公论。唯有一项包涵最为丰富的才艺向来为人总结和研究。这便是他在设计方面表现出来的杰出才华与造诣。

如果从他 1946 年第一本《木刻手册》的封面设计算起，到今天湘西的八座 桥的设计落成，将近 60 年的岁月，黄永玉一直没有停歇过他的设计历程。他先后涉及过书籍插画设计、邮票设计、浆染画、器型设计、陶瓷绘画、家居营造、家乡桥的设计、玻璃艺术等设计专业的方方面面。美国艺术家、艺术博物馆专家哈维・韦斯特赞誉他“是一个出色的设计师，一个艺术生活方式的设计师”。

8
美术编 设计

为野夫《木刻手册》创作的封面图 1946 年

为《诗创造》之《饥饿的银河》创作的《浴》1947 年

（1）书籍插图设计

黄永玉是以版画创作走入美术界的，因此，他青年时代从事的书籍插图设计大抵都与版画有关，如给野夫《木刻手册》（1946 年）和为《诗创造》之《饥饿的银河》创作的封面图，还有给贺宜《野旋的童话》（1944 年）、沈从文《边城》（1947 年）所作的插图均为木刻作品。黄永玉早期木刻大都富有童趣和装饰色彩，用于书籍封面和作童话插图。诗歌集的插图可谓相得益彰。应该说，这一时期的书籍封面与插图较少设计元素，给人以简洁、质朴的印象。

1953 年，黄永玉进入中央美院版画系担任教学工作后，开始了他的版画创作旺盛期。给冯雪峰《寓言》（1953 年）、张梅溪《在森林中》（1955 年）以及《叶圣陶童话集》（1956 年）所作的封面设计和插图日趋精湛，根据原著的不同风格进行创意，分别表现出精细、活泼与诙谐的艺术特色。1956 年发表的撒尼人叙事长诗《阿诗玛》中外版封面和水印套色木刻插图达到了一个前所未有的高度，《阿诗玛》插图参加“第二届全国版画展”获得极大承购，从此也奠定了黄永玉在美术界的地位。

为冯雪峰的《寓言》中外版设计的封面 1953 年

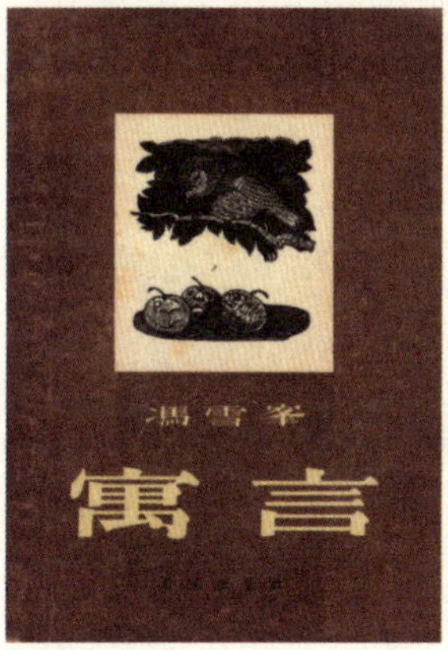

为冯雪峰的《寓言》设计的插图 1953 年

为张梅溪的《在森林中》设计的封面和书名页 1955 年

民族长诗集《阿诗玛》中外版封面 1956 年

为《叶圣陶童话选》中外版设计的封面 1956 年

新世纪以来，黄永玉的书籍设计范围大为缩小，一般只为自己的诗集、出版物和少数朋友的作品偶作封面与插图。如诗集《一束故乡的诗》（2001 年）、《从万荷堂到玉氏山房》（2004 年）、诗集《一路唱回故乡》（2006 年）、刘一友著《文星街大哥》（2007 年）等书籍所作的封面和插图，此时的作品，仿佛进入了一种游刃有余的状态，往往轻松活泼、趣味横生，一股浪漫主义的气息扑面而来。

黄永玉书籍设计的外延也在不断扩展，如为游记《沿着塞纳河到翡冷翠》（2006 年）、诗集《一路唱回故乡》、散文集《文星街大哥》和黄裳《来燕榭集外文钞》设计的藏书票；为彩墨组画《八仙过海》（2000 年）、《牛顿玩笑》（2004 年）以及近八年来为《十二生肖》挂历（2006—2013 年）设计的封面和为西安世界园艺博览会设计的收藏版门票等等，均体现了老年黄永玉在艺术追求上的兴趣广泛和不拘一格。

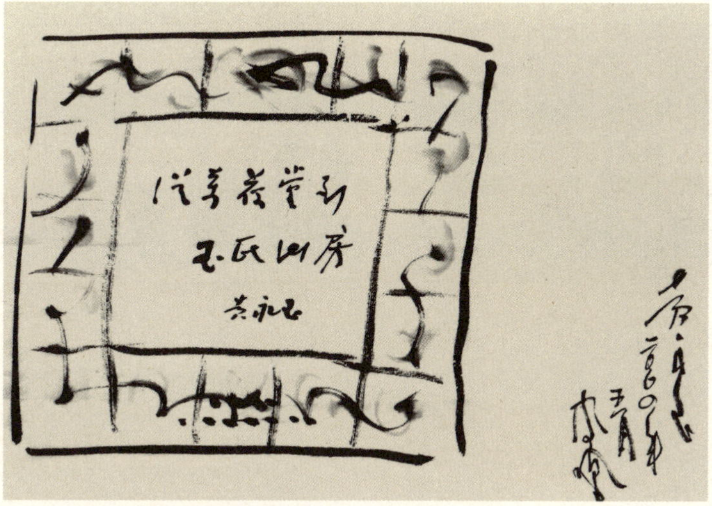

《从万荷堂到玉氏山房》一书的封面设计草图 2004 年

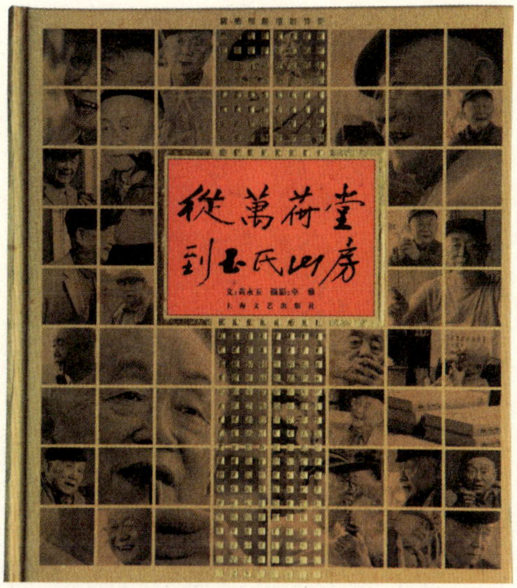

《从万荷堂到玉氏山房》一书的封面 2004 年

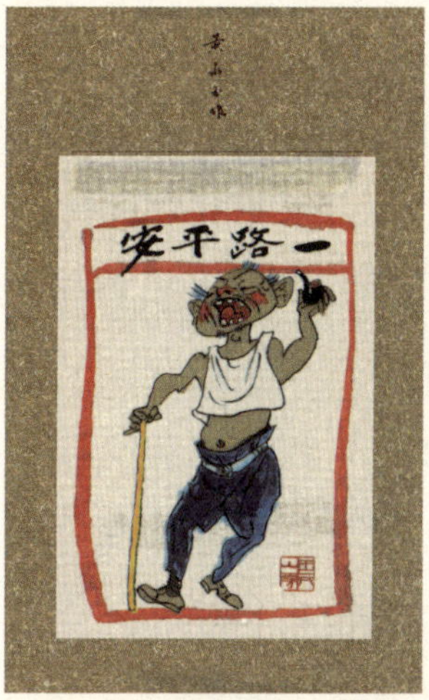

诗集《一束故乡的诗》书签

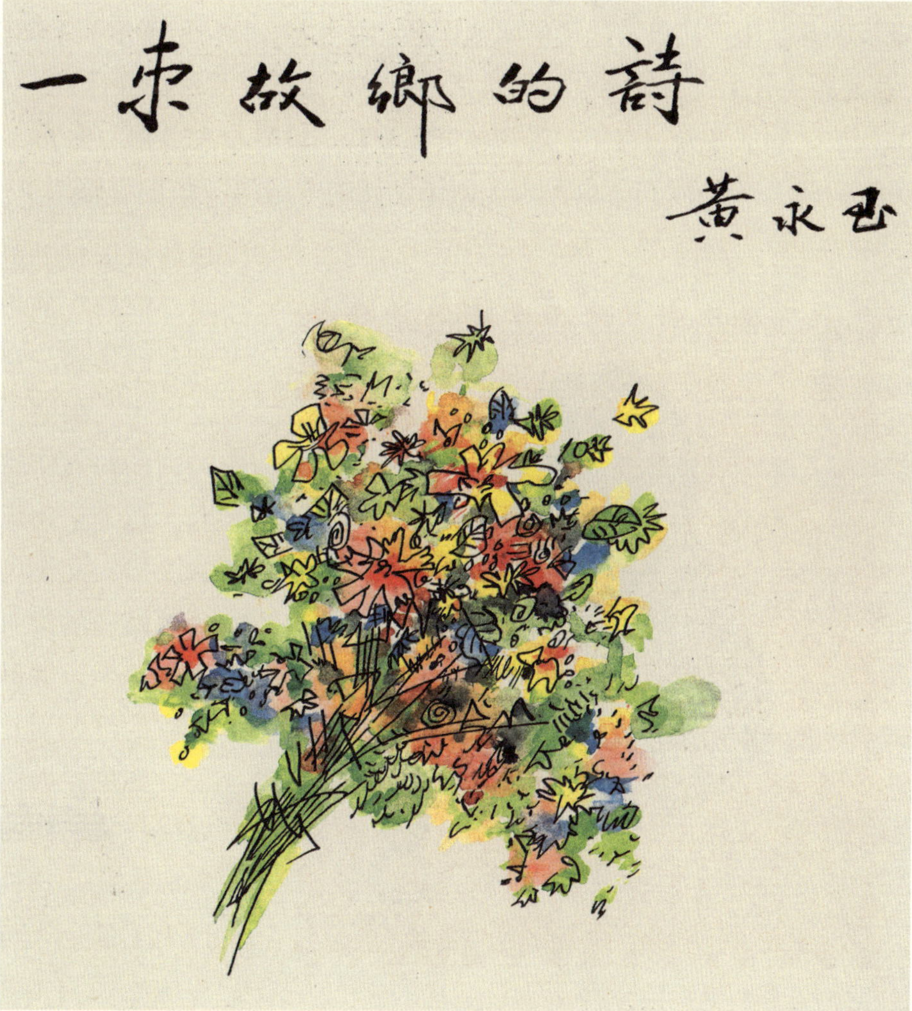

散文集《文星街大哥》书签

《林业建设》邮票设计 1958 年

（2）邮票设计

恐怕黄永玉自己也未料到，邮票设计会成为他艺术人生的一大亮点。他设计的邮票不算很多，但件件都是精品。早在 1956 年和 1957 年，黄永玉两次赴东北兴安岭林区体验生活，并创作了一批反映林区生产建设与生活的木刻作品。1958 年，取材于黄永玉木刻作品的特种邮票《林业建设》（雕刻版）开始发行，本套邮票包括《森林资源》、《保护森林》、《油锯伐木》、《绿化祖国》共四枚，面值 8 分。次年，《森林资源》获“世界十大名邮”称号。

1980 年农历除夕，由黄永玉创作设计的中国第一张生肖邮票——“猴票”发行。它的原型是黄永玉饲养的一只小猴子。由于这只名叫“依喔”的小猴刚刚夭折，黄永玉便把对它的留恋，深深地融入到了这枚邮票的设计中。邮票上的金猴造型，既不是用中国画的写意手法，也不是用油画的写实表现，而是采用雕版的方式，综合了中国画的线描，又倾向于写实语言，让人既感到一种强烈的设计意味，同时又活灵活现，栩栩如生，尤其是票面上红、黑、金三色构成的鲜明对比，加之简约精练的视觉效果，更是让人既感到一种中国民间艺术的喜庆气氛，同时又具有现代设计的庄严感和标志感。这件作品完全可以成为中国设计史上的一个标志，象征了设计意识已从传统绘画与工艺美术中分离出来，具有了

《庚申年》生肖猴 邮票设计 1980 年

白鹤 邮票设计 1986 年

自身的使用价值与审美内涵。（摘自杨卫《黄永玉的设计之旅》）至于“猴票”在邮票市场奇迹般的升值，这不但在中国邮票史上绝无仅有，而且在世界邮票史上亦很罕见。

黄永玉设计的另两套邮票分别是 1986 年发行的《白鹤》（一套四枚）和 2010 年为“第十届世界旅游旅行大会”发行的《荷票》（一套一枚），《荷票》的画面正是 2010 年黄永玉为北京荣宝斋而创作的彩墨巨制《荷》的缩小版。

此外，他还以自己的油画《奥运树》为图式，设计了“奥运会纪念封”（2009 年）。

《奥运树》纪念封 2009 年

荷（为第十届世界旅游旅行大会发行）邮票设计 2010 年

（3）浆染画

“浆染画”是在民间印染工艺基础上发展起来的一种新型工艺绘画，这与凤凰县沱江镇文星街上的一位颇有名声的民间印染艺人刘大炮有着密切关系。我于 2004 年曾在《美术之友》杂志上发表过《刘大炮和黄永玉——一位民间染匠和著名画家的故事》一文，详细介绍过黄永玉创作浆染画的过程。

夏荷 浆染画 1990 年

1980 年的一天，黄永玉回到凤凰，到刘大炮的作坊参观，兴趣所画，在一匹白布上乘用做印染花布的豆浆粉，用木制刮刀画出了一幅荷花，交大炮试染，结果，大炮将这幅荷花染得出奇地好看：既有蓝印花布单纯朴质的特色，又保留着水墨画酣畅明快的韵味。黄永玉见后十分高兴，从此开始了与大炮的“浆染画”上的联袂合作。前后跨越了近十年时光，黄永玉创作由刘大炮染制了数十件“浆染画”作品，分“花鸟”、“风景”、“人物”三类题材，“花鸟”有《夏荷》、《报春图》、《秋兴》、《雄鸡》、《水仙》、《瓶梅》、《紫藤》、《石头太寂寥，我来补上一景》、《猫头鹰》、《清夏图》、《老梅》等，“风景”有《凤凰城》；“人物”有《后羿射日》、《刺客列传》等。

须知浆染画并非轻而易举的话计儿，它的完成需要画家与染匠的默契和配合。首先，画家不仅需要娴熟的水墨画技巧，同时也要了解豆浆料的性能，从而把握好运笔（刮浆）时的轻重厚薄和入染后的浓淡效果。染匠则必须掌握好入染的火候，才能让成品表达出如水墨画一般的黑白韵味来。这种将民间传统工艺应用到当代绘画的新型工艺作品，在国内还不多见，黄永玉的浆染画探索为此做出了成功的样式。

后羿射日 浆染画 1980 年

刺客列传 浆染画 1990 年

报春图 浆染画 1979 年

秋兴 浆染画 1979 年

猫头鹰 浆染画 1980 年

凤凰城 浆染画 1980年

（4）器型设计

黄永玉的器型设计主要表现在酒瓶设计上，而正是酒瓶设计曾在全国范围内引起一场轩然大波。

1987年2月7日，黄永玉在家乡凤凰白羊岭古椿书屋小住，吉首湘泉酒厂一行人来家拜访，黄永玉向他们提出了在湘泉酒基础上做一高档酒的设想，并将设想付诸示范："……我马上叫五弟媳妇弄一块粗麻布袋来，越粗越好，缝成一个口袋；又让家乡随我多年的青年美术家毛光辉弄来一段一厘米多点口径的短钢管，将沙粒塞满小麻布口袋之后，中间插上钢管，再用麻绳扎在口袋颈脖子上。实际上这是一个厚实墩墩的小麻布口袋。"随后，黄永玉为它取了个"酒鬼"的名字，并在酒瓶背面题写了"无上妙品"四字。

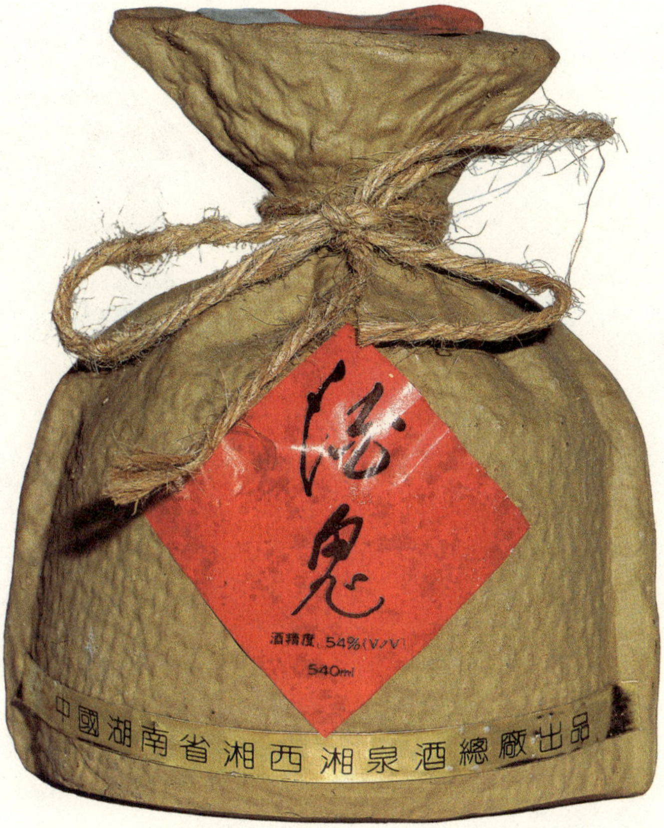

酒鬼酒瓶

显然，酒鬼酒瓶的设计是中国传统设计方式的延续，它是在文化积淀基础上的厚积薄发，是文人写意式的一挥而就。它没有构思的草图，也没有电脑的三维效果，更没有甲方乙方的谈判协商，有的是一种人文的精神。它朴实里显动力，随意中见洒脱，化腐朽为神奇——作为当代中国设计中有别于西式风格的"另类"，它不仅链接了中国的文化传统，还表现出了现代设计强调个性的本质特征。

成功的设计，带来了不凡的市场效益，酒鬼酒受到民众的喜爱，与它的酒瓶设计和广告语言不无关联。以至于多年后，仍有好事的南方某媒体跳出台面大肆诋毁，黄永玉义正词言予以回击，一场轰动全国的"酒鬼酒"官司以饶舌者的认错道歉而告终。

成功的设计，也让黄永玉的酒瓶设计一发不可收，从较早的"湘泉"、"老行尊"，到后来的"万荷堂自用酒"，从充满诗意的"春雨楼头"、"蜜福"，到颇为费解的"内参"，黄永玉的酒瓶设计总是别出心裁，让人耳目一新。

说起"春雨楼头"酒瓶设计，熟悉先生的郭八实在《活得微妙　计于其中》一文中如是说：

春雨楼头酒瓶

湘泉酒瓶

万荷堂自用酒瓶

蜜福酒瓶

相对不复杂的是“春雨楼头”：瓶子长方白粗瓷，颈部两寸长，圆口，瓶口勾青花，上塞软木小塞。瓶身四棱随意勾青花线条，侧面写有青花蓝色“春雨楼头”四字。瓶子刚出窑灌了刺梨酒，便到处送人了。香港一朋友在瓶内插入一朵开花，搁在拐弯的玻璃窗台上。三十多年过去了，看着仍是不俗。

当今上下腾跃的商界猛人 80 年代尚未过多地崭露头角，“春雨楼头”也因而“逍遥商外”。

直到最近，黄永玉还在构思一款新酒，名为“无愁河”酒，可想其酒瓶一定会别出新意的。

2000 年，为迎接新世纪的到来，黄永玉设计的“千禧龙娃”同样受到了大家的喜爱。“龙娃”眯眼咧嘴，两腮鼓起，是黄永玉人物画中招牌式的笑脸。偶作玩具设计的他，这次详细地绘了一张设计草图，连娃娃的“小鸡”也画出了正、侧面两种效果，令人忍俊不禁。

千禧龙娃（布玩具）

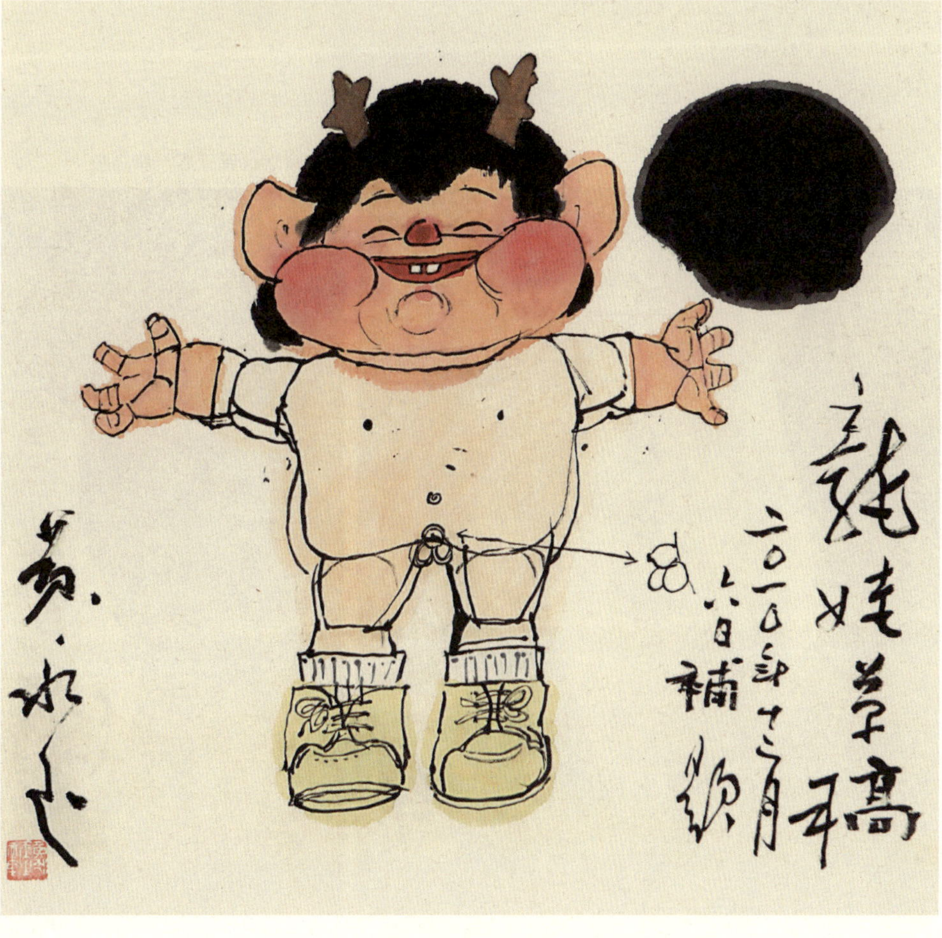

千禧龙娃（设计图）

(5)陶瓷绘画

陶瓷绘画作品是黄永玉 1999 年客居长沙蓉园宾馆时完成的，大部分用于万荷堂专用。这批陶瓷器皿以瓶为主，有大瓶、小口瓶，掐口瓶、扁嘴瓶、葫芦瓶、斜口瓶，另有红罐、碗、盘多种器型。

绘画材料选用钴料青花，亦有少量釉里红和红花；其手法均采用写意方式，与平日的水墨写意画并无二致。

绘画题材多见画家最拿手的荷花、飞鹭、猫头鹰等，亦有蝌蚪、水鸭、水鸟、游鱼、紫藤等花鸟类，大都用笔放胆、水墨淋漓而又不失清新爽洁。

另有一批以古诗、古句入画的作品，除文字较长的一件“鸱枭真经”外，其他都取短句，如“有美人兮”、“日日思君不见君”、“山斋饭罢浑无事”、“幸勿相忘”、“天下之大无奇不有”、“江南可采莲”等，不禁让人联想到唐代长沙窑取民间诗词短句入瓷绘的风采。唐代民窑瓷绘大都出自乡里匠人之手，古拙质朴中透溢出随意，黄永玉瓷绘虽颇似传承古法，但却显露出洒脱奔放的大师风范，并于大块的青白与光泽对比中传达出现代感。

“日日思君不见君”青花瓶

“山斋饭罢浑无事”斜口瓶

“有美人兮”罐

“江南可采莲”红花缸

“幸勿相忘”青花字瓶

“天下之大无奇不有”青花字瓶

（6）家居营造

黄永玉少小离家，曾经四方漂泊，老大后回归故里，自然十分注重家居的营造。他说：“房子是艺术创作的一部分，盖房子不仅是一个人的开心，它是很多人的开心。”逢兔年时他画了一幅漫画，题为“狡兔五窟”，可见其自得其乐。说来也巧，黄永玉在国内外确有居室五处，香港的“山之半居”和意大利的“无数山楼”是花钱购置的，且可不谈，而凤凰的“夺翠楼”和“玉氏山房”，北京的“万荷堂”，却是分别由他改建和精心设计建造的。

夺翠楼

夺翠楼坐落在凤凰县城沱江边回龙阁，临街一面对着准提庵，临江的对面是沱江一大景区——沙湾。这一处房产一度曾被废弃，黄永玉购置过来后，花几十万元专门请家乡人依照当地古建筑样子进行修建，石板的地面、桌椅，甚至火炉塘，俨然都是凤凰的地方风格。夺翠楼落成后，长脚临水，飞檐峭山，和周边的吊脚楼浑然一体。沿着陡峭的台阶拾

远眺“夺翠楼”

"夺翠楼"近景

级而上，进得屋来，发现房子的妙处在于：窄而长，三层三叠。第一层，容 得主人摆个八仙桌，对面架部电视机，可以神侃。第二层，正好是一楼的延伸，可作饭厅。桌子是整木削平的桌面，凳子是整根木头从中剖开，刷了层桐油就用上了。从窄窄的台阶再向上，便到了三层露天平台。绝佳看点，站在那里看端午赛龙舟是最好不过的了。房子里窗户很多，到处都可以看到沱江！任何一扇窗户望出去，都是一幅绝美的风景画，山林叠翠，河道弯曲，难怪主人会挂上"如坐画图"的匾额、写上"一竿下洞庭"的句子裱在墙上。

黄永玉为此写下《回龙阁夺翠楼记》：

"偎山临水，得阳台三层，窗槛长者一百零七扇，净赚来东南西三方山水、人物、市桥、车船景致，拨动早午晚三时心弦；鸡鸣狗叫都是温暖，吵架骂娘，融成乡音；春夏秋冬四季，阳光雨云，落木飙风，无不勾引胸襟文章，声音大成，颜色小样，尽在眼前。"

仰望“夺翠楼”

在“夺翠楼”内

『夺翠楼』内景

万荷堂

1995年，黄永玉决意在北京建一处大一些的房子，最初是为了他从美国带回的两只爱犬——高约80多厘米、重100多公斤的立果与卡咪，无论是香港的“山之半居”和凤凰的“夺翠楼”，都容不下这两只庞然大物了。经过朋友的张罗，通县政府以象征性的价格给予黄永玉8亩地。

1997年，在通县徐辛庄的一块地方，黄永玉自己设计的“万荷堂”正式动工了。他先后参照了北海公园、颐和园等地方的古建筑，一座仿江南式的庭园建筑就在他一边起稿、一边建造中进行着。在建万荷堂大殿时颇费周折，首先，他将大殿扩大到12米宽，这么长的原木在北京是无法找到的，后来从长白山找来了六根十五六米的原木运到北京，大殿方才有了现在这样的规模，黄永玉的许多彩墨巨制方能在这里诞生。

大殿的大梁完全采用没有加工抛光的原木，在建筑上克服了许多困难，现出木头的肌理能传达出建筑物丰满健美的质感。大殿后面是两层楼的老子居。在院落的建设中，黄永玉有一天突发顿悟：荷塘。于是他发动民工开凿了一个三亩大的荷塘，还填进去十来吨污泥，四周回廊环绕、楼亭挺立，几座楼亭分别取名“历历”、“田田”、“阿阁”、“月下小景”、“弘二庵”等。荷塘成了，池中荷花近者取颐和园、圆明园，远者来自潇湘洞庭、南粤荔湾，故名“万荷堂”。从此，爱荷成痴的主人，终不枉“十万狂花入梦寐”了。

哈维·韦斯特在《设计杰作万荷堂——谈黄永玉的艺术生活设计》一文中对荷塘设计如是评价：

“万荷堂里的荷塘设计是我最偏爱之处。

约占地8亩的万荷堂整个大宅院建筑设计里，荷塘占地约3亩。这个荷塘设计从设计

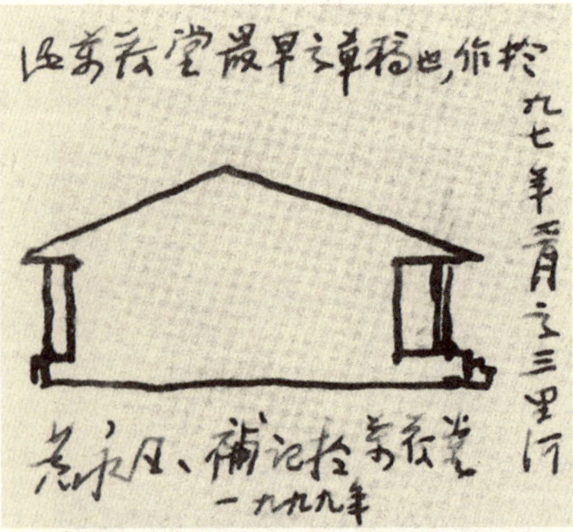

“万荷堂”的“正厅”设计草图 1997年

“万荷堂”的“荷塘”设计草图 1997年

“万荷堂”正门

从正厅前望正门影壁

“万荷堂”的“荷塘”全貌

“万荷堂”大门前院

从“老子居”顶望正厅背面

“万荷堂”正厅内景

上来说是个大想法，是个大空间，是万荷堂的一大组成部分。但是这荷塘设计同时又是一件艺术品。它画龙点睛地成为万荷堂整个画面中最重要的精彩色块。这个荷塘的设计出现并非偶然。荷塘设计是黄先生长期荷花绘画创作的结果和延续。

好比是他来到一个非常熟悉的“十万狂花入梦寐”艺术想象空间，他很清楚地知道他的荷塘设计会给他的艺术创造带来什么。荷塘的设计和出现是黄先生继续他几十年与荷花绘画所结下的情结；荷塘里的荷花可以无穷地给予他与荷花近距离接触的机会。

正厅一隅

正厅内六根巨木

内院门口

“万荷堂”主人卧室

“万荷堂”荷花盛开

……黄永玉设计的美丽宽大荷塘边上的平台设置了暂时的表演戏台；美妙的歌声飘向荷塘的每一角；客人朋友观看中国著名歌唱家的精彩表演，同时可欣赏荷塘无数茂盛生长的荷花植物；表演后，大家与黄先生进行十分有趣的对话。这样的机会和经历实在是不可多得。

“阿阁”楼

“万荷堂”荷花盛开

玉氏山房

玉氏山房位于凤凰古城东部的喜鹊坡上，与夺翠楼遥遥相望，站在山房的“河清塔”上看凤凰古城，一览无余。与夺翠楼颇为相似，此处原来是一间工厂，山房的修建将是凤凰的一个亮丽景点。

玉氏山房的修建，仍然按照黄永玉的设计思路，既富有湘西地方特色，又不失艺术家的个性审美需求。

玉氏山房的大门楼青砖、飞檐、拱门，古朴、沉稳、利落。沿着石阶蜿蜒而上，入院落、过天井，便是山房的主厅，主厅双扇大铜门是黄永玉花了两个月的时间设计并铸造的：两个体态婀娜的女郎，使人联想到屈原笔下的“山鬼”，陪伴她们的是水草、莲花、青蛙、螃蟹等。从大厅右侧门绵延而上，是一条双层的连廊，从这条连廊的起点到终点，凤凰深

“玉氏山房”大门

北门码头望对岸的喜鹊坡『玉氏山房』河清塔

“玉氏山房”主建筑正门

“玉氏山房”铜门及横幅

厅内 5 米高、6.8 吨重之万年阴沉木

处的美丽可以一处一处地触及。终点是一座三层八角亭塔，称为“河清塔”，塔上匾额题着“河清”二字，取自黄永玉祖父之名——黄河清。“河清塔”点缀在喜鹊坡的最高点，在这里，是凝望沱江的最好去处，塔上三层有一座“准提”菩萨，衣带飘风、含笑端庄，传达着一派祥和。

玉氏山房的大厅宽阔明亮，如一座艺术的殿堂，一头设有巨型画案，加上大片墙面，可供画家创作；另一头设沙发、茶几，可接待各方来客。大门背后墙上，有一对高达 8 米的彩墨花鸟《红梅白梅图》，大厅中央墙面以“凤凰全景”长卷画作装饰性展示。还悬挂有巨幅土家织锦“48 勾花”和纸扎名匠聂胡子的特大“狮子头”……至此，不得不提大厅中央的那件镇宅之宝——万年阴沉木。一段三四个人才能合抱的阴沉木，有如现代雕塑，乌黑发亮，傲然挺立。是友人从三峡库区弄来的，至少有 8 吨重，少说有 11000 年的历史。据说，是先把它矗立在喜鹊坡上，然后才开始以它为轴心建造玉氏山房的。

（7）湘西的桥

在中国，“建桥修路，造福一方”已成传统美德，但所需的财力和人力常常非一般人能为之。黄永玉能一人为家乡设计并支援建九座桥，着实令人钦佩而难以望其项背。

我们现在能见到已建好的有八座桥，即凤凰沱江的风桥、雪桥、雨桥、雾桥，吉首峒河的花桥、爱桥、醉桥、肥桥。

一位少小远离故乡，老年荣归故里的游子，能在自己梦魂萦绕的家乡，在一条清澈如镜的江面上修几座桥，让父老乡亲、老少妇孺有了过江的方便，又让这座美丽的小城平添几处耐看的风景，这是一桩多么美好的善事啊！

沱江妩媚而秀雅，水流湍急而波纹如绸，江上新添的四座桥，从整体上看，有如西南少数民族的风雨桥，纤长、细腻、秀美，风、雪、雨、雾是气候的变化，在大自然中各自呈现出不一样的风采。

雨桥 为凤凰沱江设计 2010年（湖南省交通规划勘察设计院制图）

雪桥 为凤凰沱江设计 2010 年（湖南省交通规划勘察设计院制图）

风桥 为凤凰沱江设计 2010 年（湖南省交通规划勘察设计院制图）

雾桥 为凤凰沱江设计 2010 年（湖南省交通规划勘察设计院制图）

醉桥 为吉首峒河设计 2011 年（湖南省交通规划勘察设计院制图）

峒河平缓而安静，长年无声地穿行于边陲古城，河上架起的四座桥，敦厚而坚实，没有新桥的光泽与亮度，像一位诚实可靠的老朋友牵着两岸的手。花、爱、醉、肥，孕育着人生的四个阶段，领唱着一首舒缓而欢快的歌。桥上的四组雕塑，“采花女”、“青春之吻”、“醉”、“母与子”，表达出作者内心深处的人文情怀，那便是对人生的信念与爱。

肥桥 为吉首峒河设计 2011 年（湖南省交通规划勘察设计院制图）

爱桥 为吉首峒河设计 2011 年（湖南省交通规划勘察设计院制图）

花桥 为吉首峒河设计 2011 年（湖南省交通规划勘察设计院制图）

（8）玻璃艺术

也许是他喜爱动物的原因，也许常常作花鸟彩墨画或创作“十二生肖”挂历，他与动物结下不解之缘，画完之后，欲罢不能，便把动物造型和玻璃艺术想到了一处。2009 年，黄永玉从意大利带回了一批新烧制的玻璃动物。幽默的造型、可爱的神态、缤纷的色彩、透亮的光泽、脆硬的质感，给人以全新的审美感受。

前些年，我曾在意大利威尼斯参观过一处玻璃烧制作坊，烧制技师像魔术师般把弄着手中的活计，五彩玻璃会像面团一样在他手中变幻出任意的造型，让人看得眼花缭乱。

黄永玉在威尼斯玻璃岛烧制的这批动物，以鼠为最多（作者正好属鼠），有单只鼠，有吊在大鼠尾巴上的鼠，也有一群向前爬行的鼠，件件都被塑造得活泼可爱。还有单只的青蛙、黑猫、卡通猫、张嘴的虎和伸腿撒尿的狗，最富情趣的要数在树上合唱的小鸟、母子猫头鹰、正在交合的公鸡母鸡和吃了一肚子鱼的丹顶鹤。从作者的一批钢笔水彩草图看，还有一件颇为令人寻味的作品，即是一条大蟒蛇肚子里躺着一位西装革履自鸣得意的胖佬。也许是不便制作的缘故，这件作品只见草图。

玻璃艺术无疑地表达出作者的兴趣广泛和视野开阔，不论是中国传统民间艺术，还是西方现代工艺美术，都被他信手拈来，大胆地实践、借鉴与改造，均能闪射出创造与智慧

玻璃艺术草图八幅 2009 年

在意大利威尼斯玻璃岛烧制玻璃艺术 2009 年

的火花。

其实，以上只是有作品的设计，或者是称得上作品的设计，在黄永玉的生活中，几乎处处都能看到他对方方面面都有着精心或随意的设计。

郭八实在《活得微妙 计于其中》一文中说：

“画不了画的日子，先生回到自己的园子里来了。说是园子，只为打个比方：做烟斗、腐蚀铜皮带扣；木质动物；纸扎灯；竹挖耳勺；紫藤老头乐儿，扇子，名为三脚猫的木头板凳，踩高跷用的行头；有机玻璃与木板结合的毛主席诗词挂件……列宁同志浅浮雕模压有机玻璃头像，镶在一块精心打磨的梨木板上，头像下方印有凹体英文‘共产主义定将实现’之类字样，铜挂链也来自珠市口的五金店，往墙上一挂，比进口的还进口。多年的修炼具体到这些小品中，时尚，不刻意，不在乎，精巧而极致。”

黄永玉不愧为一名生活的设计师，他所有的设计思考和创造与他的艺术生活方式不可分离，从这个角度上去看，一切都很容易解释了。

猫头鹰 玻璃艺术 2009年

树上的小鸟 玻璃艺术 2009年

青蛙 玻璃艺术 2009年

狗 玻璃艺术 2009年

虎 玻璃艺术 2009年

猫 玻璃艺术 2009年

群鼠 玻璃艺术 2009 年

丹顶鹤 玻璃艺术 2009 年

8. 美术编 8 卷与遗珠之憾

关于美术编

在 2010 年《黄永玉全集》开始启动前，我们就开始拟定了《全集》的基本框架。以往给先生出书规模最大的是黑龙江美术出版社，分别为版画、人物、花鸟。风景四大卷，除版画按画种分开以外，其他三卷系按题材分类，彩墨、油画、雕塑分别框定在题材里。书出得很好，也为我们出《全集》做了有益的借鉴，特别是该社编审、责任编辑原宋侩和总编室主任黄国盈为我们在资料上给予无私的援助，增添了我们出《全集》的信心。

考虑到黄老常说到在生活中摆文学摆在第一，我们确定必须出“文学编”，甚至在“编”与“篇”上都考证了一番。适逢我省正在编辑出版 700 卷的《湖湘文库》，编“文库”的专家们早已为此作过详尽的研究，“文库”的“甲编”与“乙编”让我们确定了“美术编”和“文学编”的称呼。

我们将美术编定为 8 卷，前 6 卷基本按可称的“画种”分类，即版画、彩墨（又分风景、花鸟、人物三卷）、油画、雕塑、漫画、插图。其中画种与题材的交叉颇费斟酌，如作者早期版画多为“诗集”和“寓言集”插图，为保持画种的整齐，将版画插图一并收入版画卷；如漫画中的人物与动物，又与彩墨人物的花鸟（含动物）交叉，后来确定将一些幽默性强的组画（如《牛顿玩笑》、《出恭十二景》等）、挂历（如《十二生肖》）都收入“漫画”（后定为“小品”）中。又如创作作品数量不够均匀，便将数量最多的彩墨画分为风景、花鸟、人物 3 卷，还考虑到花鸟画数量太多，再将大场景的花鸟作品并入了风景卷。后面，将作品偏少的油画、雕塑并为一卷，小品与插图并为一卷。

第 7 卷“书法”和第 8 卷“设计”则是按科学分类，属“新领域”，大样出来后，连黄老都感到意外。“书法卷”除条幅、横披、对联外，还收入了部分彩墨画题跋和为民间题写的牌匾和招牌之类，可谓林林总总。“设计卷”则有些费苦心，黄老设计的行当太多，较难归类，最后弄出了书籍、邮票、浆染画、器型、瓷绘、家居、桥和玻璃 8 种设计项目，项目虽多，还不至于杂乱无章。

遗珠之憾

人们常说电影是“遗憾的艺术”，拍出来一看会有很多不足之处。我想出书也概莫而外，特别是给健在的画家出《全集》。在第一次编委会专家论证时，李辉等先生就提出过不同意见。最后，仍按议定的计划行事。

黄老作品主要来源于几个方面：画家自藏作品、融德画廊、几位主要藏家、吉首大学、凤凰县有关部门与亲友、湖南省蓉园宾馆、广州石磨坊；还有各界人士获赠作品、出版物的电子文件、反转片以及国家博物馆、荣宝斋、《美术》杂志等单位提供拍片等等。在美术编的编辑过程中，文学编主编李辉先生从香港找到一批黄老上个世纪 40 年代创作的木刻插图作品，为版画卷丰富了内容，执行主编黄黑蛮先生不断从香港带来新发现的作品，还有黄老侄儿黄云在故乡古椿书屋找到一幅“大跃进”时期的木刻作品，一次次给我们带

冰兄作画图 彩墨纸本 1992 年

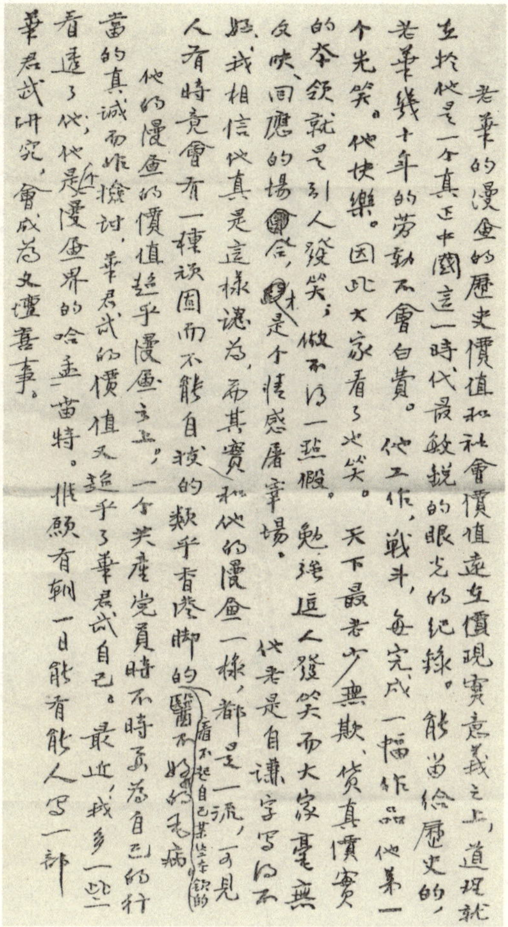

老華的漫畫的歷史價值和社會價值遠在價現實意義之上，道理就在於他是一个真正中國這一時代最敏銳的眼光的紀錄。能留給歷史的，老華幾十年的勞動不會白費。他工作，戰斗，每完成一幅作品他第一个先笑。他快樂。因此大家看了也笑。天下最老少無欺、貨真價實的本領就是引人發笑；做不得一点假。勉強逗人發笑而大家毫無反映、回應的場合，是个情感屠宰場。他老是自謙字寫得不好，我相信他真是這樣認為，而其實和他的漫畫一樣，都是一流，可見人有時竟會有一種頑固而不能自拔的歎乎看不起自己某些本領的蹩脚的醫不好的毛病。
他的漫畫的價值超乎漫畫之上，一个共產党員時不時為自己的行當的真誠而作檢討，華君武的價值又超乎了華君武自己。最近，我多一些看透了他，他是漫畫界的哈孟雷特。很願有朝一日能有能人寫一部華君武研究，會成為文壇盛事。

黄永玉评华君武手迹

“狗年毛热”贺年片木刻 1994 年

来惊喜与满足感。

编书的速度往往跟不上黄老勤奋创作的脚步，画册定稿后，仍然有巨幅作品《春江花月夜》和一批小幅的彩墨《菊花》问世，我们将这些作品补入了已经定稿的美术编中。美术编在开印后，黄老在万荷堂为香港荣宝斋绘制巨幅《荷花》，显然已经失去收入《全集》的机会了。

在美术编即将付样的三月底，友人尹联女士给我发来一批黄老的作品，是她先生在《中国文化报》和《人民政协报》编辑副刊时保存的一些“文化名人”资料。其中有黄老 1978 年和 1986 年先后赠给翻译家杨宪益的几幅漫画作品；另有一封给漫画家廖冰兄长篇书信和一幅记录 40 年代在香港寄居廖家斗室的漫画作品。还有一幅木刻作品颇为难得，是黄老赠给杨宪益夫妇的“狗年”自制贺年片，卡片上木刻狗造型神气十足，而且刀法凌厉、细腻，

画虎不成反类酒 彩墨纸本 1986 年

堪称木刻佳作。

还有少数作品未能收入美术编亦事出有因，如巨幅彩墨人物画《湘君、湘夫人》因尺幅巨大，最终因没找到拍摄场地只好割爱。

以上情形，都成为这次编辑《黄永玉全集》的遗珠之憾。但是，我们将在若干年后，一定会将这些作品连同黄老今后创作的作品收入美术编续集（即 9 卷、10 卷或更多）。

病梅馆记 彩墨纸本 1976 年

《黄永玉全集》文学编特精装本

《黄永玉全集》文学编普精装本

文學篇自叙

黄永玉

我愛好文學，可能祖上都是讀書人的原故。

小學那時遇循蔡元培先生"美育"教育方針，古今觀念都寬容開放，給小孩子一定影響。

集美中學圖書館豐富藏書打開我認識新世界的眼睛。

少小流浪閩南，戰地服務团、演劇隊的王淮先讓我懂得進步的"文藝生活"。仙遊縣的陳嘯高、吳淑壞先生賢伉儷慷慨為我開放藏書庫，使我系统了解世界文學的宏大規模，

為年青詩人作家做木刻插圖，相互尊引出濃厚文學興趣。認識真誠的詩人野曼，又串連出更多的文學朋友。

有幸沈從文是我表叔，他給了我文人良心。

有幸認識聶紺弩先生，他給了我文學鑰匙。

一路看書，一路揹着書逃難，渡過八年抗戰。

我懂得人生險惡利害，甚麼時候講話，甚麼時候啞巴，肚子裡清楚明白。也懂得為惡者讀書更惡，書跟善惡兩邊都是朋友，出了事，誰也救不了誰：

我一生讀和寫都沒有甚麼意義，只是為了興趣。

能活到今天，是我命好。

多謝 湖南美術出版社出這部書，內外貴力貫心的朋友們，這裡不一一列出名字，怕萬一漏掉一位名字，我將遺憾終生。

說到底還是要多謝李輝，天曉得他運用甚麼神力找到我幾乎一輩子材料：

他簡直不是"人"！

二〇一二年九月十音

於萬荷堂

9. 诗人黄永玉

题记：

文学在我的生活里面是排在第一的……

文学让我得到了很多的自由。

我不明白写文章用秘书用录音机用电脑，怎么还能写出来。……叙述回忆录的时候需要秘书，文学是不行的，它有文字语句的讲究，有上下句音韵的节奏，有需要相当长时间才能够酝酿出来的那种情调和气氛，它不能光是讲故事，它要进入情境进入角色，要集中精神，鸦雀无声地促涌出来。

——黄永玉

纵观文学史，绝大多数文学家早在年轻之时就有了明确的文学自觉、激情与目标，创作高潮也很早得以形成。与之相比，有着艺术家身份的黄永玉则明显不同。与文学结缘七十年，但他的主要文学创作，被视为一位文学家，则是在年过半百之后。他以自己

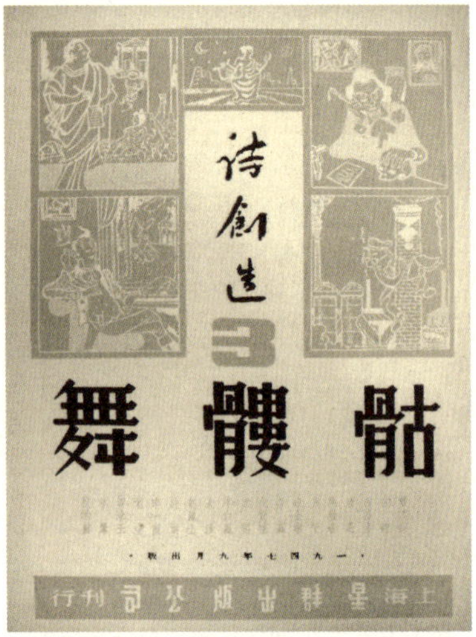

《诗创造》封面 一九四七年

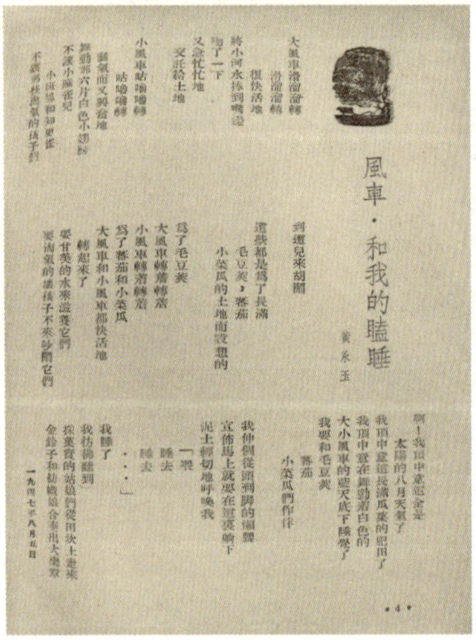

黄永玉在《诗创造》发表的诗歌 一九四七年

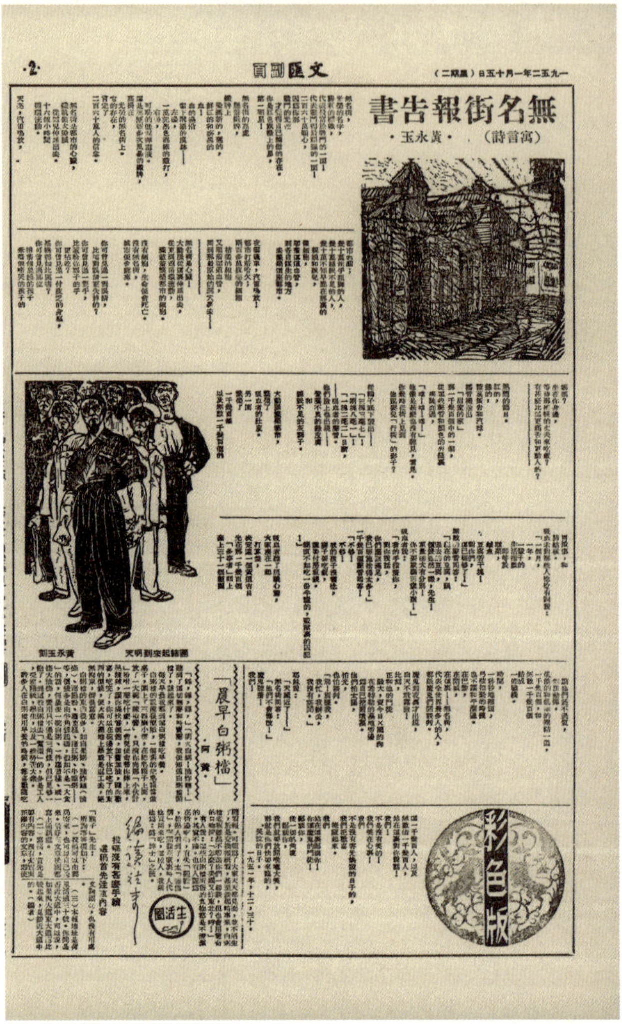

长诗《无名街报告书》发表于一九五一年香港《文汇报》

的独特姿态，走着一条与其他文学家不同的途径，其呈现方式也颇有不同。如果将之纳入文学史的范畴予以考察和界定，不难发现，黄永玉的确是一个特例，一个难以复制的“他”。

迄今为止，黄永玉文学道路已长达七十年，试将之分为三个大的阶段。第一阶段——尝试与沉寂，从40年代初至1963年左右，约二十年时间；第二阶段——潜在写作，从1964年至1976年前后，约十二年；第三阶段——自觉与丰收，从1977年至今天，已达三十五年。星转斗移，七十年文学行程，主题不断变奏，尝试—沉寂—潜在—自觉—丰收……如此这般，黄永玉将自己的文学道路，认真地书写在当代文学史的画卷上。

——李辉

前面的这段题记，是《黄永玉全集》文学编主编、作家李辉《主题变奏七十弦——黄永玉文学创作概述》（文学编总序）一文的开篇词，也是对黄永玉文学行当的一个大体总结。

若要说起黄永玉的文学之路，首先会提起他的诗歌。1982年，我进入35岁，在当时全国颇有名气的《羊城晚报》“花地”副刊上看到黄永玉的一首诗《中年颂——给友人》，不妨摘录于下：

中年是什么？
不是依靠回顾才见到人影的镜子，
不是傻呆在野地
由于风才摇摆的世故的老树，
不是靠吹才响亮的喇叭，
不是靠尾巴表示情感的小狗，
不是只张嘴巴而不出声的鱼，
不是光靠激情狂奔缺乏思考的马，
不是在路上只管数着脚步的驴，
不是抽泣过日的风霜，
不是肉做的酒桶，
不是出卖情欲的公猪。

中年，
是一张半新不旧
饱经风暴和朗日的船帆。
不一条河流宽阔的中段，
是一片怜悯和宽恕的草原，
是一双跋涉万里合脚的布鞋，
是一个理性和感情和谐的季节。

中年，
嗳！其实
它就是成熟！

一九八三年发表长诗《老婆呀，不要哭》的《诗刊》杂志

江苏人民出版社一九八一年出版诗集《曾经有过那种时候》

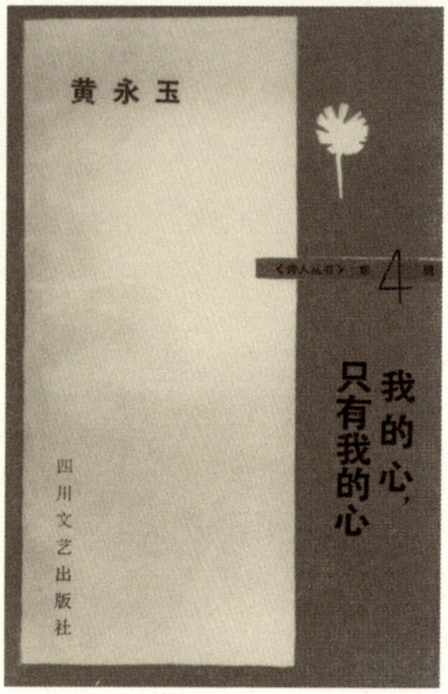

四川文艺出版社一九八六年出版诗集《我的心，只有我的心》

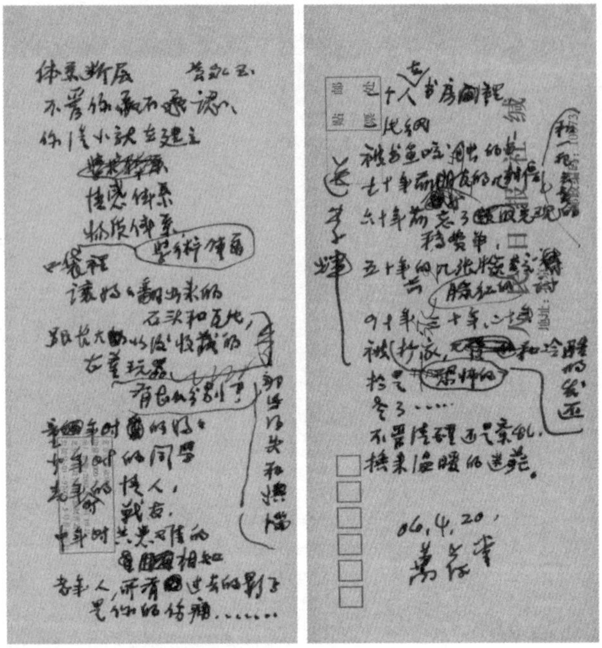

写黄裳诗歌《体系断层》草稿

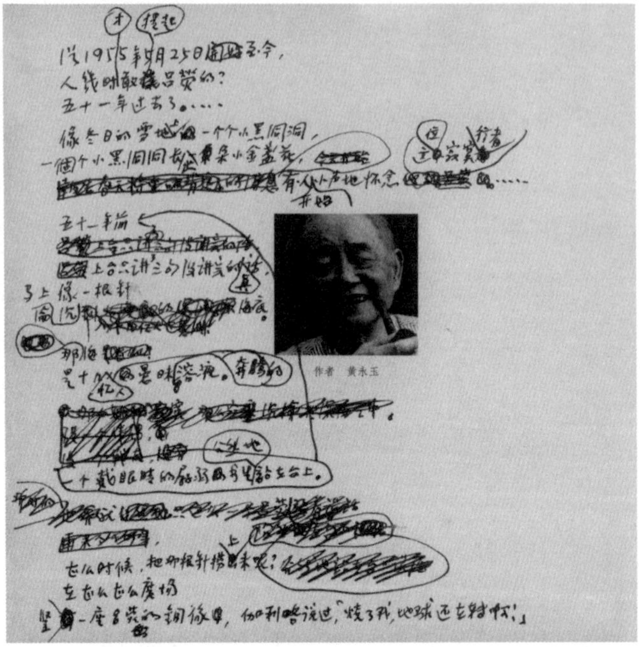

写吕荧诗歌草稿

可以想象，在那个对诗歌还有感觉的年代，正在拨乱反正的80年代之初，一个刚刚步入中年的大龄艺术青年，看到这样的诗句，就好像遇到多年未见的朋友，倍感亲切。仿佛这含着情感和温度的诗句，能让你在艰难行走中发力。

按照上中学的习惯，好诗歌会剪下来，贴在自己的笔记本里。5年后的1987年，为出版社编辑《黄永玉》画册，社长郑小娟委派正在中央美院进修的我去南沙沟替黄老挑选作品，我还向黄老（那年63岁）提起《羊城晚报》上的那首《中年颂》，黄老思索了一下，说他没有保存那份报纸。记得当时四川某出版社给他出版了一本小小诗集，印刷与装帧确实寒碜，黄老戏称，这是世界上最差的一本书。也就一笑了之。

如今，是一个缺乏想象、缺乏抒情，诗歌已经失落的时代，提起黄永玉和他的诗歌，我们会对这些用心血、激情和泪水拌和的诗句肃然起敬。

故乡，文学的摇篮。

1937年秋天，南方的厦门。十二岁的黄永玉，自家乡湘西凤凰漂泊而来，就读于厦门集美学校。开学之日，穿上校服学生装去照相。照片上的他，头戴学生帽，背手而立，抿着嘴，平视前方，神情显得镇静自如。他给家里寄去照片，同时，还送给弟弟们一首诗：

太阳刚起了光芒
在我的床上
引起我的思潮
我不愿再在人海中彷徨
只要回到我的故乡凤凰
同着我那
永厚、永前、永福、永光
过着顽皮的景象

当年，由九岁的大弟弟黄永厚向弟弟们朗读这首思乡诗，七十多年后，年过八旬的这位弟弟仍能流畅地背诵之。他甚至说，每次朗诵，都想哭。诗句稚嫩，却非游戏之作，一个漂泊少年的真情告白，有着亲人之间可以充分理解的诗的力量。

这首思乡诗，是迄今为止所知的黄永玉最早的文学作品。

诗歌是黄永玉最早的文学尝试。

据黄永玉在 1993 年的回忆，他在报刊上开始发表诗歌，是在 1943 年左右，约二十岁。他这样说：

我写诗，时间不短了。现在沈阳作家协会的单复兄，在福建仙游的《闽中日报》宽宏大量地登过我的一首诗《三八那天》和一幅木刻插图。1943 年左右，在江西信丰县，诗人雷石榆、谷斯范和野曼的《干报》报纸副刊登过我的一首短诗，写但丁在圣三一桥邂逅比雅特丽斯，和我在信丰大桥约会我的女朋友的行为具有相同伟大的意义。题目已经模糊了。我那时候大约十九、二十岁吧！一下子以为自己是查泰顿，一下子以为自己是拜伦或雪莱，是但丁；更长的时间，以为自己是玛耶诃夫斯基，甚至模仿他寡着嘴、睁大眼睛，脖子上套一条丝围巾照过一张得意了好久的相。

1945 年、1946 年在江西上犹《凯报》做美术编辑工作，艾雯编副刊，好像除了木刻之外，我也还写过小说和诗这类的东西向她投稿。（诗集《老婆呀，不要哭》序，经黄永玉 2012 年修订）

诗歌亦是黄永玉在苦难岁月中的一种用以心灵“鼓舞和慰藉”的情绪宣泄。

1970 年 12 月，他偷偷完成了历时多日的一首长诗：《老婆呀，不要哭——寄自农场的情诗》。

关于写作《老婆呀，不要哭》的背景，黄永玉后来在公开发表此诗时，在诗前补充了这样的话：

诗，是农场三年劳动所作。带着包袱进行改造如吞丸药以浓茶送服，虽明知“医之道大矣！”积习却中和了药性，病是治不好的。

黄永玉与张梅溪（70 年代末） 杨凡 摄影

这首诗是夜间弓在被窝里照着电筒写的。怪不得同志们惊讶我每星期换两节电池，或许真以为我每晚都去偷鸡摸狗。

那时候家人心情懊丧，日子太长了！展望前途如雾里观河，空得澎湃。启用几十年前尘封的爱情回忆来作点鼓舞和慰藉，虽明知排场、心胸太小，却祈望它真是能济事的。（诗歌《老婆呀，不要哭》引言）

《老婆呀，不要哭》的写作，是“五七干校”期间，文学在黄永玉生活中的复苏。除此首长诗之外，他同期还创作了另外一首两百多行的叙事长诗《喂鸡谣》。与《老婆呀，不要哭》风格完全相反，《喂鸡谣》为七言体打油诗体裁，几乎不带政治色彩，不用报章术语，而纯以幽默、调侃风格反映“干校”日常生活，在艰辛的日子里发掘自我调节的喜剧色彩。

从此，他一直没有停止过写诗，即便在动荡的日子里——

1974 年，在“黑画事件”中受到批判后，他回到湖南躲避风雨。在家乡，他先后写作《平江怀人》、《一个人在院中散步》等诗，以隐晦表述，写对因“庐山会议”而遭贬黜的彭德怀的怀念，写严峻凄冷下的一种乐观……

三联书店 1997 年出版诗集《老婆呀，不要哭》

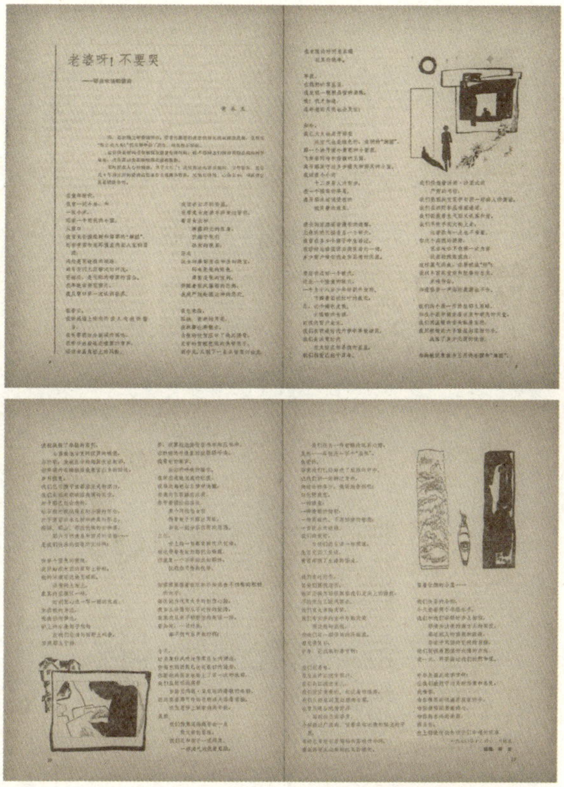

长诗《老婆呀，不要哭》

1976 年，北京发生因悼念周恩来而爆发的“四五事件”，黄永玉曾前去天安门广场，之后，他写下《说是从丰台来的》、《老夫妇》、《老兵》、《哭泣的墙》、《邂逅》等，以诗的形式记录历史突发事件，抒发现实忧患。

“文革”结束后不久，黄永玉将笔记本上偷偷写下的这些诗歌，挑选若干，交由《诗刊》发表。另有部分作品，依然在笔记本上沉睡着，未能发表。

黄永玉以自己的“潜在写作”，当代文学史的研究提供了一个重要的有着丰富内涵的范例。同时，他以此表明，此生注定拥抱文学。十余年的“潜在写作”，也是一次庄严的、毫无功利目的的文学预演。它预示着，“文革”结束之后，黄永玉将拥有清醒的、雄心勃勃的文学自觉，“大器晚成”的他，收获季节如期而至。

1982 年，中国作家协会举办“第一届全国优秀新诗（诗集）奖”的颁奖大会。这应是“文革”结束后中国诗坛的第一次盛会。获奖诗人十位，老中青三代，整整齐齐站成一排。艾青、张志民、李瑛、公刘、流沙河、邵燕祥、胡昭、傅天琳、舒婷，这九位是人们熟悉的诗人，唯有站在他们中间的黄永玉一人，来自诗坛之外。

以往，人们只知道他是位画家，而现在，他还是一位诗人，站在了文学的聚光灯下。对于他，这是一次精彩亮相，也是一个标志——在历时三十余年的尝试、沉寂、“潜在写作”之后，他终于拥有了充分的自觉，意识到文学是他干预现实、抒发自我、融入历史的更自由的表达方式与手段。

文学的自觉，到来于“文革”结束后的1979年前后。

黄永玉获奖的诗集为《曾经有过那种时候》，收录三十二首诗，一部分属于“潜在写作”时期的作品，其余创作于1979至1982年之间。

这是当代中国一个重要的历史性转折时刻，浩劫余生的沉痛与兴奋，引发黄永玉文学创作的激情，他以这批诗歌，汇入了新时期文学最初的“伤痕文学”、“反思文学”的潮流。

短诗《曾经有过那种时候》，可看做是诗人对“文革”时代特征的高度浓缩：

人们偷偷地诅咒
又暗暗伤心
躺在凄凉的床上叹息，
也谛听着隔壁的人
在低声哭泣。

一列火车就是一列车不幸，
家家户户都为莫名的灾祸担心。
最老实的百姓骂出最怨毒的话，
最能唱歌的人却叫不出声音。

传说真理要发誓保密，
报纸上的谎言倒变成圣经。
男女老少人人会演戏，
演员们个个没有表情。

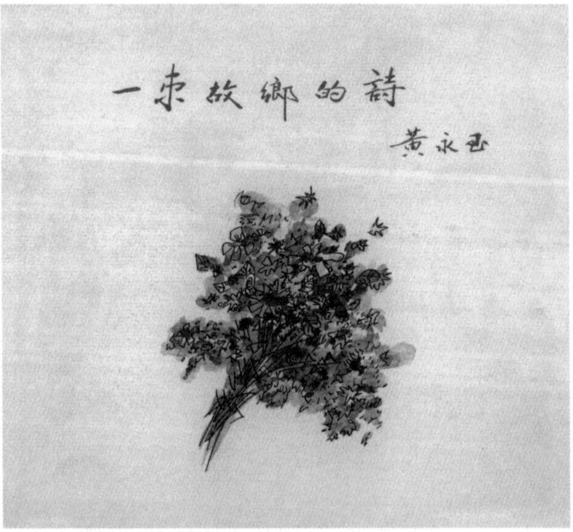

2001年自印诗集《一束故乡的诗》

此诗足可代表黄永玉的历史态度与批判锋芒。显然，他自己也很看重此诗，故将该诗题作为诗集的书名。

“客串”至文学领域的黄永玉，顿时引起关注和嘉评。1981年，诗人艾青撰文《一个土家族诗人的机智》，写道：

永玉写的诗，我读了一些。他的诗，自成风格。他所采用的是现代口语，形式比较自由，常以奇特的构思见长。

写诗，当然要有思想感情。但是光有思想感情，平铺直叙，仍不能震撼人心。这是说，除了思想感情之外，还要有智慧，这个智慧也可以说是机智，它包括构思——善于安排，把矛盾挖出来，加以解决。

……严肃认真的思考！他思考得很随便，也思考得很苦。充分表现了他的幽默，机智——只是有些显得奢侈了。

（载《我的心，只有我的心》，1986 年，四川文艺出版社）

改革开放后的八九十年代，黄永玉秉承着诗人的道义，尽管经历过晦暗生活，蹚过苦难河流，但仍保持着坚毅、自信与乐观，扶持正义，鄙视丑恶。1982 年先后发表了诗歌《中年颂》和《老年颂》，前者以诙谐而睿智的语言从正、反两面勾画出人生的一个重要季节，从字里行间仿佛渐渐挺立出一位饱经风雨、敞开胸怀的中年汉子；后者是一首唱给老人的歌，那位柱杖前行、被苦难和焦虑漂白了头发的老人也许已经离去，也许已获得新生。诗人最后几乎在高声呼吁：

……

摩西说过：
“谁若使老人流泪，
我就让大地震颤。”
我们的老人哭过了，
我们的土地也震颤过了，
今天，
新世界到来了，
我们要努力使老人们笑呵！
我们有信心使老人不再伤心！

湖南文艺出版社一九八八年出版诗集《花衣吹笛人》

黄永玉在这一阶段创作的诗歌先后收入了诗集《我的心，只有我的心》（四川文艺出版社，1986 年版）；《花衣吹笛人》（湖南文艺出版社，1988 年版）；《一路唱回故乡》（作家出版社，2006 年版）

160 行长诗《花衣吹笛人》取材于德园两百年前一个动人心魄的寓言故事，诗人通俗、流畅的叙事长短句，再现了这个故事。它在告诫人们“最后说话算数”，否则将会受到惩罚。除了认为拿可爱的孩子作为惩罚对象有些不得当之外，还会觉得这首长诗的背后，是否还隐藏着更加深刻的寓意？

1992 年至 2006 年，黄永玉的诗歌代表作几乎全部收入诗集《一路唱回故乡》中，这一时期的作品以短诗居多，少见长诗，进入老年后的黄永玉，诗句中少了几分铿锵与激越，多了一层明媚与闲适（也许是配有彩色插图的缘故），他在自序中说：

我写诗，自命不是诗人。

真羡慕写得好诗的诗人：我用石头把精彩句子镶在荷塘的墙上。

人，有时候有诗的念头，有时候是凡人、蠢人的念头，有时是恶棍的念头。

我喜欢中外古往今来的好诗人和好诗。

有的是学问的诗，光是学问却又生僻了。

有的是所有人的诗，都懂，都动情，都喜欢。

有的是写给诗人看的诗；有的诗人都喜欢，有的诗人骂娘。

有的是伟人的诗，有的真好，有的扯烂污，放肆！势位所误！

有的太监写的诗——这就不好说了。

我一生有不少前辈和朋友是诗人，他们的生和死很不苟且。

《东岭迎晖》、《兰径樵歌》、《奇峰挺秀》、《龙潭渔火》、《南华叠翠》、《山寺晨钟》、《梵阁回涛》、《溪桥夜月》是8首描述老“凤凰八景”的短诗，被诗人轻松加深情的笔调赋予了新意。

《回梦》、《自由晴空》、《我的梧桐》、《月》、《鲜春三月》等诗篇是借景物抒发意志与情怀；《像文化那样忧伤》、《老哑巴》、《吕荧》、《一张想哭的笑脸》、《体系断层》是对友人的追忆与缅怀；《自画像》、《老糊涂》、《烟头》是诗人的自省与自嘲；《理想多美丽》、《你就一个人玩去吧！》、《啊哈！握手》、《右派杀手》是对人妖颠倒的苦难日子的反思和批驳；

诗集《一路唱回故乡》

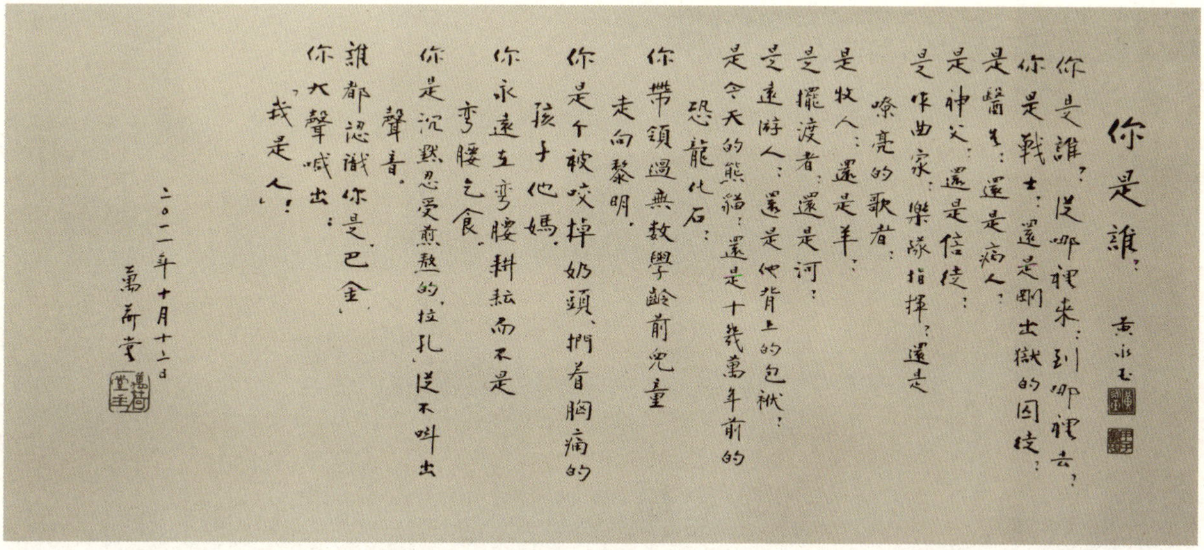
你是誰？ 黄永玉

你是誰？從哪裡來？到哪裡去？
你是戰士，還是剛出獄的囚徒？
是醫生，還是病人？
是神父，還是信徒？
是作曲家，樂隊指揮？還是
嘹亮的歌者？
是牧人，還是羊？
是擺渡者，還是河？
是遠游人，還是他背上的包袱？
是今天的熊貓，還是十幾萬年前的
恐龍化石？
你帶領過無數學齡前兒童
走向黎明，
你是个被咬掉奶頭、捫着胸痛的
孩子他媽，
你永遠在弯腰耕耘而不是
弯腰乞食，
你是沉默忍受煎熬的拉孔，從不叫出
聲音。
誰都認識你是「巴金」，
你大聲喊出：
「我是人！」

二〇一一年十月十二日 萬荷堂

为巴金故居创作的诗歌《你是谁》手稿 2011 年

还有《狗》、《照片》、《死就死，“走”什么？》、《老就老吧！》、《生气》、《强者开门》等诗篇均从不同的角度以充满哲理的语言伸张正义、鞭挞丑恶。

2011 年，黄永玉应上海巴金博物馆之约，创作了《巴金像》，在画上题写了一首诗《你是谁？献给巴金先生》，作为“诗歌卷”压轴之作：

你是谁？从哪里来来？到哪里去？
你是战士，还是刚出狱的囚徒？
是医生，还是病人？
是神父，还是信徒？
是作曲家，乐队指挥？还是嘹亮的歌者？
是牧人，还是羊？
是摆渡者，还是河？
是远游人，还是他背上的包袱？
是今天的熊猫，还是十几万年前的恐龙化石？
你带领过无数学龄前儿童走向黎明，
你是个被咬掉奶头、扪着胸痛的孩子他妈，
你永远在弯腰耕耘而不是弯腰乞食，
你是沉默忍受煎熬的“拉（奥）孔”，从不叫出声音。
谁都认识你是“巴金”，
你大声喊出：“我是人！”

10. 散文与杂文家黄永玉

黄永玉的散文

黄永玉在不曾停歇的诗歌创作同时，也开始了他的散文写作。他的散文作品大致可分为两个主要部分，一部分为“人物”类，他写的这些人物又大多是中国文坛响当当的大家，如文学家巴金、沈从文、钱钟书、黄裳、聂绀弩、汪曾祺等，书画家林风眠、吴作人、李可染、张乐平、丁井文、郑可、丁聪、廖冰兄、黄新波、陆志痒、黄苗子、郁风夫妇、杨先让等，还有文化奇人张伯驹等等。以上人物大都收入到 2008 年作家出版社出版的《比我老的老头》散文集中。

当然，也有写其他人物的，如写清末杰出政治革新家陈宝箴（儿辈陈三立、孙辈陈衡恪、陈寅恪）三代精英的《华彩世家》；写集美中学同窗李尚大的《微笑·汗水·家园》；写晚辈凤凰画家刘鸿洲的《苦涩无悔》等等。

另一部分散文归于“自述”类。黄永玉的自述散文，许多篇章并非连续性叙述，时间和生活场景时有交叉。如有回忆童年、少年与青年往事的《乡梦不曾休》、《永远的窗口》、《音乐外行札记》、《书和回忆》、《示朴琐记》、《清沙湾灰阑》、《亲爱的兄长》和《流光五十年》等；有提及他青少年学艺的《学木刻的故事》、《人物和人物画》、《关于我的雕塑》、《速写因缘》等；也有专写在台湾、香港往事的《古今多少事，渔唱起三更》、《往事模糊芦花岸》等；还有记述他中年、晚年艺术生活的《此序与画无关》、《“动物短句”相关的事》、《南沙沟札记》、《清、奇、古、怪因缘》等等。

率先完成的长篇人物散文《太阳下的风景》，写于 1979 年岁末，这篇作品标志着黄永玉在拥有文学自觉之后，其散文写作一下子就达到很高的起点。《太阳下的风景》以写表叔沈从文为主，勾勒与渲染出大时代里一个小人物的坎坷命运，顽强生命力之中含蕴着浪漫、柔情、忧郁、感伤与悲怆。这篇散文，其实也是写故乡凤凰城的文化风情、历史变迁，写父母一辈的命运与时代的对应关系，写作者本人的漂泊人生。作者具有画家的眼睛与调度能力，善于描绘出一个个生动的、色彩斑斓的生活场景；他如创作小说一样，灵活而恰到好处地运用对话，使散文的叙述顿时具有活力与动感；当他以画家与小说家的综合才能写作这篇散文时，笔下缓缓流淌而出的，恰恰是中国当代散文久违的也颇为缺乏的真挚情感、个性化语言、不拘一格的起承转合。

在《太阳下的风景》中，黄永玉回忆当年读沈从文的《一个传奇的本事》，曾这样谈到沈从文散文的印象：“在 1946 还是 1947 年，他有过一篇长文章谈我的父母和我的情状，与其说是我的有趣的家世，不如说是我们乡土知识分子在大的历史变革中的写照。表面上，这文章犹

散文集《比我老的老头》（新增补版）作家出版社 2008 年出版

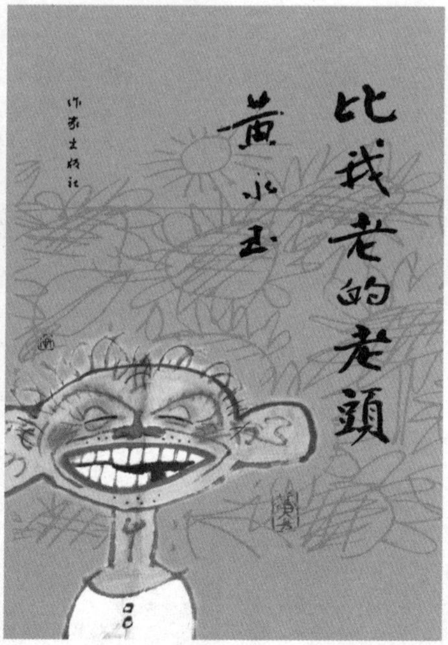

散文集《比我老的老头》作家出版社 2008 年出版

黄永玉设计《比我老的老头》藏书票

表叔沈从文（前排中）回故乡凤凰

在上海会见黄裳（2011 年）

黄苗子最后一次来到万荷堂（2011 年）

八十年代与华君武（左）、杨宪益（中）在一起

吴作人、华君武、李可染、丁井文（左起）来家中做客

在德国街头写生　作家出版社 2006 年出版《沿着塞纳河到翡冷翠》

如山峦上抑扬的牧笛与江流上浮游的船歌相呼应的小协奏，实质上，这文章道尽了旧时代小知识分子，小山城相互依存的哀哀欲绝的悲惨命运。”说得多好。其实，我们也不妨将之看做写作《太阳下的风景》时作者本人的心绪与艺术追求。

与诗歌一样，重新亮相的黄永玉，其散文当即受到文学界的关注并予以高度评价。著名藏书家、散文家姜德明这样写道：

画家中擅长写散文的是黄永玉。

我爱黄永玉的木刻，我也爱画家的散文。前几年，我不肯放过他画上的那些题跋，真是有声有色，其中有欢笑，有眼泪，当然也有画家的机敏、幽默，甚至一点狂态和痴情……有的则是诗。

近两年他的散文创作欲又抬头了。写人物好像无头无尾，却能画出人的眼睛！是写意，是夸张，还是大泼墨？是不是散文一如他作画的风格：不拘一格，“无法无天”？

（《画家的散文》，载《人民日报》副刊，1983 年 2 月 3 日）

不拘一格，无法无天，这是姜德明对黄永玉散文独具慧眼的发现与精当概括。作为熟稔现代文学的专家和副刊编辑，姜德明也是为数不多的知道黄永玉与文学早就有缘的人之一，他所说的“散文创作欲又抬头了”，简约而明了地点明看似黄永玉以画家身份“越界”进入文学创作，其实也是一次文学的回归。

漂亮的回归，带给当代散文一个惊喜。一个散文大家，赫然登场。

北京三联书店 1998 年出版《吴世茫论坛》

走在故乡的深巷里

再次细读《太阳下的风景》，不难发现，这篇作品呈现出多种主题——永远的乡愁、文化的感伤、前辈命运的悲欢离合、漂泊的人生况味——已经确定了黄永玉日后各种体裁（包括诗歌、散文、随感、小说等）创作的基调，他在这篇作品中肆意挥洒而出的才情，也早早地为自己竖起了一根标杆。之后三十年的创作，他将《太阳下的风景》里蕴含的多种主题尽情演绎与变奏，将业已呈现的多样色彩不断挥洒。也就是说，1980 年前后的诗歌与散文成就，构成了一个坚实基础和高度，他立足于此，腾挪跳跃，从容前行，文学创作更为丰满而厚重，“太阳下的风景”，铺开一个丰收的季节。

自《太阳下的风景》之后，散文一直是黄永玉得心应手的写作。长篇自叙散文《蜜泪》于 1985 年 3 月完稿于故乡凤凰，两万三千金字的篇幅如行云流水，娓娓诉说。从童年的“逃学”孩子，到集美中学的叛逆少年；从漂泊四方的艺术青年，到刚刚步入中央美院的“准教授”。《蜜泪》是一部长篇自传，记录了少年漂泊者的苦难与坚毅，一位艺术青年的奋进与执着。同时，它又是一段语言秀美而又耐人寻味的故事，深深地吸引和打动着每一位捧读者。

90 年代初，黄永玉在旅居意大利期间，完成《沿着塞纳河到翡冷翠》一书，集游记与人物素描于一体，佐以大量风格各异的插图，文采飞扬，趣味无穷，令读者爱不释手。

黄永玉的杂文

杂文也是黄永玉热衷的体裁之一。1985 年前后，他在《新观察》杂志以“吴世茫”笔名开设“吴世茫论坛”。他以反讽、鞭挞等手法，干预生活，针砭现实，嬉笑怒骂，一时轰动京城。1989、1990 年前后，他以“老獭”、“姚育水”等笔名，在香港《东方日报》等报纸开设“天荒野谭”等个人专栏，发表杂文约三百篇，说古论今，笔锋犀利，为历史留存记忆，为文化提供掌故与见识，杂文在他手中俨然已达随心所欲的境界。

熟悉黄永玉的人知道，他是一个精力极其旺盛、从来闲不住的人，画画、阅读、聊天……他还有一个习惯，身边总是带着笔，感触一来，随便找一张纸，就写下短句、对联。有时，在与朋友聊天时，忽然会静下来，旁若无人地独自写诗，晚年所写作，1964 年的“动物短句”系列，便是以类似的写作方式，在一个“百无聊赖”的“运动”环境中完成。

选择动物为描写对象，与黄永玉的性情有关。他一直对动物充满兴趣，自小喜欢观察动物，成家了，养狗、养猫，后来甚至养猴子。动物是他的家庭生活的一部分，是他研究的对象，也是绘画必不可少的内容。然而，当在纷扰的政治环境中开始写“动物短句”系列，黄永玉则将所写动物，转化为更多内涵的、拟人化的对象。也就是说，他对每个动物特点的归纳、概括，不再仅仅是动物属性本身，而是使之成为社会的、人性的、精神的一部分。

“动物短句”，实属黄永玉独创的一种体裁。每个动物只写一句，再配一幅动物画，图文相映成趣，互为补充。这些短句，似格言却非格言；是散文句式，却又更接近于散文诗；或隐含感伤，或带有杂文的隐晦、讽刺。坦率地说，很难将“动物短句”（包括《永玉六记》、《水浒人物》、生肖画等作品）归为哪一类文学样式，姑且称之为“文与画”，它们是作者在那个特殊年代特殊环境中，集文学与美术于一体的一种个性表达，其才思、性情、诗意，尽在其中。

（以上文字摘自李辉《主题变奏七十弦——黄永玉文学创作概述》）

黄永玉在江南的白描写生

黄永玉在意大利生活片段

11. 小说家黄永玉

热爱文学，倾心文学创作，无疑是故乡对黄永玉的另外一种赐予。

黄永玉自幼感受着故乡漫溢而出的文学气息。在凤凰成长的十二年，与文学相关的诸多元素：知识、情感、修养……一日日渗透于心。他出身于书香门第，其父母又均为受新文化影响的知识分子。黄永玉识字很早，两三岁即开始背诵古诗，继而背诵四书五经。在背诵古诗、在听前辈们海阔天空讲故事的过程中，他接受着古典文学和民间文学的最初熏陶。这种熏陶，与自然界的美丽、风土人情的丰富性以及凤凰的民间艺术氛围相辅相成，对于一种文学精神的形成，显然起到举足轻重的作用。在这一点，可以说，黄永玉是一个文学的幸运儿。

90 年代定居香港和旅居意大利期间，黄永玉开始了他最为看重的文学创作——长篇小说。第一部长篇小说是政治幽默小说《大胖子张老闷儿外传》，描写 1949 年开国大典之后的北京文化界以及中南海高层的生活。小说完成十余万字，在《明报》月刊连载经年，后因故歇笔。

小说《无愁河的浪荡汉子》插图之一

黄永玉 90 年代初期开始创作自传体长篇小说《无愁河的浪荡汉子》，其间歇笔约十年，于 2008 年续写，至今已完成第一部。关于这一作品，我在本文前面已经指出：“在这部小说已经完成的篇幅里，黄永玉以具有现代汉语之美的个性叙述，描写自己儿时经历，欲借此勾画出广阔社会背景下的历史沧桑。沧桑之中，故乡的风俗人情，个体生命的忧伤，漫溢文学的诗意。我们有理由对《无愁河的浪荡汉子》以后的叙述和格局，充满期待，它将会是一部具有民俗史、生活演进史架构的长篇巨制。”

《无愁河的浪荡汉子》的主人公名叫序子（小名“狗狗”），原型即作者本人，小说中的朱雀城，即凤凰古城。小说当然有虚构成分，但它们显然是基于黄永玉儿时生活体验的再创造。

黄永玉萌发创作这部小说的想法很早。40 年代初，刚刚二十岁时，他在福建漂泊期间

小说《无愁河的浪荡汉子》插图之二

第一次开始创作，提笔写过片段，战争年代，生活所迫，写作无法进行，他只好放弃。60年代中期，在农村参加“四清”运动的社教工作队时，他再次想到这部小说，欲重新提笔，但“文革”突兀而至，又未曾如愿。1990年前后，他终于有机会静下心开始创造《无愁河的浪荡汉子》，完成十几万字后一度停笔，十几年后，2008年再续写。不同于当今绝大多数作家常常等作品完稿后一次性集中发表，黄永玉创作《无愁河的浪荡汉子》的过程，颇类似于老舍、茅盾、巴金、沈从文等现代作家当年的状态，作品一边写，一边发表，连载这一作品的是中国最重要的大型文学刊物之一《收获》。如今，小说已经连载至第四年，篇幅达五十多万字，但序子才刚刚写到十岁。

显然，《无愁河的浪荡汉子》是贯穿黄永玉一生的美丽的文学梦想。在绘画艺术领域，

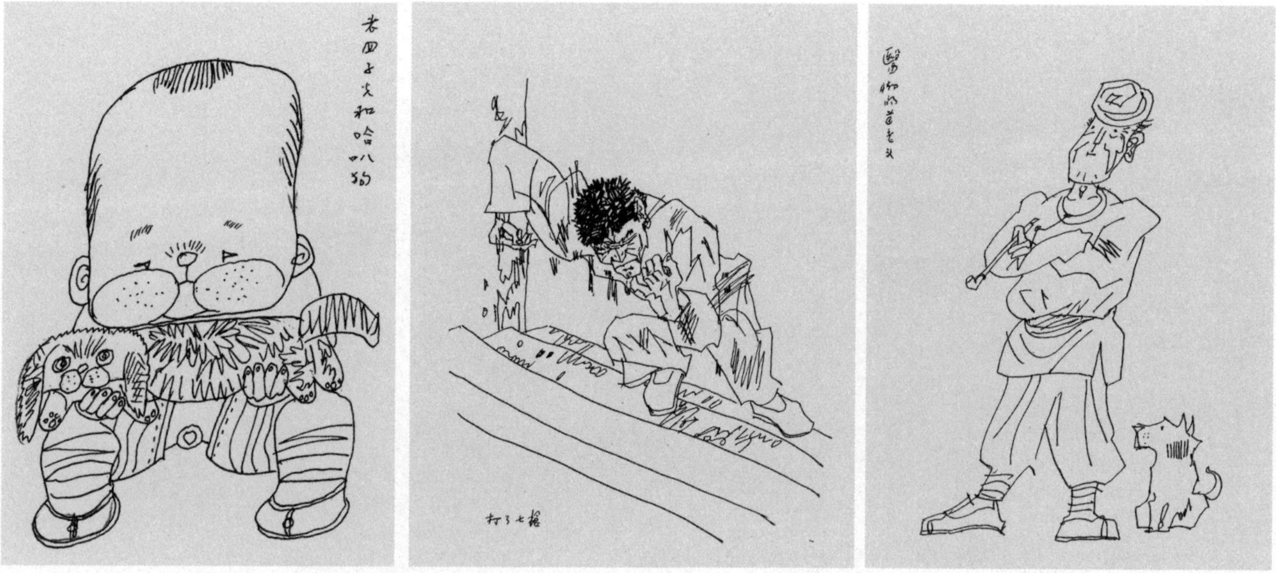

小说《无愁河的浪荡汉子》插图之三

他已蜚声中外，他却对此远远不满足，即便到了八十岁，他如同青年时代一样，依旧拥有文学的激情和雄心。在这部小说已经完成的篇幅里，黄永玉以具有现代汉语之美的个性叙述，描写自己儿时经历，欲借此勾画出广阔社会背景下的历史沧桑。沧桑之中，故乡的风俗人情，个体生命的忧伤，漫溢文学的诗意。我们有理由对《无愁河的浪荡汉子》以后的叙述和格局，充满期待，它将会是一部具有民俗史、生活演进史架构的长篇巨制。

在黄永玉写于 2012 年 3 月的下面段落中，小说主人公序子长到了十岁：

眼看就秋深了。

秋深是什么意思呢？

凉了。

人身上里里外外都簌簌清爽。

狗呀，雀儿呀，不像热天那么委顿了；连托钵子讨饭的叫花子走在街上都潇洒精神。

热天时候，小孩子竹竿子牵着的瞎子算命先生，拉胡琴很让睡中午觉的人听来摇篮里的安逸，到秋天，坐在屋里听到瞎子算命先生路过，那就睡不着了，映在石板街上远去的一抹清亮的哀苦……

水蓝了。山上金黄叶梢上那边飞着南去的雁鹅，白天飞，月亮天也飞，在天上“哦哦”招呼着儿女。

朱雀猎人从来不打雁鹅的，说它们或者带着远戍边关当兵人的家信。

小说《无愁河的浪荡汉子》插图之四

序子和那一帮家伙都喜欢在城墙上看雁鹅，排成一字形，人字形，晓得它们要漂洋过海到远远的热带去。燕子也去，有的小鸟也去，飞不动的时候就歇在飞着的雁鹅背夹上，让穷人搭便船一样。动物也懂得“助人为快乐之本”的道理。

《无愁河的浪荡汉子》

在作者以精致而跳跃的文字描写的美丽风景中，序子已长到十岁，再过两年，他即将离开家乡“朱雀城”漂泊而行，走进现实生活中那位十二岁少年在集美学校即兴写诗的场景。八十八岁的作者，十岁的序子，虚实相间，在文学叙述的情境中交融一体，且不妨将之视为一次很好的文学穿越。十二岁少年自己也不会想到，当年的一次文学即兴，最终变成了漫长的行旅，从厦门一直走到了七十年后的北京。

（以上文字摘自李辉《主题变奏七十弦——黄永玉文学创作概述》）

12. 文学编 6 卷及小说卷的待补

早在 2008 年和 2009 年间，我们就开始设想《黄永玉全集》的基本构架，理所当然地想到要将他的文学成就考虑进来。我们还知道黄老在文学创作上果实丰厚，一两卷书是囊括不下的，2009 年度的社选题会上，由我在会上宣读了《黄永玉全集》的策划报告，最开始是一个 8 卷的框架，文学编的主编也想到了非李辉先生莫属，他主编过“大象人物聚焦书系”，其中有一本《黄永玉·走在这个世界上》（大象出版社，2000 年 9 月版），他还选编出版过《黄永玉自述》（大象出版社，2004 年 2 月版），后来又编著过《传奇黄永玉》（人民日报出版社，2010 年 7 月版）；他秉承着记者的使命，跟随黄老近二十年，收集了黄老许多珍贵的文学资料，的确是《黄永玉全集》的文学编主编的不二人选。

2010 年 8 月 26 日，在北京凯宾斯基大酒店召开的《黄永玉全集》第一次编委会上，李辉先生就对《全集》特别是对文学编提出了许多建设性的意见，我们将文学编确定为 6 卷，又经过一年多的磨合与推敲，李辉先生拿出了最终方案，即是目前文学编 6 卷的结构：

（1）诗歌卷

共收录一百二十余首作品。

除少数散见作品外，主要作品选自以下五本诗集：1.《曾经有过那种时候》（江苏人民出版社，1981 年版）；2.《我的心，只有我的心》（四川文艺出版社，1986 年版）；3.《花衣吹笛人》（湖南文艺出版社，1988 年版）；4.《老婆呀，不要哭》（三联书店，1997 年版）；5.《一路唱回故乡》（作家出版社，2006 年版）。

本卷所选作品，大致根据写作时间排序。《一路唱回故乡》中的作品，由于未注明具体写作时间，故划定为“1992—2006”之间。

（2）人物卷

本卷编选记叙人物的散文，约四十篇。

有些人物，作者写有多篇，且写作时间不一，为方便读者阅读，本卷按照所写人物姓名的汉语拼音排序。记叙群体人物的作品，则根据篇中所写主要人物的姓名排序。本卷近一半文章曾收入《比我老的老头》（作家出版社，2008 年 9 月版）。

（3）自述卷

本卷收录自叙性质的作品，分为上编、下编两部分。

上编，以散文为主，兼有少量序跋。此类自叙，非连续性叙述，时间与生活场景时有交叉，所选文章大致按照文中讲述生活经历的时间先后排序。

下编，演讲四篇。这些讲演，读个人生活经历与创作体会，为另一形式的自叙。

长篇自述散文《蜜泪》收入此卷中。

（4）杂文游记卷

此卷编选杂文、游记两类作品。

杂文为两部分。

其一，作者 1985 年前后，在《新观察》杂志以笔名“吴世茫”开设“吴世茫论坛”专栏，现根据香港明报出版社 1989 年版《吴世芒论坛》一书收录。漫画配图为作者本人所画。

其二，作者 1989、1990 年，在香港《东方日报》以笔名“老獭”开设“天荒野谭”专栏，共发表两百余篇，未结集出版。现根据剪报收录部分作品，约五十篇。

游记系作者 1990 年所写关于法国、意大利的游行印象，现根据作家出版社 2006 年版《沿着塞纳河到翡冷翠》一书收录，个别描写人物的篇章，另选入“人物卷”之中。游记配图为作者本人所画。

（5）文与画

本卷编选作者独创的“文与图”形式的作品。

“文与图”的名称是李辉先生拟定的，因为文字接近杂文，图应归为漫画，称为“文与画”是恰当的。

卷内主要为《永玉六记》系列，依次为《罐斋杂记》、《力求严肃认真思考的札记》、《芥末居杂记》、《往日，故乡的情结》、《汗珠里的沙漠》、《斗室的散步》。系根据三联书店 1997 年版收录。

（6）杂集

本卷收录散佚作品，体裁不一，故称为“杂集”。

分为如下五个部分：

第一，“香港早期作品辑录”，为作者 1948 至 1952 年间在香港生活期间的各类作品（诗歌除外），含散文、寓言、电影小说、评论、通讯等，约二十篇，可帮助读者集中了解作者早期写作状况，以写作时间或刊发时间为序。

第二，“散章辑录”，主要收录作者 ,1953 年定居北京后所写且未单独结集的散见文章，含散文、杂文、序跋、评论等，约三十余篇，以写作时间或刊发时间为序。

第三，“书信辑录”，收录作者书信六十封，以收信者姓名的汉语拼音为序。

第四，“画跋辑录”，收录作者历年在自己画作上所题跋文若干，以书写时间为序。

第五，“自撰对联辑录”，收录作者历年自撰对联若干。

除以上 6 卷内容外，原计划 8 卷中含有“小说卷”，为什么读者十分关注的“小说卷”需要待补呢？这里必须加以说明。

作者 90 年代定居香港和旅居意大利期间创作的第一部政治幽默小说《大胖子张老闷儿外传》，小说只完成十余万字（在《明报》月刊连载）后，因故搁笔，因此也无法编辑入卷。黄永玉从 90 年代开始创作的长篇自传体小说《无愁河的浪荡汉子》第一部基本完成，但因作者早与作家出版社签订了出版合约，只能待小说单行本出版后，择时增补“小说卷”将这部小说录入。

在此，只能向读者致以深深的歉意。

黄老喜读《黄永玉全集》文学编

《黄永玉全集》文学编普精装（左上）、特精装（左下）及《黄永玉九十》（右）

世界的黄永玉【跋】

Shijie de Huang Yongyu [Ba]

5

世界的黄永玉【跋】

2006年3月14日下午5时，北京通州万荷堂的大门前飘扬着中国和意大利的国旗。

为了表彰黄永玉先生在中意两国文化交流中作出的卓越贡献，意大利政府向黄永玉先生颁发意大利团结星二级骑士勋章的授勋仪式在这里隆重举行。

黄永玉先生与意大利有着特别的关系，也有着特别的情感，这里，不只是指意大利佛罗伦萨芬奇镇有他的住所——“无数山楼”；也不只是指他画过意大利的许多大街、小巷和邻居们；他的那本《沿着塞纳河到翡冷翠》详细记录了他在意大利的生活，也正说明了他与意大利情感的缘由。

早在1997年，意大利政府曾授予过黄永玉先生意大利共和国骑士勋章，这是第二次享受这种殊荣。2006年是意大利中国文化年，给黄永玉再次授勋是中国文化年的一件大事，也是中意两国文化交流史上重要的一刻。

意大利驻华大使凯帝先生在授勋仪式上讲话：

“尊敬的黄永玉老师，我非常荣幸今天下午能够代表意大利政府参加这次重要的活动。黄老师您可能知道今年是意大利的中国文化年，意大利的中国文化年代表着两国文化交流的非常重要的时刻，也是代表我们要感谢为两国文化界所作出贡献的人士。中国和意大利一样，在两国，我们一样非常尊敬历史，非常尊敬教授这个词，非常尊敬老师这样一个词，非常尊敬画家这样一个词。意大利和中国一样，从小的时候我们父母就教育我们要尊敬历史。所以，我是非常荣幸能够代表意大利共和国、能够代表共和国的总统先生向您颁发意大利团结星二级骑士勋章。我们当然知道伟大的画家黄永玉先生是我们多年的老朋友，也希望将来能增强这个友谊。谢谢。”

原国家发改委主任、现国务院副总理马凯也在授勋仪式上讲话：

“尊敬的大使先生、参赞先生，尊敬的黄老、女士们、先生们、朋友们：

下午好。我非常高兴能够参加黄老的这次授勋仪式，这次授勋仪式没有金碧辉煌大殿，没有雄壮的乐队，但是非常庄重、简朴，别有风趣、别开生面，这也是一种创造。

我首先祝贺黄老获得这样的殊荣，您是当之无愧的，也对意大利政府能够授予黄老这个骑士勋章表示高度的赞赏，因为中国有句老话叫‘慧眼识珠’。意大利政府把骑士勋章授予黄老说明你们非常有眼光，因为黄老是我们国家著名的木刻家、雕刻家、作家、画家，还是著名的教育家、慈善家，他还是建筑设计师，（今天我们所在的）这个大殿就是他做的，还是广告设计师，大家都知道‘酒鬼’就是黄先生设计的。他是一位多才多艺的大家，是我们国家国宝级的文人，我最敬佩的还有他是一个充满活力、永远给人们带来快乐的人。今天意大利政府给黄老授勋再一次说明了我曾经说过的一句话，就是黄老和他的艺术不仅是属于中国人民的，而且是属于意大利人民的，也是属于世界人民的。我们衷心地祝愿黄老用他一支毛笔，能够为祖国的繁荣昌盛，为中国和意大利的友谊，为人类的文明事业发展作出更大的贡献。我衷心地祝愿黄老和阿姨健康长寿。谢谢！”

黄永玉先生最后致答谢词：

“尊敬的大使、夫人、参赞，尊敬的马凯先生、高强先生，还有我的好朋友，先生们、女士们：

我荣幸地在寒舍万荷堂接待你们，说起我们中国和意大利，就不能不想起远隔重洋的两个有着悠久历史国家奇怪的共同点：两个国家的人们自古以来的特点是世界第一流的精确的懒散。好的心、好的食物、好的酒、好的脾气，看起来成天无所事事，却做出了世界最高的、最精美的文化产品，为世界所景仰。第二是浓稠的家庭关系。父母之外，阿姨、舅母、表姐、表弟一大串亲戚和朋友，中国和意大利是一样的，尊敬父母，友爱兄弟姐妹。中国人动不动就‘我的妈呀’，意大利就说‘Mamma Mia’。所以中国人在意大利至今的日子过得不错，当然也添了不少麻烦。第三，朋友是永远的。在意大利我有许多朋友，放牛的、种地的、修钟表的、新闻记者、银行家、雕塑家，我最赞成交朋友，没有利害关系，不管财富文化的差异，只有想念、只有友谊。只可惜有很多的意大利朋友怕坐飞机，所以没有机会请到我的家里来玩。谢谢意大利总统和政府第二次颁给我这个光耀的勋章，这对我、对我的工作、对我的家人、对我的故乡、对我的祖国是一种荣耀。我家里的两个孩子，一男一女，都是在意大利受教育培养成长的，罗马的那个狼肚子底下吃奶的不仅仅是两个孩子，应该是四个孩子。我的父母都是音乐、美术的教员，在我5岁的时候母亲就告诉我，意大利有一位伟大的画家——里奥纳多·达·芬奇。中国人常常讲运气和缘分，说来巧，七十多年以后，

我有一个在芬奇（城）圣塔玛托的家，跟里奥纳多·达·芬奇的家不远，每天早晚都看得到。

谢谢光临！”

在黄老的答谢词的字里行间，我们分明看到，在他的心里，不只是装着他的家乡——美丽的凤凰古城，同时也装着“接天莲叶无穷碧”的万荷堂，甚至还装着离里奥纳多·达·芬奇的家不远的圣塔玛托的家——无数山楼。

确实，我们尊重和仰慕的黄老虽然是我们湖南湘西凤凰人，我们也一直视这位幽默、乐观、睿智而又勤劳的老头儿为湖南人的骄傲，但是，我们同时认为，黄永玉是中国的，也是世界的。

当年仅十二岁的黄永玉走出凤凰小城时，便注定要在美丽与丑陋、安宁与动荡的世界开始他的人生，而他永远是自己的主宰。

黄永玉是在这样的世纪中从过去到现在，近九十年的人生，漂泊、动荡、坎坷，同时，丰富、刺激、充实。大起大落，大悲大喜，交替出现在他的命运中。他很幸运，即使有过磨难，但没有迷失自己，没有荒废自己。

他步履从容，潇洒地走在这个世界上。

美妙而充实。（李辉语）

黄老的一生在不停地播种和耕耘，也在不断地收获丰盈的果实，享受着创造的辛辣与甘甜。面对这些，作为黄老的家乡的出版人，我们能为他做点什么？

经过三年多的努力，我们将黄老辛勤创作的美术作品和文学作品收集整理出来，汇编成集，献给众多喜爱与关注先生的艺术界同仁和社会各界的读者朋友，也是对刚刚迈入九十高龄的黄老一辈子辛勤劳作的一种回报和献礼。

此刻，我们看到黄老叼着烟斗站在万荷堂宽阔的大厅里，背后是刚给香港荣宝斋画的巨幅彩墨荷花，他正用一种平静的语气说着：

“在我年轻时读过的诗里，我至今没有忘记的是这样一句：为了太阳，我才来到这个世界！”

2013年6月20日于长沙

鸣谢：

本书参阅了李辉先生的《黄永玉·走在这个世界上》、《黄永玉自述》、《传奇黄永玉》，陈履生先生的《黄永玉的万荷堂》、《黄永玉八十》，刘一友先生的《文星街大哥》，王焕林先生的《黄永玉年谱》等著作。图片除卓雅领衔担纲外，还承蒙黄黑蛮先生提供珍贵照片，为本书提供拍摄照片的还有摄影家卢申、石磊、李国安等先生。还有少量图片因一时找不到作者，只能于此表达歉意。在本书完成过程中，收藏家柳运宠、孙世平、刘庆刚、陈岩以及黄毅、黄立、刘宽厚等先生曾给予大力援助，特此向以上尊敬的先生们致以深深的谢意。

图书在版编目（CIP）数据

黄永玉和我们：《黄永玉全集》编辑出版前前后后 /
左汉中编撰. 一 长沙：湖南美术出版社，2013.7
ISBN 978-7-5356-6415-0
Ⅰ. ①黄… Ⅱ. ①左… Ⅲ. ①黄永玉一生平事迹Ⅳ.
①K825.72
中国版本图书馆CIP数据核字(2013)第163319号

黄永玉和我们

《黄永玉全集》编辑出版前前后后

出版人：李小山
编　撰：左汉中
摄　影：卓　雅等
责任编辑：吴海恩
责任校对：伍　兰
封面设计：郭天民
整体设计：胡蓉蓉
出版发行：湖南美术出版社
（长沙市东二环一段622号）
印　刷：长沙超峰印刷有限公司
（宁乡县金洲新区泉洲北路100号）
版　次：2013年7月第1版
印　次：2016年12月第2次印刷
开　本：889×1194　1/16
印　张：25
书　号：ISBN 978-7-5356-6415-0
定　价：90.00元

邮购联系：0731-84787105　邮编：410016
网址：http://www.arts-press.com/
电子邮箱：market@arts-press.com
如有倒装、破损、少页等印装质量问题，请与印刷厂联系斢换。
联系电话：0731-87878870